한국어
복합조사

한국어
복합조사

이규호 지음

한국학술정보(주)

머리말

"사람의 걸음은 여호와께로서 말미암나니 사람이 어찌 자기의 길을 알 수 있으랴"(잠 20:24). 돌이켜보면 내가 걸어 온 길도 그랬던 것 같다. 대학 졸업반 때 한국어 교육이라는 막연한 꿈을 품고 상경하였다. 그 겨울의 끝자락 난로가 피워진 학과장실에서 박기덕 선생님을 처음 뵈었다. 선생님은 촌티 나는 학생을 찬찬히 살피시며 대학원 진학을 위해 무슨 공부를 어떻게 해야 하는지를 가르쳐 주셨다. 나는 나중에서야 그분이 한국어 교육의 권위자이심을 알게 되었다.

막상 대학원에 진학을 하였지만 한국어 교육을 위해서는 무엇을 어떻게 준비해야 하는지 알 수 없었다. 타 전공 출신이었던 탓에 학부에서 수업을 듣는 일도 쉽진 않았지만 중세국어를 공부하는 일이 가장 큰 고역이었다. 남성우 선생님께서 거의 매학기 중세국어를 가르쳐 주셨기 때문에 관심을 가지지 않으려야 않을 수 없고, 공부하지 않으려야 하지 않을 수 없었다.

박사 과정에 진학하고서부터 고전 국어학에 좀 더 관심을 쏟게 되었다. 때마침 우리 학교로 출강을 오신 이광호 선생님께서 근대국어와 언간 자료를 읽는 법을 가르쳐 주셨다. 우리는 강독 팀을 결성하여 고전 자료를 읽기 시작하였다. 그때 읽었던 자료들이 『동국신속삼강행실도』, 『속삼강행실도』, 『이륜행실도』, 『삼강행실도』, 『오륜행실도』 등이었다. 석사, 박사 과정을 거치는 동안 나의 관심은 순수 국어학 쪽으로 옮겨가고 있었다.

1994년 여름 남성우 선생님의 추천을 받아 국립국어연구원에서 일하게 되었다. 그때는 잘 몰랐었지만 우리는 한국어 표준 사전을 만들라는 사명을 받고 그곳에 모인 젊은이들이었다. 그 사명을 완수하기까지 그곳에서 동료들과 함께했던 일은 이 땅에서 누렸던 가장 행복했던 순간들로 오래 기억될 것이다.

사전 편찬을 끝내고 연구원을 나오니 20세기의 해가 저물고 있었다. 아내의 배려 덕분에 2000년 한 해 동안은 공부에만 전념할 수 있었다. 동네에 있는 시립도서관에서 공부를 하다가 점심을 먹으러 집으로 돌아오면 세 살 된 첫애가 할머니의 등에 업혀 네거리에서 기다리고 있었다.

그해 가을 논문 심사가 진행되었고, 연구는 진척이 느렸다. 최종 심사에서 불합격 판정을 받고 깊은 좌절감을 맛보아야 했다. 학위고 뭐고 다 팽개치고 다른 일을 해야겠다는 생각도 했다. 다음 한 학기 동안 상처를 딛고 일어서 겨우 논문을 마무리하였다.

논문을 책으로 내겠다는 생각은 애당초부터 하지 않았다. 혹시 복합조사에 대한 통시적 연구를 완수해 낼 수 있다면 그때 가서 한번 생각해 보리라 했다. 그런데 뜻밖에 한국학술정보로부터 출판 제의를 받았다. 소량 출판이지만 대학 도서관 같은 곳에 비치하여 필요한 사람들이 손쉽게 이용할 수 있도록 하자는 제안이었다. 책으로 내놓기에는 부끄러운 논문인 줄 알지만 제안을 받은 것이 고마워 감히 용기를 내게 되었다.

박사학위논문을 책으로 출판하는 것이니만큼 원문을 크게 손댈 생각은 없었다. 그런데 막상 작업을 시작하고 보니 그렇지를 않았다. 학위논문이 나온 뒤 꽤 시간이 흘렀고 후속 연구가 진행되었기 때문이었다. 최근의 연구 결과를 무시하고 몇 년 전의 연구 결과만 발표할 수는 없는 노릇이었다. 그 결과 학위논문의 한 장을 통째로 빼고, 제2장을 제외한 나머지 장들을 거의 새로 쓰다시피 하였다.

이 책의 가장 큰 특징은 복합조사 목록의 대폭적인 확대라고 할 수 있다. 저자의 학위논문에서는 39개 항목의 복합조사를 제시하였는데 이 책에서는 88개로 그 수가 크게 늘어난 것이다.

또 '이라'가 부사격 조사로 규정됨에 따라 '이라고, 이라도, 이라면'처럼 '조사＋어미'로 이루어진 새로운 복합조사의 구성 유형이 탄생한 것이다. 이로써 형태·통사적 차원에서는 불가능한 결합 방식이 조사화의 과정에서는 생겨날 수 있다는 것을 알게 되었다.

끝으로 복합조사는 형태적 구성으로부터 발달하거나 통사적 구성으로부터 발달한다는 사실을 발견한 것이다. 저자의 학위논문에서는 이러한 인식이 가능하지 않았지만 이 책에서는 복합조사의 발달 과정을 이원화할 수 있었다.

이상과 같이 이 책은 저자의 박사학위논문을 근간으로 하지만 내용상으로는 상당한 차이를 가지게 되었다. 이러한 차이는 그동안의 후속 연구에 힘입은 결과이기도 하고 이 책을 집필하면서 거둔 성과이기도 하다. 별로 읽어 볼 가치가 없는 글을 내놓아 죄송스러운 마음이 커지만 이것으로 작은 위안을 삼으려고 한다.

지금까지 참으로 많은 분들의 은혜를 입고 살아왔다. 모교의 영어과 이용성 선생님을 비롯한 여러 선생님들께 감사의 말씀을 올린다. 또 저자에게 국어학 연구의 첫걸음을 내딛도록 이끌어 주셨던 국문과 김상돈 선생님께 감사의 말씀을 올린다.

은퇴하신 지금까지도 제자를 위해 염려해 주시는 박기덕 선생님께 감사드린다. 중세국어에 관심과 흥미를 갖도록 도와주신 남성우 선생님께 감사드린다.

저자가 대학원에 진학할 수 있도록 후원해 준 작은형에게 감사드린다. 또 서울에서 공부할 동안 거두어 준 외사촌형 내외에게 감사드린다. 저자가 박사과정에서 공부할 때는 어머니가 힘들게 일하셔서 학비를 버셨다. 또 학위논문을 준비할 동안에는 아내가 뒷바라지를 해 주었다. 무능한 아들과 남편 때문에 고생하는 가족들에게 늘 미안한 마음이 크다.

끝으로 이 책을 출판해 주신 한국학술정보(주) 가족들에게 감사의 말씀을 올린다.

2007년 11월 10일

이규호

차 례

Ⅰ. 서 론 / 11

    1. 연구 목적 / 13

    2. 연구 방법 및 논의 순서 / 21

    3. 연구사 / 23

Ⅱ. 복합조사를 위한 기초 연구 / 29

    1. 조사의 분류 / 30

    2. 복합조사의 개념 정립 / 41

Ⅲ. 복합조사의 판별기준 / 57

    1. 조사 연속 구성과 복합조사의 판별 / 58

    2. 단일조사와 복합조사의 판별 / 69

    3. 계사 활용형과 복합조사의 판별 / 74

Ⅳ. 복합조사의 목록 / 93

    1. 조사의 목록 / 94

    2. 단일조사와 복합조사의 목록 / 112

Ⅴ. 복합조사의 구성 / 135

    1. '조사+조사'의 구성 / 136

    2. '조사+어미'의 구성 / 142

    3. 계사의 활용형 / 150

    4. 용언의 활용형 / 171

    5. '명사+조사'의 구성 / 174

Ⅵ. 복합조사화 / 177

    1. 복합조사화의 기제 / 178

    2. 복합조사화의 유형 / 188

    3. 복합조사의 단일조사화 / 204

Ⅶ. 결 론 / 215

참고문헌 / 223

I

서 론

한국어는 교착어로서 조사나 어미가 발달한 언어이다. 조사나 어미는 문법 기능을 가지므로 한국어 문법의 연구는 이들에 대한 연구라고 하여도 지나친 말은 아니다. 조사는 체언과 결합하고 어미는 용언과 결합하는데, 이들의 결합은 일회적으로 한정되지는 않는다.

조사 뒤에는 조사가 연속하여 결합할 수 있고, 어미 뒤에는 어미가 연속하여 결합할 수 있다. 이들 결합체들, 곧 조사 연속체나 어미 연속체들은 그 결합관계가 굳어져 새로운 형태소로 발달하기도 한다.

(1) ㄱ. 그때로부터 지금까지
　　ㄴ. 바람 불던 날
　　ㄷ. 아침에 눈이 왔었다.
　　ㄹ. 날씨가 추워지려고 한다.
　　ㅁ. 철수 집에 없단다.

(1ㄱ)은 조사 연속체, (1ㄴ~ㅁ)은 어미 연속체의 예이다. (1ㄱ)은 부사격 조사와 보조사의 결합형 '로부터'가 시간의 출발점을 표시하는 기능을 한다. (1ㄴ)은 시제 선어말어미 '-더-'와 관형사형 어미 '-ㄴ'의 결합형 '-던'이 과거 회상의 관형사형 어미로 쓰인 것이다. (1ㄷ)은 시제 선어말어미가 중첩한 '-았었-'이 과거 상황과의 단절을 나타내 준다. (1ㄹ)은 접속어미가 중첩한 '-려고'가 상태의 변화를 나타내고 있다. (1ㅁ)은 종결어미가 중첩한 '-단다'가 아랫사람에게 어떤 사실을 친절하게 설명해 주는 기능을 한다.

(1)의 밑줄 친 예들은 단일형이 아니라 복합형이라는 공통점을 가진다. (1ㄱ)은 복합형 조사, (1ㄴ-ㅁ)은 복합형 어미이다. 복합형 어미들은 좀더 구체적으로 말해 (1ㄴ)은 복합 관형사형 어미, (1ㄷ)은 복합 선어말어미, (1ㄹ)은 복합 접속어미, (1ㅁ)은 복합 종결어미라고 할 수 있다. 이와 같이 한국어의 문법 형태소들은 상당수가 복합형으로 이루어져 있다.

체언 아래에 여러 개의 조사가 연속하여 통합할 때 '어휘격 조사-보조사-구조격 조사'의 배열 순서를 지키는 것으로 알려져 있다. 또 용언 아래에 여러 개의 어미가 통합할 때에도 '분리적 선어말어미-교착적 선어말어미-어말어미'의 배열 순서를 지킨다. 이러한 배열 순서를 가진 일련의 조사 연속체나 어미 연속체가 굳어져서 단일한 문법 기능을 가지는 하나의 조사나 어미로 발달하게 될 때 그것을 복합조사 혹은 복합어미라고 부를 수 있을 것이다.

문법 형태소로서 조사의 상당수는 실질적인 의미를 가진 내용어에서 발달한 것으로 알려져 있다. 가령 명사나 용언의 활용형 따위가 조사로 발달한 경우가 그런 것이다. 그런가 하면 '이고, 이며, 이든가' 따위처럼 계사의 활용형이 조사로 발달하기도 한다. 조사화 과정을 거친 형식들은 모두가 복합형이다. 이를테면 '이고, 이며'는 계사 어간과 접속어미가 결합한 복합조사라고 할 수 있다.

1. 연구 목적

복합 형식으로 이루어진 조사나 어미에 대하여 몇 가지 예들을 살펴보았다. 곧 문법 형태소는 단일형으로만 존재하는 것이 아니라 상당수가 둘 이상의 형태소가 결합한 복합형이라는 것이다.

복합조사라고 했을 때 대개는 그것을 두 조사가 결합한 '조사＋조사'의 구성일 것으로 생각한다. 더 나아가 그러한 구성만이 복합조사가 될 수 있다는 생각이 은연중에 퍼져 있기도 하다. 복합조사라는 개념의 허구성이나 오해, 그리고 이 용어의 잘못된 사용을 지적하는 논문도 있었지만 사정은 별로 나아진 것 같지 않다. 복합조사란 용어가 적절한 이론적 기반 위에 자리 잡고 있는 것인지 다시 한 번 검토해 볼 필요가 있다. 이러한 논의를 시작하기 위해서는 먼저 복합조사가 무엇인지를 정의해야 할 것이다.

체언과 결합한 일련의 조사 연속체가 굳어짐으로써 복합조사가 된다고 하였는데, 굳어진다는 것은 무슨 뜻인가? 그것이 굳어져서 하나의 형태소가 되었다는 것을 어떻게 알 수 있을까? 이러한 질문은 어떤 조사 연속체가 복합조사가 되었는지 그렇지 않은지를 판별해 내는 일과 관련될 것이다.

복합조사를 판별해 낼 수 있는 기준이 마련되면 모든 조사들에 대하여 이 판별기준을 적용해 볼 수 있을 것이다. 그리하여 복합조사로 판별된 항목들을 뽑아 목록으로 제시하려고 한다. 여기서 한 가지 유의해야 할 것은 이렇게 만들어진 복합조사의 목록이 임시적이라는 사실이다. 복합조사는 계속해서 만들어지는 것이기도 하거니와 이 연구에서 잘못 판별하거나 미처 발견하지 못한 복합조사들도 있으리라고 보기 때문이다.

앞서 계사 어간과 접속어미가 결합한 계사의 활용형이 복합조사로 굳어진 예를 살펴보았다. 또 명사나 용언의 활용형도 조사로 발달한다고 하였다. 이와 같이 복합조사의 구성성분으로 참여하는 형식은 조사뿐만이 아니라 명사, 동사, 계사 어간에 이르기까지 다양하다. 복합조사의 구성성분들을 분석해 내고 유형화하는 작업도 이 책의 중요한 관심거리이다.

　복합조사란 원래 조사가 아니었던 어떤 구성이 조사로 발달한 것이라고 할 수 있다. 그렇다면 어떤 언어 단위들이 어떠한 경로를 거쳐 복합조사로 발달하게 되는지도 관심을 끈다. 이것은 조사화라는 문법화의 한 하위 범주로 이해될 수 있을 것이다.

1) 문제 제기

　'조사＋조사'의 구성으로 이루어진 조사 연속체를 복합조사라고 불러 왔다. '명사＋명사' 또는 '동사＋동사'의 결합에 의하여 복합명사나 복합동사가 만들어지는 것같이 '조사＋조사'의 결합으로 복합조사가 만들어진다고 생각한 것이다. 이러한 선입견은 그동안 별다른 비판 없이 학계에 수용되어 왔고 현행 사전에도 그대로 반영되어 있다.

> (1) ㄱ. 복합명사－둘 이상의 말이 결합된 명사. '논밭', '눈물', '새해'……
>   ㄴ. 복합조사－둘 이상의 조사가 모여서 된 조사. '보다는', '까지는'……

　(1)은 국립국어연구원 편(1999) 『표준국어대사전』에서 복합명사와 복합조사를 뜻풀이한 내용이다. 복합명사를 뜻풀이할 때에 '둘 이상의 명사가 결합된'이라고 하지 않은 것은 '새해'와 같이 '관형사＋명사'의 구성이 복합명사가 될 수 있기 때문이다. 반면에 복합조사를

뜻풀이할 때에는 '둘 이상의 조사가 모여서 된'이라고 해서 '조사＋조사'의 구성만이 복합조사가 될 수 있다고 못 박아 두었다. 이것은 복합명사와 복합조사가 그 구성 방식에서 차이가 난다는 것을 말해 주는 것이다.

복합명사는 명사이고, 복합조사는 조사라는 뜻풀이 내용에는 별다른 이의가 있을 수 없다. 그러나 여기에는 간과할 수 없는 함정이 놓여 있다. (1ㄱ)의 '논밭', '눈물' 따위가 명사인 것은 틀림없으나 (1ㄴ)의 '보다는', '까지는' 따위가 조사인가 하는 것은 재고를 요하는 문제이다. '보다는'은 두 조사가 결합한 조사 연속체일 수는 있어도 이것이 한 단위가 되어 조사의 자격을 가지는 것은 아니기 때문이다.

지금까지 복합조사를 '조사＋조사'의 구성으로 이해하고 또 그렇게 말하는 데에 별다른 망설임이 없었지만, 과연 조사와 조사가 결합할 수 있는가 하는 질문을 하게 된다. 예를 들어 '어제보다는 나은 오늘'이라는 문장이 있다고 했을 때에, '어제보다는'은 '어제＋보다는'과 같이 체언과 조사 연속체로 양분되지는 않는다. 곧 '보다＋는'의 결합 이전에 '어제＋보다'의 결합이 먼저 이루어진다. 따라서 '어제보다는'은 '어제보다＋는'으로 나누어지는 것이다. 이것은 체언에 조사가 차례로 연결된다는 한국어의 교착어적 특성에도 꼭 들어맞는다.

이렇게 놓고 볼 때, '조사＋조사'의 구성으로서의 복합조사에 대한 논의는 처음부터 그 길을 잘못 들어선 것이 아닌가 하는 생각이 든다. '어제보다＋는'으로 분석해야 할 구성을 '어제＋보다는'으로 갈라놓고, '보다＋는'의 구성을 복합조사라고 논의해 온 셈이다. 조사는 선행 요소와 결합함으로써 문장에 쓰일 수 있다는 사실을 고려할 때, 선행 요소가 전제되지 않은 '보다＋는'의 결합은 어떠한 경우에라도 성립할 수 없는 결합관계임에도 불구하고 그 사실을 간과해 왔던 것이다.

복합조사와 관련한 두 가지의 문제, 곧 '보다는'을 복합조사라고 부르는 것이 정당한 것인가 하는 것과 '보다는'을 '조사＋조사'의 구성이라고 말하는 것이 옳은가에 대하여 생각해 보았다. 이러한 문제 의식은 김상대(1992, 1993)와 김진형(2000)에서 먼저 제기한 것이었다. 본고는 이러한 질문이 정당한 것이었다고 받아들이고, 이러한 문제를 어떻게 풀어 갈 것인가에 관심을 갖는다.

여기에서 두 가지의 질문을 해 볼 수 있을 것이다. 첫째, 그렇다면 복합조사라는 용어는 쓸모없는 것인가? 둘째, '조사＋조사'의 구성으로 이루어진 조사는 결코 존재할 수 없는가? 이 두 가지의 질문은 결국 같은 내용을 묻는 것이라고 할 수 있다. '두 개의 조사가 결합하여 이루어진 복합조사는 존재하지 않는가?'라는 질문으로 요약된다.

(2) ㄱ. 보다는, 까지는, 조차도……
    ㄴ. 로부터, 에서부터, 에게로……

(2)의 예들은 일련의 조사 연속체들을 보인 것이다. 그런데 (2ㄱ)의 조사 연속체는 조사의 자격을 가지지 못하지만, (2ㄴ)의 조사 연속체들은 조사의 자격을 가지고 사전에 오른다. (2ㄱ)의 '보다는'도 두 개의 조사로 이루어진 것이고, (2ㄴ)의 '로부터'도 두 개의 조사로 이루어진 것이다. 그 구성 방식이 동일한데도 불구하고 '보다는'은 조사의 자격을 얻지 못하고, '로부터'는 조사의 자격을 얻는 이유가 무엇인가? 공시적으로 결합 가능한 '조사＋조사'의 통합체는 그 수를 헤아리기 힘들 정도로 많은데,[1] 어떠한 기준을 가지고 이들 조사 통합체들 중 특정 항목에 조사의 자격을 부여할 것인지를 묻지 않을 수 없다.

---

1) 남윤진(2000: 166)은 말뭉치 자료를 이용하여 분석한 결과 452종을 확인하였다.

'로부터'나 '에서부터'가 조사이고, 그것이 두 조사의 결합인 것이 틀림없다면 복합조사라는 용어를 버려야 할 이유는 없다고 생각한다. 다만 '로부터'가 '로＋부터'와 같은 결합방식을 통하여 복합조사가 된 것이 아니라는 사실에는 변함이 없다. 처음에는 '[[[NP]로]부터]'처럼 명사구에 조사 '로'가 통합한 구성 전체에 다시 조사 '부터'가 통합하는 방식으로 이루어진 구성이었다. 그러나 이러한 구성이 언중들로부터 '명사구＋조사'의 구성으로 인식됨에 따라 '[[NP][로부터]]'로 재분석되기에 이른다. 이것은 복합조사 '로부터'의 형성 과정에 대한 대략적인 설명이다. 이러한 설명이 모든 복합조사에 일률적으로 적용될 수 있는 것인지도 살펴보아야 할 것이다.

복합조사와 관련한 또 하나의 질문은 파생조사의 개념 설정이 가능한가 하는 것이다. 단어 형성법에서 조사의 파생에 대한 설명을 종종 보게 되는데, '부터'(← 붙－＋－어)나 '밖에'(← 밖＋에) 따위가 그것이다. 파생어란 '어기＋접사'의 구성 방식으로 이루어지는 합성어인데, 가령 '밖에'의 경우에는 '밖'이 어기가 되고 '에'는 접사가 된다고 할 수 있다. 이와 같이 조사는 의존적인 성격이 강하기 때문에 어기는 되지 못하고 접사가 된다. 그렇다면 '어기＋접사'의 구성으로 형성된 파생어 '밖에'도 어기가 되어야 할 텐데, 오히려 접사에 가까운 조사가 된다는 것은 이해하기 어렵다.

복합조사가 유용한 개념이고, 만약 파생조사 또한 그러하다면 조사를 크게 단일조사와 합성조사로 나누고 합성조사의 하위 범주로 복합조사와 파생조사를 둘 수 있을 것이다. 조사를 이러한 방식으로 분류하는 것이 가능한 일인지도 검토해 볼 문제이다.

현행 국어사전에는 '로부터'나 '에서부터'처럼 단일 형태소가 아닌 복합 형태의 조사들이 상당수 표제어로 올라 있다. 이들 가운데는 '밖에'처럼 '명사＋조사'의 구성도 있고, '부터'(<브터 ← 붙－＋－어)처럼 용언의 활용형이 조사화한 것이 있는가 하면, '같이'처럼 '용언

어간＋접미사'로 분석되어야 하는 구성도 존재한다. 이들도 단일 형태소가 아니라는 점에서는 복합조사가 될 텐데, 이러한 설명은 타당한 것인가? 이것은 복합조사를 어떻게 정의할 것인가 하는 문제와 직결된 것이다.

위에서 예로 든 복합 형태소로 이루어진 조사들을 모두 복합조사로 규정한다면, 복합조사는 어떠한 구성성분으로 이루어지는가 하는 것도 관심의 대상이 된다. 곧 '명사＋조사', '용언 어간＋어미' 따위가 그것인데, 이와 같이 복합조사를 그 구성성분에 따라 분류하는 일도 의의 있는 작업이 될 것이다.

2) 연구 목표

앞 절에서 복합조사란 용어의 문제점을 간략하게 살펴보았다. '보다는'처럼 실제로는 존재하지도 않는 구성을 놓고 복합조사라고 불러 온 관행에 대하여 언급하였는데, 그럼에도 불구하고 '로부터'처럼 '조사＋조사'의 구성으로 이루어진 복합조사가 엄연히 존재한다는 사실도 알 수 있었다. 복합조사에 대한 정의와 그 용례가 안고 있는 문제점을 지적하였거니와 그렇다면 과연 복합조사란 무엇인가 하는 질문을 하지 않을 수 없다. 이와 같이 복합조사를 정의하는 일은 이 연구의 최우선적인 목표가 된다.

'보다는'이 두 조사의 결합인 것은 분명하지만 복합조사는 아닌 반면, '로부터, 에서부터, 에서, 에게서, 한테서, 께서' 따위는 조사의 자격을 가진다. 공시적으로 생성될 수 있는 무수히 많은 '조사＋조사'의 통합체들 가운데 '로부터' 따위를 복합조사로 구별해 낼 수 있는 판별기준은 있는지, 있다면 그것은 무엇인지 궁금하다.

또한 '에서, 에게서, 한테서, 께서'는 '서'를 공통 요소로 가진다는

점에서 일치하는데, 그렇다면 이들도 두 조사로 이루어진 복합조사
인가 묻게 된다. 이것은 '에서'가 '에+서'로 분석될 수 있는가 하는
질문과 관계되는 것인데, 만약 분석될 수 없는 것이라면 복합조사일
수 없다는 결론에 이르게 된다. 이것은 복합조사처럼 보이는 조사들
가운데 실제로는 복합조사가 아닌 것이 있을 수 있다는 말인 동시
에, 그것을 가려낼 수 있는 판별기준이 필요하다는 말이기도 하다.
이와 같이 '조사+조사'의 구성으로 이루어진 조사 연속체들 가운데
복합조사를 판별해 내는 기준과 복합형 조사들 가운데 '조사+조사'
내지는 '형태소+형태소'로 분석할 수 없는 것들을 판별해 내는 기
준을 마련해야 할 것이다.

조사 연속체들 중 조사 연속 구성2)과 복합조사, 단일조사와 복합
조사를 가릴 수 있는 판별기준이 정립되면, 복합조사의 목록을 만들
수 있을 것이다. 『표준국어대사전』의 '설랑은, 에설랑, 에다가' 따위
나 『연세한국어사전』의 '로서는, 에서야말로, 이사말고' 따위가 복합
조사의 자격을 가지는지를 살펴볼 수 있을 것이다. 그리하여 복합조
사의 자격이 없는 항목들은 삭제하고, 복합조사의 자격을 가지는 항
목들은 추가하여 정제된 항목을 완성할 수 있을 것이다.

'에게로, 에서부터, 일랑은' 따위는 모두 두 개의 조사로 이루어진
복합조사들이다. '조사+조사'의 구성이라는 점에서는 공통적이나 그
구성에 참여하는 조사의 유형은 서로 다르다. 곧 '에게로'는 '부사격
조사+부사격 조사'의 구성을, '에서부터'는 '부사격 조사+보조사'의
구성을, '일랑은'은 '보조사+보조사'의 구성을 이룬다.

---

2) '조사 연속 구성'이란 '보다는'처럼 두 조사가 연속한 구성이기는 하되 조사
로 굳어지지는 않은 것을 말한다. 이규호(2001)에서는 '단순 통합형'이라고
한 것인데, 여기서는 김진형(2000), 한용운(2004)의 '조사 연속 구성'을 따르
기로 한다. 한편 임동훈(2003: 181)은 두 개의 조사가 하나의 조사로 융합한
합성조사[복합조사](compound case marker)에 상대하여 격조사들끼리의 연속
체를 '다중조사'(multiple case maker)라고 부르기도 하였다.

한편 복합조사는 '조사＋조사'의 구성으로만 이루어지는 것이 아니다. 복합 접속조사 '이고, 이든, 이라든가' 따위는 계사 또는 조사와 접속어미가 통합한 구성으로서, '이－＋－고', '이－＋－든', '이라＋－든가'로 분석할 수 있다. 또 복합 접속조사 '하고, 하며' 따위는 용언의 어간과 접속어미의 구성을 보여 주며, 복합 보조사 '밖에'는 '명사＋조사'의 구성을 보여 준다. 이와 같이 복합조사의 구성 방식은 매우 다양하다고 할 수 있으며, 이러한 구성 방식을 유형화하는 것도 이 연구의 목표가 된다.

앞 절에서 'NP로＋부터'의 구성이 'NP＋로부터'의 구성으로 재분석됨으로써 복합조사화하는 과정을 간략하게 언급하였다. 재분석이 복합조사화의 기제로 작용한다는 것이다. 그렇다면 복합조사화가 일어나게 하는 원인은 재분석 외에 또 어떤 것들이 더 있을 수 있는지 살펴보아야 할 것이다.

'로부터'는 '부사격 조사＋보조사'의 구성이지만, '에게로'는 '부사격 조사＋부사격 조사'의 구성이며, 중세국어의 'ᄉᆞ쟝'은 '속격조사＋의존명사'의 구성이었다. 이들은 형태적 혹은 통사적 구성이 조사화한 예들이 된다. 반면에 용언의 활용형이 조사화한 '부터'나 '명사＋조사'의 구성이 조사화한 '밖에' 따위는 독립적인 문장성분이 조사화한 예가 된다. 이와 같이 복합조사화의 유형은 여러 가지가 있을 수 있는데, 그 유형을 찾는 것도 이 연구의 목표가 된다.

현대국어에서 평칭의 여격조사 '에게'와 존칭의 여격조사 '께'는 단일조사로 간주된다. 그런데 원래 이들은 중세국어에서 속격조사와 의존명사가 통합한 구성이 조사화한 것이었다.

  (3) ㄱ. 에게＜의게＜의그에 ← 의＋그에
      ㄴ. 께＜ᄭᅴ ← ㅅ＋긔

  중세국어 시기에 '의그에'나 '끽' 따위는 '속격조사＋의존명사'의
구성으로 이루어진 복합조사였다. 그러나 이들은 현대국어에 이르러
서는 형태의 변화를 입어 속격조사의 흔적을 찾기 어렵게 되었다.
이와 같이 복합조사는 통시적인 형태 변화의 과정을 통하여 단일조
사화하는 것을 볼 수 있다. 단일조사화를 일으키는 원인은 형태의
변화 외에 어떠한 것이 더 있을 수 있는지를 살펴볼 필요가 있다.
  (3)에서 용례로 보인 '에게'나 '께'는 형태 변화를 통하여 단일조
사화한 예가 되는데, '조차'(←좇－＋－아)는 중세국어 이래로 형태
의 변화가 없었지만 조사의 의미와 동사 '좇다'의 의미 사이에 현격
한 거리가 생겨남에 따라 분석 불가능한 상태로 단일조사화한 예가
된다. 이와 같이 단일조사화의 유형도 여러 가지가 있을 수 있는데,
그것을 찾아내는 일도 연구 목표가 된다.

2. 연구 방법 및 논의 순서

  이 책의 제Ⅱ장은 복합조사를 위한 기초 연구에 해당한다. 복합조
사의 연구에서 조사를 하위분류하는 일은 선행되어야 할 과제 중의
하나이다. 조사의 분류 방식에 대하여 살펴보고 그것이 복합조사의
연구와 어떠한 관련성을 갖는지에 대하여 알아본다.
  복합조사란 용어가 그동안 어떻게 오용되어 왔는지에 대하여 살펴
본다. 이를 통하여 이 책에서 주장하는 복합조사란 무엇을 의미하는
지에 대한 태도를 분명하게 정립한다. 단어 형성법에서 말해 온 파
생조사라는 개념이 성립될 수 있는가의 문제도 살필 것이다. 복합조
사의 개념 정립과 함께 단일 형태소로 이루어진 단일조사와 둘 이상
의 조사로 이루어졌으나 복합조사는 아닌, 조사 연속 구성에 대한

개념을 정립한다.

제Ⅲ장에서는 복합조사를 가려낼 수 있는 판별기준을 세운다. 조사 연속 구성과 복합조사를 가릴 수 있는 판별기준이 무엇인지를 알아본다. 또 복합조사들 가운데 형태소 분석이 불가능해진, 곧 단일조사화한 항목들을 구별해 낼 판별기준을 찾는다. '이고, 이든, 이라든가' 따위는 복합 접속조사라고 하였는데, 이들을 활용형으로 보이는 '이고, 이든, 이라든가'와 구별할 수 있는 판별기준도 찾아야 할 것이다.

제Ⅳ장에서는 복합조사의 목록을 완성한다. 현재 사전에 올라 있는 표준어 조사 표제어를 중심으로, 앞 장에서 수립한 복합조사의 판별기준을 적용함으로써 복합조사를 가려낸다. 조사 목록은 국립국어연구원 편(1999) 『표준국어대사전』의 조사 표제어를 중심으로 한다. 그리고 목록의 보완을 위하여 연세대학교 언어정보개발연구원 편(1998) 『연세한국어사전』을 참조한다. 이 두 사전을 검토하여 현대 한국어의 표준어 조사 목록을 완성한다. 이 가운데서 복합조사를 가려내고, 그 나머지는 단일조사로 분류한다.

이규호(2003)와 이규호(2006ㄷ)에서는 특히 계사 활용형 복합조사들이 상당수 추가되었다. 거기서 논의된 항목들도 복합조사의 목록에 포함하기로 한다.

제Ⅴ장에서는 복합조사의 구성에 대하여 논의한다. '조사+조사', '조사+어미', 계사의 활용형, 용언의 활용형, '명사+조사' 따위의 구성 방식을 유형화하고 이들을 차례로 고찰한다.

'조사+조사'의 구성은 조사의 유형에 따라 나눌 수 있다. '부사격 조사+부사격 조사', '부사격 조사+보조사', '접속조사+보조사', '보조사+보조사'의 구성 따위가 그것이다. '조사+어미'의 구성은 부사격 조사 '이라'와 접속어미가 통합한 것들이다. 계사의 활용형에는 계사 어간 '이-'와 접속어미, 종결어미, 전성어미가 통합한 구성이 있다. 용언의 활용형에서는 용언 어간에 통합한 접속어미의 유형에 따

라 '-고' 통합형과 '-며' 통합형으로 나누어 고찰한다. '명사＋조사'
의 구성에서는 현대국어에서 유일한 예인 '밖에'에 대하여 논의한다.

제Ⅵ장에서는 복합조사화와 단일조사화에 대하여 논의한다. 복합
조사화가 일어나는 원인이 무엇인지를 살펴보고, 어떠한 문법 단위
들이 복합조사화하는지를 유형별로 나누어 살펴본다. 복합조사가 더
이상 분석할 수 없을 만큼 굳어져서 단일조사화하는 과정에 대해서
도 고찰한다. 또 단일조사화를 일으키는 원인이 무엇인지를 살펴보
고 단일조사화의 과정을 유형별로 나누어 고찰한다.

제Ⅶ장에서는 논의의 결과를 요약하고 남은 문제를 언급함으로써
결론을 삼는다.

3. 연구사

김상대(1992: 9~11)는 '책-에서-만'과 같이 선행어에 두 개의
후치사(이 논문에서는 조사나 어미가 모두 후치사이다)가 연결된 구
조는 국어의 후치적 특성을 잘 반영하는데, 이를 두고 복합조사라고
하는 것은 조사의 결합 조건에 어긋난다고 하였다. '책-에서-만'의
구성을 '책＋에서만'의 결합으로 본다면 이것보다 먼저 '에서＋만'의
결합이 이루어져야 하는데, 이러한 결합은 조사와 결합하는 선행어
가 실사이어야 한다는 조건에 위배된다는 것이다. 따라서 '책에서＋
만'의 구조로 이해하는 것이 옳으며, 이때 '책에서'는 실사와 허사가
결합하여서 이루어진 하나의 문장성분으로서 역시 실사이므로 뒤따
르는 허사와의 결합이 자연스럽다는 것이다.

김상대(1993)는 복합조사란 용어 사용의 문제점과 그 개념의 부당
성을 지적하였다. 복합어의 구성성분은 실사이어야 하므로 허사들

간의 결합인 복합어미나 복합접사와 같은 구성이 생겨날 수 없는 것
처럼 복합조사도 구조적으로 실현 불가능하다는 것이다. 그는 복합
조사의 생성 가능성을 원칙적으로 배제하는 입장이지만 그 발달 가
능성을 완전히 부정할 수는 없다고 하였다. 이를테면 '일본으로부터
돌아왔다', '학생으로서 책임을 다한다'와 같은 문장에 쓰인 '으로부
터'나 '으로서'가 복합조사일 가능성이 있다고 조심스럽게 언급하고
있다.(25~27쪽)

엄정호(1997)는 조사에 대한 지금까지의 연구에서 그 범주적 특성
에 관한 논의나 목록 설정 따위의 기초 작업이 소홀했던 점을 반성
하고, 기존의 논저를 비교·검토하여 조사를 정선(精選)하였다. 이
논의에서 남은 몇 가지의 문제 가운데 하나가 복합조사와 관련한 것
이다. 기능상 하나의 조사이지만 형태상 두 조사의 결합으로 이루어
진 '에게로, 한테로' 따위를 복합조사로 인정하여 사전에 올릴 것인
가 말 것인가 하는 문제가 그것이다. 만약 올린다면 '한테로'와 '한
테도'를 구별할 수 있는 기준과 '에서'가 복합조사인지를 판별할 수
있는 기준이 마련되어야 한다고 하였다.(78쪽)

이희자·이종희(1998)는 대규모의 말뭉치 자료를 분석하여 조사를
목록화하는 한편, 그 의미를 기술하고 다양한 용례를 제공하였다. 이
연구에서도 조사 연속형들에 대한 처리는 매우 중요한 문제였는데,
연속한 두 조사가 복합한 것인지 단순한 통합관계를 이루는 것인지
를 분간하려고 애썼다. 그리하여 '에게서', '한테서' 따위는 복합조사
이지만 '에게로', '한테로' 따위는 'NP에게＋로', 'NP한테＋로'의 단
순한 통합관계로 이루어진 것이라고 하였다.(vii쪽) 복합조사와 단순
한 조사 연속형[조사 연속 구성]의 판별기준을 제시하지는 않았는데,
표제어들을 검토해 보면 의미적 기준이 적용된 것을 알 수 있다.

김진형(2000: 60)은 공시적으로 선행 요소에 둘 이상의 조사가 연
속적으로 통합한 구성을 '조사 연속 구성'이라 하고, 둘 이상의 조사

가 연속한 구성이라도 통시적으로 문법화를 겪고 굳어진 것은 '합성 조사'[복합조사]라고 해서 이 둘을 구분하였다. 이 논의에서도 공시 적으로 무수히 많은 조사류의 연속 통합형들을 어떤 명시적인 기준 을 가지고 복합조사로 판별해 내느냐가 과제라고 하였다.

이규호(2000)는 복합조사에 대한 앞선 연구를 토대로 하여 복합조 사를 어떻게 정의할 것인가에 대하여 고찰하였다. 복합명사나 복합 동사가 '명사＋명사'나 '동사＋동사'의 구성으로만 제한되지 않는 것 과 마찬가지로 복합조사도 '조사＋조사'의 구성으로만 제한할 필요 는 없다고 하였다. 또 복합조사의 판별기준 및 목록화 작업, 복합조 사화 따위의 복합조사와 관련한 연구 과제들을 제시하였다.

이규호(2001)는 이 책의 근간을 이루는 저자의 박사학위논문이다. 여기서는 복합조사를 "분석 가능한 둘 이상의 형태소가 하나의 조사 로 굳어진 것"이라고 정의하였다. 분석 가능해야 한다는 것은 단일 조사화한 것을 제외하려는 것이며, 둘 이상의 형태소로 이루어진다 는 것은 복합조사를 '조사＋조사'의 구성으로만 한정하지 않는다는 뜻이다. 또 하나의 조사로 굳어져야 한다는 것은 조사 연속 구성을 제외한다는 뜻이다.

이 논문에서는 복합조사를 판별해 내기 위한 기준을 마련하였다. 그것은 복합조사가 조사 연속 구성, 단일조사, 계사 활용형과 어떻게 구별되는가 하는 문제로 귀착되었다. 두 구성 요소의 분리 및 분석 가능성, 교체 가능성, 의미 변화 따위의 판별기준이 제시되었다. 이 러한 판별기준을 적용한 결과 현대국어의 표준어 조사 총 112개 항 목 가운데 39개 항목을 복합조사로 판별하였다.

이규호(2003)는 계사 활용형 복합조사의 판별기준을 다루었던 기 존의 연구들을 비판적으로 검토하고 이것을 좀더 정밀화하였다. 생 략된 주어를 복원함으로써 계사 활용형의 서술성을 확인하려는 것은 적절한 검증기준이 될 수 없다고 보았다. 반면 받침이 없는 체언 아래에서 '이'의 탈락 여부는 유력한 검증기준이 될 수 있다고 하였다. 그 외에 통합관계의 변화, 통용성, 분석 가능성을 판별기준으로 제시하였다. 이 논문에서는 총 38개 항목의 계사 활용형 복합조사의 목록을 작성하여 제시하였다. 이것은 이규호(2001)의 18개 항목과 비교했을 때 크게 늘어난 것이었다.

한용운(2004)은 둘 이상의 조사로 이루어진 형식만으로 복합조사를 엄격하게 한정하였다. 188개 항목의 현대국어 표준어 조사의 최대 목록을 작성한 후 조사가 연속된 형식만을 가려 뽑았다. 그리고 이들이 조사화하였는지를 판별해 내기 위하여 형태적, 분포적, 통사 · 의미적 기준을 적용하였다. 그 결과 '께서, 으로서, 에서'만이 복합조사로 인정을 받았다.

이규호(2006ㄱ)는 노걸대류 문헌에 나타나는 출발점 표시의 조사들을 뽑아 형태와 의미 기능에 따라 분류한 연구였다. 출발점 표시는 처격과 도구격으로 대표되는 '에', '로'가 담당하였는데, 여기에 보조사 '셔, 브터, 조차'가 결합한 복합형들이 생기고, 복합형에 다시 보조사 '브터, 조차'가 덧붙은 형식이 생겨나는 것을 확인하였다. 출발점 표시의 조사들이 단독형으로부터 복합형으로 발달해 가는 이유는 복합형들로 하여금 특정한 의미 기능을 전담하게 하려는 데 있었던 것으로 보았다.

이규호(2006ㄴ)는 직접 인용격 조사 '이라고'의 생성에 대한 연구였다. '이라고'는 계사의 활용형 '이라'와 어미 '-고'가 결합한 것으로 보는 것이 일반적인 견해인데, 이 연구에서는 '이라'를 부사격 조사로 규정하였다. 곧 중세국어의 '체언$_1$-이 체언$_2$-를 체언$_3$-이라 ᄒ다' 구성의 필수적 부사어 '체언$_3$'과 통합한 부사격 조사로 본 것이다. 이로써 인용격 조사 '이라고'는 조사와 어미가 결합한 복합조사로 해석되기에 이른다. '이라고' 유는 새로운 복합조사의 구성 유형으로 자리를 잡게 될 뿐만 아니라 복합조사화의 과정을 기술하는

데도 적잖은 영향을 끼치게 된다.

이규호(2006ㄷ)는 접속조사의 분류 기준을 마련하고 목록을 작성한 연구였다. 여기서는 접속조사를 크게 종속 접속조사와 대등 접속조사로 분류하고, 대등 접속조사는 '나열, 선택, 대조'로 삼분하였다. 모두 47개 항목의 접속조사 목록을 제시하였는데, 이 가운데는 계사 활용형으로부터 발달한 복합조사가 여러 개 포함되어 있다.

이상에서 살펴본 바와 같이 복합조사에 대한 연구는 김상대(1992, 1993)의 문제 제기 이후로 2000년대에 들어서면서부터 점차 활기를 띠고 있다. 그리하여 조사와 관련한 여러 연구 분야 중 한 영역을 차지한 것으로 평가받는다.

임동훈(2003: 181~183)은 한국어 조사 연구의 현황과 전망에서 조사 연속체에 대한 논의를 소개하고 복합조사와 조사 연속 구성을 어떻게 구별해 나갈 것인지를 계속하여 논의할 필요가 있다고 하였다.

채완(2006: 16~17)은 격과 조사에 대한 최근의 연구 동향을 검토하면서 복합조사의 설정 기준 및 목록 작성과 관련한 그간의 논의들을 소개하는 데 한 절을 할애하였다. 여기서는 복합조사에 대한 정의, 판별기준, 목록 등에 대한 연구자들의 상이한 주장들을 소개하고 있다.

이와 같이 복합조사와 관련한 연구는 2000년 이후 조사 관련 연구의 한 영역으로 자리 잡고 있다. 그리고 복합조사의 개념을 정립하는 문제와 판별기준, 복합조사를 목록화하는 작업 등이 주요 논제가 되고 있음을 알 수 있다.

II

복합조사를 위한 기초 연구

　복합조사에 대한 연구를 위해서는 선행되어야 할 작업들이 있다. 먼저는 조사의 분류가 전제되어야 하며, 나아가 복합조사의 개념이 정립되어야 한다.

　조사는 기능·분포·의미에 따라 분류하는 것이 보편적인 방식이며, 이러한 분류법에 의하여 격조사·접속조사·보조사 따위로 나눈다. 조사의 종류를 몇 가지로 분류할 것인가 하는 문제는 복합조사의 연구를 위하여 선결되어야 한다. 가령 조사와 조사가 결합하여 복합조사가 만들어진다고 했을 때 어떠한 조사가 복합조사를 구성하게 되는지를 알려면 먼저 조사가 하위분류되어야 하는 것이다.

　복합조사를 어떻게 정의할 것인가의 문제는 이 연구의 출발점이라고 할 수 있다. 복합조사를 조사와 조사의 결합형으로만 한정할 것인가 아니면 조사 이외의 요소들도 복합조사의 형성에 참여할 수 있다고 볼 것인가에 따라서 연구의 범위가 크게 달라진다.

또 조사와 조사의 결합으로 이루어진 복합형 조사는 그 구성성분들 간의 결합관계에 따라 단일조사, 복합조사, 조사 연속 구성으로 나눌 수 있다. 이러한 용어를 사용하기 위하여 그 개념을 정립하는 일도 복합조사의 연구를 위한 선결 과제이다.

1. 조사의 분류

조사는 문장성분들 간의 문법적 관계를 나타내거나 선행 성분에 일정한 뜻을 더해 주는 것으로 알려져 있다. 곧 문법적 기능을 나타내는 격조사와 의미적 기능을 나타내는 보조사 등이 그 하위 범주를 이룬다. 격조사에는 주어나 목적어 따위의 통사적 성분을 표시해 주는 구조격 조사가 있는가 하면 일정한 어휘적 의미를 지니면서 그것이 통합한 선행어를 부사어로 바꾸는 부사격 조사가 있다. 부사격 조사는 의미 특성에 따라 처소격, 도구격, 공동격 따위로 하위분류한다. 이와 같이 격조사는 통사적 기능에 따라 구조격 조사와 부사격 조사로 대별하고, 부사격 조사는 의미 기능에 따라 여러 가지의 격으로 나눌 수 있다. 이처럼 기능이나 의미는 조사를 분류할 때에 유용한 기준이 된다.

한편 보조사는 명사나 부사 또는 용언의 활용형에 두루 통합하는 특징을 나타낸다. 그런데 '마는'이나 '그래' 따위는 종결어미 뒤에서만 쓰여 다른 것들과는 구별된다. 이러한 분포적 특성을 중요시하여 전자는 통용보조사로 후자는 종결보조사로 구분하기도 한다. 이것은 분포적 특성이 조사 분류의 기준으로 적용된 예라고 할 수 있다.

조사를 기능이나 의미 또는 분포적 특성에 따라 분류하는 일은 가장 보편적인 방식이라고 할 수 있다. 이와는 달리 어떤 조사의 구

성성분이 무엇인가 혹은 어떤 조사가 몇 음절로 이루어졌는가 하는
문제는 별로 관심을 끌지 않았다. 또 사전 편찬자의 입장에서는 어
떤 조사가 표준어인가 비표준어인가 또는 남한어인가 북한어인가 하
는 문제가 중요성을 가지기도 한다.

　이상에서 살펴본 바와 같이 조사를 분류하는 기준은 여러 가지가
있을 수 있다. 이러한 기준을 적용하여 조사를 분류하는 일은 조사
와 관련한 문법 현상을 기술하는 데 도움을 줄 것이다.

1) 기능·분포·의미에 따른 분류

　일반적으로 조사에 대한 정의에는 기능이나 분포적 특성에 대한
설명이 포함된다. 조사는 체언과 서술어 사이의 문법적 관계 또는
의미적 관계를 나타낸다거나 주로 체언에 붙는다거나 하는 설명이
그러한 것이다. 조사는 학자에 따라서 2~5가지 정도로 하위분류하
는데, 몇 가지로 나누든지 간에 거기에는 기능이나 분포 또는 의미
의 기준이 적용되기 마련이다. 현행 학교문법에서는 조사를 격조사,
접속조사, 보조사[특수조사]로 나누므로 이러한 삼분법 체계를 중심
으로 조사의 분류 기준에 대하여 살펴본다.

　　(1) 조사의 분류
　　　ㄱ. 격조사-체언과 서술어 사이의 문법적 관계를 나타냄
　　　ㄴ. 접속조사-체언과 체언 사이의 문법적 관계를 나타냄
　　　ㄷ. 보조사-체언과 서술어 사이의 의미적 관계를 나타냄

　(1)의 분류에 의하면 격조사와 접속조사는 성분들 간의 문법적 관
계를, 보조사는 성분들 간의 의미적 관계를 나타내는 것으로 이해할
수 있다. 곧 격조사·접속조사는 기능상 보조사와 구분되는 것으로

볼 수 있다. 한편 격조사와 접속조사는 체언 아래에만 나타난다는 제한된 분포적 특성을 보이는 반면, 보조사는 체언뿐만 아니라 부사나 용언의 활용형 아래에도 나타난다. 이와 같은 분포적 특성은 격조사 · 접속조사를 보조사와 구분 짓는 또 다른 기준이라고 할 수 있다.

보조사는 분포나 의미에 따라 나누어 볼 수 있다.

(2) Yang(1972: 59)
ㄱ. X – lim[1]: {마저, 마다, 까지, 부터}
ㄴ. Y – lim: {만, (밖에)}
ㄷ. Z – lim: {는, 도, 야, 나, 라도}

(3) 채완(1977: 20)
ㄱ. [대조]: {는, 야}
ㄴ. [단독]: {만, 나, 나마}
ㄷ. [역시]: {도, 까지, 조차, 마저}

(2)~(3)은 보조사들을 특정한 기준에 따라 유형별로 나눈 것이다. (2)에서는 보조사의 분류 기준으로 분포적 특성이 적용되었다. X – lim은 체언 아래에 둘 이상의 조사들이 연속할 때에 체언에서 가장 가까운 자리에 나타나는 것들을 범주화한 것이다. 반대로 Z – lim은 이와 동일한 조건일 때 체언에서 가장 먼 자리에 나타나는 것들을 범주화한 것이다.

(3)에서는 보조사의 분류 기준으로 의미적 특성이 적용되었다. (3ㄱ)은 [대조], (3ㄴ)은 [단독], (3ㄷ)은 [역시]의 뜻을 공통적으로 가지는 보조사들을 각각 범주화한 것이다.

---

1) 'X – lim'에서 'lim'은 'delimeters'의 양쪽 일부를 잘라 내고 가운데만 남겨 놓은 것인데, 언뜻 보아서는 그 원말을 알아내기 힘들다. 김영희(1974: 273)에서는 'Delim', 홍사만(1993: 59)에서는 'X – del'이라는 용어를 쓰기도 하였다.

(2)~(3)에서 살펴본 것처럼 분류 기준을 어떻게 설정하느냐에 따라서 보조사들은 여러 가지의 유형으로 분류된다. 분포나 의미적 기준에 따른 분류 작업은 보조사에 대한 이해를 돕는다.

이상에서 살펴본 바와 같이 기능, 분포, 의미적 기준은 조사들을 분류하여 범주화할 때 유용하게 사용할 수 있는 도구들이다. 격조사, 접속조사, 보조사 따위의 조사 분류 체계는 위와 같은 분류 기준에 근거한 것이다.

2) 구성 방식 · 음절수 · 규범성에 따른 분류

조사를 기능 · 분포 · 의미에 따라 분류하는 작업은 문법 범주로서의 조사에 대한 개념을 확립해 나가는 과정이라고도 할 수 있다. 이와는 달리 복합성분으로 이루어진 조사를 형태소 분석하여 그 결과를 유형화해 볼 수 있다. 또 어떤 조사가 몇 음절어인가 하는 것이 관심의 대상이 될 수도 있고, 그것이 표준어인가 비표준어인가 또는 현대어인가 고어인가 하는 것이 관심의 대상이 될 수도 있다.

    (4) ㄱ. 에게로, 에서부터, 일랑은
         ㄴ. 이라고, 이라든지
         ㄷ. 이고, 이든지
         ㄹ. 보고, 하며
         ㅁ. 밖에

(4)의 예들은 복합성분으로 이루어진 조사들을 보인 것이다. (4ㄱ)의 예들은 '에게＋로', '에서＋부터', '일랑＋은'으로 분석할 수 있는 것들로서 '조사＋조사'의 구성을 보여 준다. (4ㄴ)은 '이라＋－고', '이라＋－든지'로 분석할 수 있으며, 조사와 접속어미의 결합으로 이

루어진 구성을 보여 준다.(Ⅴ.2. 참조) (4ㄷ)은 계사 어간에 접속어미
가 결합한 구성이다. (4ㄹ)은 '보-+-고', '하-+-며'로 분석되는
데, 용언의 활용형이 조사화한 경우에 해당한다. (4ㅁ)은 명사 '밖'과
조사 '에'의 결합으로 이루어진 구성이다.

(4)에서 제시한 예들을 통하여 다음과 같은 사실을 알 수 있다.

> 첫째, 조사들 가운데는 복합성분으로 이루어진 것들이 있다.
> 둘째, 복합성분으로 이루어진 조사들은 다양한 구성 방식을 보여 준다.
> 셋째, 구성 방식에 따른 조사의 유형화는 조사화 과정을 밝히는 데 도
> 움을 줄 것이다.

이 책에서는 현대국어 표준어 조사 총 109개 항목을 연구 대상으
로 뽑았다. 이 가운데 단일조사는 68개 항목, 복합조사는 41개 항목
으로 판별된다.(Ⅳ.2. 참조) 단일조사 중 1음절어는 23개, 2음절어 이
상은 45개 항목이다. 1음절어 단일조사는 본래부터 한 개의 형태소
로 이루어진 단일조사이거나 그 기원 형식을 알 수 없는 것들이 대
부분이다. 그러나 2음절어 이상의 단일조사들은 거의가 복합조사였
던 것이 단일조사화한 것들이다. 현대국어의 단일조사들 중에는 복
합조사로부터 발달한 것이 본래적인 단일조사보다 훨씬 많다.

복합형 조사의 구성성분이 무엇인가를 살펴보는 일은 어떤 언어
단위들이 조사로 발달하게 되는지를 밝혀 줄 것이다. 또 조사화를
불러일으키는 원인이 무엇인지를 고찰하는 데에도 기초적인 자료로
서 활용될 수 있을 것이다.

어떤 조사가 몇 음절로 이루어졌는지를 살펴볼 수도 있다.

(5) ㄱ. 가, 를, 는, 도
    ㄴ. 께서, 에게, 마다, 조차

ㄷ. 에게로, 한테서, 로부터, 이든지
ㄹ. 에서부터, 이야말로

(5ㄱ~ㄹ)은 각각 1~4 음절어의 조사를 보인 것이다. 음절수가 많은 조사일수록 복합성분으로 이루어졌을 가능성이 크다. 이와 같이 조사를 음절수에 따라 분류해 놓으면 하나의 형태소로 된 단일조사를 찾기에 편리한 면이 있고, 마찬가지로 둘 이상의 형태소로 된 복합조사를 구별해 낼 때에도 이점이 있다.

조사는 남한어 대 북한어, 표준어 대 비표준어, 현대어 대 고어 따위의 규범성에 따라 나누어 볼 수도 있다.

(6) ㄱ. 는커녕
ㄴ. 는새려[2]

(6ㄱ)의 '는커녕'은 '밥은커녕 죽도 한 그릇 못 먹었다'에서와 같이 앞의 사실에 대한 부정의 뜻을 강조하는 보조사이다.[3] (6ㄴ)의 '는새려'는 남한어 '는커녕'에 대당하는 북한어이다. 한편 '는새려'의 구어적 표현으로서 '는새루'도 있다. 위의 두 가지 항목이 『표준국어대사전』에서 북한어 조사로 오른 표제어의 전부임을 고려해 볼 때, 표준어 조사에 관한 한 남북한의 언어 차이는 없다고 할 수 있다.

---

2) 『표준국어대사전』은 '는새려'와 함께 '새려'도 북한어 조사 항목으로 올려놓았다. 이것은 『조선말대사전』을 무비판적으로 수용한 결과라고 할 수 있는데, '새려'가 보조사 '는' 다음에만 쓰이므로 '새려'는 '는'과 통합하여 이미 하나의 단위로 굳어졌다고 보아야 한다. 따라서 '새려'를 조사 항목으로 독립시킬 만한 근거는 없다(예: 삼가는 기색은 새려[sic] 오히려 더 목청을 돋구니 어쩌자는 것인가.<415 문학창작단, 대지는 푸르다>).

3) '는커녕'은 접속조사로 보기도 한다. 허웅(1995: 1380)은 '는커녕'을 나열 혹은 선택의 의미를 가진 '이음토씨'[접속조사]로 본다. 이규호(2006ㄷ: 178)는 'A는커녕 B'의 구성에서 '는커녕'은 대립적인 두 접속항을 대조적인 관계로 묶는 접속조사라고 하였다.

(7) ㄱ. 맹키로, 조치랑, 한질라
ㄴ. 마마치, 아부라, 암사라

(7ㄱ)의 '맹키로'는 '만큼'의 뜻을 가진 전남 방언이며, '조치랑', '한질라'는 각각 '조차'의 뜻을 가진 경남, 전남 방언이다. (7ㄴ)의 '마마치'는 '만큼'의 뜻을 가진 평북 방언이며, '아부라', '암사라'는 '조차'의 뜻을 가진 함북 방언이다. 이와 같이 방언권에 따라 다양한 형태의 조사가 확인되며, 이러한 방언형은 어원 연구에도 도움을 줄 것으로 기대된다.

(8) ㄱ. 두고, 라와
ㄴ. 신지, 뿐

(8)은 옛말[고어] 조사의 일부를 보인 것이다. (8ㄱ)의 '두고', '라와'는 '보다'의 뜻을 가진 조사였는데, 지금은 사라지고 쓰이지 않는다. (8ㄴ)의 '신지', '뿐'은 현대국어의 '까지', '뿐'으로 이어졌다. 옛말 조사류를 세기별로 확인하여 분류하는 작업은 문법화 연구에 많은 도움을 줄 것이다.

구성 방식·음절수·규범성에 따른 조사의 분류 작업은 기존의 조사 연구에서는 별다른 의의를 찾을 수 없었던 것인 데 반하여, 사전 편찬자들에게는 중요한 의의를 가지는 일이다. 어떤 조사를 형태소 분석하고, 음절수에 따라 배열하고, 그것의 규범성을 밝히는 일은 사전 본연의 임무이기 때문이다.

본 연구에서도 구성 방식·음절수·규범성에 따른 조사의 분류 작업은 중요한 의의를 가진다. 둘 이상의 구성성분으로 이루어진 복합조사들을 가려내고 그것의 구성 방식을 밝히는 것이 이 연구의 목표이기 때문이다. 따라서 구성 방식에 의한 조사의 분류 작업은 이 연구의 주요한 과제가 되며, 음절수에 따른 조사의 분류 작업은 복합조사를 가려낼 때에 유용하게 활용할 수 있을 것이다.

3) 조사 분류의 의의

조사는 대개 기능과 의미에 따라 2~5 가지 정도로 나눈다고 하였거니와 조사를 몇 가지로 분류하든 격조사와 보조사가 근간이 된다. 격조사와 보조사에 속하는 특정 구성원들은 나머지 구성원들과 몇 가지 면에서 차이점을 나타내기도 한다. 이들이 독자적인 범주로 자리를 잡으면 조사의 종류는 서넛으로 가짓수가 늘게 된다. 접속조사나 종결보조사 따위가 그런 것들이다.

격조사의 기능은 체언과 서술어의 문법적 관계를 나타내 주는 것이지만 체언과 체언의 문법적 관계만을 나타내는 것으로서 접속조사가 조사의 한 종류로 자리 잡을 수 있다. 보조사는 대개 여러 문장 성분에 두루 붙을 수 있는데, 종결어미 뒤에만 붙는 것으로서 종결보조사가 조사의 한 종류로 자리 잡을 수도 있다. 현행 학교문법에서는 격조사, 접속조사, 보조사의 3분법 체계를 따른다.

조사를 몇 가지로 분류하느냐 하는 것은 조사의 통합 순서와 관련하여 매우 중요한 의의를 갖는다. 조사를 분류한 후에야 비로소 '격조사＋보조사', '보조사＋보조사' 따위의 통합 순서에 대한 논의가 가능하기 때문이다.

거꾸로 조사의 통합 순서에 대한 논의가 조사의 분류에 영향을 미치는 수도 있다. 이남순(1996)은 보조사들 가운데 후행 기능이 우세한 것들을 떼 내어 첨사로 독립시키고, 그 통합 순서를 '격조사－보조사－첨사', '보조사－격조사－첨사'로 이원화하였다. 조사의 통합 순서에 대한 연구에서 얻은 결론이 조사의 분류마저도 새롭게 하게

한 대표적인 경우일 것이다. 첨사 설정의 타당성에 대하여는 통합되는 순서 말고도 역사적인 형성 과정이 보조사와 다르다는 점을 근거로 내세우고 있지만 첨사를 도입하는 일은 문법 기술에 큰 부담이 되는 것만은 틀림없다.

최동주(1997)는 부사격 조사를 따로 떼 내어 후치사로 명명하고 격조사, 후치사, 보조사의 3분법 체계를 세웠다. 그리하여 조사의 통합 순서를 '명사구＋보조사'의 구성에 격조사나 후치사가 통합하거나 '명사구＋후치사'의 구성에 보조사가 통합하는 것으로 정리하였다. 보조사 앞에서 후치사는 출현 가능하지만 격조사는 불가능하므로 격조사와 후치사를 독립 범주로 설정하여야 하며, 이는 국어 조사의 통합 순서를 논의할 때에도 이점이 있다고 하였다.(203쪽)

남윤진(2000: 183～184)은 기존의 4분법 체계(격조사·보조사·접속조사·종결보조사)를 수용하되, 보조사는 다른 범주보다 그 구성원이 많으므로 셋으로 나누어(보조사Ⅰ～Ⅲ) 6분법의 체계를 세웠다. 그리하여 두 조사가 겹칠 수 있는 거의 모든 경우를 망라하여 유형화하였다. 이 연구에서도 '조사＋조사'의 통합 유형을 정밀화하기 위하여 조사의 분류 체계를 기존의 것과는 다르게 한 것을 볼 수 있다. 이와 같이 조사를 분류하는 일은 조사 연속 구성을 이루는 조사들의 통합 순서를 기술하는 일과 뗄 수 없는 관계에 놓여 있음을 알 수 있다.

조사의 분류 체계는 복합조사를 분석하여 유형화할 때에도 도움을 준다. 이를테면 복합조사의 두 구성성분이 조사일 때, 그것이 어떤 종류의 조사인지를 따져 보는 일은 여러 가지 면에서 유익이 있다.

　(9) 이렇게 아픈데도 병원<u>에를</u> 안 가다니, 자네 정신이 나갔구만.(허웅
　　1995: 1263)

(9)의 밑줄 친 '에를'은 하나의 체언 뒤에 두 개의 격조사가 연속하여 붙은 것처럼 보이는데, 실제로 이것을 복합조사로 보는 견해가 있다. 국립국어연구원 편(1999)『표준국어대사전』이 그것인데, '에를' 항목을 원문 그대로 옮겨 보면 (10)과 같다.

(10) 에-를 조 앞말이 움직임이 닿는 데를 대상화한 부사어임을 나타내는 격조사. 격조사 '에'와 '를'이 결합한 말이다. ¶아주머니는 시장에를 간다고 나가셨는데요.(이하 생략)

(10)에 의하면, '에+를'의 결합형은 그것과 결합한 앞말이 부사어임을 나타내므로 '복합 부사격 조사'라고 할 만하다. '에'와 '를'이 분리되지 않을 만큼 단단히 붙었다는 것인데, 과연 격조사와 격조사가 결합할 수 있는 것인지를 묻게 된다.

'에'와 '를'이 결합하여 단일한 격기능을 나타내는 복합조사가 되기 전에는 조사 연속 구성으로 지내던 때가 있었을 것이다. 실제로 그런 쓰임이 발견된다면 그것은 진정한 격조사들의 연속형이라고 말할 수 있을 것이다. 이에 대하여 허웅(1995: 1247, 1273)은 격조사는 서술어와의 일정한 관계개념을 나타내는 것이기 때문에 하나의 문장 성분에 두 개의 격조사가 겹칠 수는 없다고 설명한다. 이것은 하나의 논항에는 하나의 격만이 배당될 수 있다는 '격 배당의 단일성 원리'(이광호 1988: 52)와도 통하는 것이다. (10)의 예문에서 굵은 글씨로 쓴 '시장에를'은 자동사 '가다'의 목적어 논항일 수 없다. 이광호(1988: 240~45)는 이것을, "이동 동사구문에 실현되는 처소 명사구는 성분주제로서 '을' 주제화된다."(240쪽)는 처소 명사구의 '을' 주제화로 정리하였다.

'에-를'이 둘 다 격조사일 수는 없다면 어느 한쪽이 보조사일 가능성이 있다. (10)의 예문에서, '시장에를'은 내포문 동사의 지배를 받는 처소 명사구이므로 '에‒를' 가운데 '에'가 격 표지로 실현되었다. 그러면 '를'이 보조사가 되어야 할 텐데, 마침 『표준국어대사전』은 보조사 '를'의 존재를 증언해 준다. 해당 부분을 (11)로 옮겨 적는다.

> (11) 를 ⃞조 ……(중략)…… ⃞2((조사 '에, 으로', 연결어미 '‒아, ‒게, ‒지, ‒고', 받침 없는 일부 부사 뒤에 붙어)) 강조하는 뜻을 나타내는 보조사. ¶너는 어쩌자고 혼자 **시장에를** 갔니?(이하 생략)

(11)의 예문에서, 굵은 글씨로 쓴 '시장에를'의 '에'와 '를'은 부사격 조사와 보조사가 연속한 것임을 말해 준다. 곧 이때의 '에를'은 '[[시장에]를]'의 구조를 가진 조사 연속 구성이라는 말이다. 그런데 여기에 쓰인 '에'와 '를'의 결합형이 (10)의 '에‒를'과 다른 것이라고 말하기는 어렵다. 동일한 '에를'에 대하여 한쪽에서는 복합조사라고 했는데, 다른 쪽에서는 조사 연속 구성이라고 하여 앞에서 한 말을 뒤집는 결과가 되고 말았다. 결국 '에‒를'은 '부사격 조사＋보조사' 구성의 조사 연속 구성으로서 복합조사의 목록에서는 빠져야 할 항목이다.

두 조사가 결합하여 이루어진 복합조사의 구성성분이 어떤 종류의 조사인지에 대하여 한 가지 예를 들어서 생각해 보았다. 격조사와 격조사가 통합관계를 이루어 문장에 나타날 수 없다는 전제하에 복합조사의 두 구성성분도 모두 격조사일 수는 없다는 가정을 세웠다. 또 복합조사의 직접구성성분이 반드시 조사라야 한다는 제약이 불필요한 것이라면 어떤 종류의 조사가 복합조사의 형성에 참여하는지를 밝히는 것도 의미 있는 작업이 될 것이다. 이와 같이 복합조사의 구성성분에 대한 고찰과 기술에서도 조사를 분류하는 일은 선행되어야 할 과제임을 알 수 있다.

2. 복합조사의 개념 정립

둘 이상의 조사가 모여서 된 조사라는 복합조사의 사전적 정의가 가진 문제점에 대하여는 앞에서 언급하였다. 여기에서는 그 문제점들을 좀더 구체적으로 살펴보고, 해결 방안을 모색한다. 복합조사를 어떻게 정의할 것인가의 문제는 이 연구의 최우선적인 선결 과제이자 이론적인 배경이 된다. 이를테면 복합 형태소의 합성으로 이루어진 조사를 복합조사라고 정의할 때에, 이것을 파생조사와 함께 합성조사의 하위 범주로 다룰 수 있는지를 살펴볼 수 있다. '밖에'(← 밖 + 에), '부터'(← 붙- + -어)와 같은 조사들을 파생의 관점에서 다루는 데에는 별다른 문제점이 없는지를 살펴보려고 한다.

복합 형태소로 이루어진 모든 조사들이 복합조사가 되는 것은 아니다. 이들 가운데에는 복합조사처럼 보이지만 실제로는 조사 연속 구성들도 있고, 연속한 두 형태소가 굳어져서 단일조사로 변화한 것도 있다. 그러므로 복합조사와 관련하여 조사 연속 구성이나 단일조사에 대한 개념도 정립되어야 한다.

1) 복합조사의 정의

최현배(1987: 702~705)는 두 개의 조사가 연속할 때 두 조사가 우선적으로 결합하여 하나의 단위를 이루는 것으로 보았다. 이것을 "토씨와 토씨가 어울러서 된" '벌린 겹씨(竝列複詞)'라고 하였는데, 바로 복합조사에 해당한다. 다시 말하면 연속한 두 조사를 단어 형성법의 차원에서 복합어로 규정한 것이다. 그의 견해는 현재에 이르기까지 학계에 널리 통용되어 왔는데(김상대 1993: 16), 저간의 이러한 사정이 사전 편찬자들에게도 영향을 미쳤다.

(1) ㄱ. 둘 이상의 조사가 모여서 된 조사. '보다는', '까지를', '에서도'
　　 따위가 있다.=겹토씨.(표준)[4]
　　ㄴ. 둘 이상의 토씨가 결합한 것.=복합조사.(우리말 큰사전)

(1ㄱ)은 『표준국어대사전』에서 '복합조사' 항목의 뜻풀이 내용을 가져온 것이다. (1ㄴ)은 『우리말 큰사전』에서 '겹토씨' 항목의 뜻풀이 내용을 옮긴 것이다. 조사는 단어로 대접을 받기 때문에 사전에 오를 자격을 가진다. 그런데 (1ㄱ)에서 예로 든, 두 개의 조사가 모여서(또는 결합하여서) 된 조사인 '보다는', '까지를', '에서도'는 사전에 오르지 않는다. 복합명사, 복합동사, 복합형용사 따위가 각각 명사, 동사, 형용사의 자격으로 사전에 오르는 것과 비교해 볼 때 복합조사만 사전에 오르지 않는 것은 예사로운 일이 아니다.

왜 이런 불균형이 생겨난 것일까? 그것은 처음부터 복합조사의 개념과 그 대상이 되는 실제 자료가 일치하지 않았기 때문이었다. 최현배(1987: 689)는 '벌린 겹씨'[병렬 복합어]를 "두 씨가……(중략)…… 다만 형식상으로 서로 겹쳐서 한 씨처럼 되어서 드디어 한 씨로서 다룸(處理)을 받는 겹씨"라고 하였다. 그리하여 복합명사에 '마소, 계집자식', 복합동사에 '나들다, 오르내리다', 복합형용사에 '검붉다, 검푸르다' 등의 용례를 든 것까지는 좋았는데, 복합조사의 용례에 가서는 엉뚱하게도 '까지가, 에서는, 조차도' 따위를 든 것이다.

'마소' (말+소), '나들다' (나-+들-), '검붉다' (검-+붉-)가 두 단어의 결합으로 이루어진 것처럼 '까지가, 에서는, 조차도'도 외견상 두 단어가 결합한 것처럼 보인다. 그러나 전자의 예들이 복합어로서 한 단어가 되는 것에 반하여, 후자의 예들은 복합어가 아니다. 나아가 이들은 근본적으로 구조적인 차이를 가진다.

---

4) 출전 표시에 쓰이는 약호는 다음과 같다. 표준=『표준국어대사전』, 연세=『연세한국어사전』, 문법2=『한국어문법2』.

(2) ㄱ. [[마]ᴺ(← 말)+[소]ᴺ]ᴺ, [[나−]ᵥ+[들−]ᵥ]ᵥ, [[검−]ᴬ+[붉−]ᴬ]ᴬ
　　ㄴ. [[[NP]까지]ₙₚ가]ᴷᴾ
　　　 (N: 명사, V: 동사, A: 형용사, NP: 명사구, KP: 격조사구)

(2ㄱ)이 각각 두 개의 명사, 동사, 형용사의 결합인 것과는 달리, (2ㄴ)은 두 조사가 직접 결합한 것이 아니라는 것이다. 우리는 지금까지 (2ㄴ)처럼 후행 조사가 언제든지 분리될 수 있는 조사 연속 구성들에 대하여 복합조사라는 잘못된 이름표를 달아 주었던 것이다.

앞에서 복합조사의 사전적 의미를 알아보았다. '둘 이상의 조사가 모여서 된 조사'라는 정의 내용만 놓고 보면, 그것이 사전의 올림말이 되어야 할 터인데도 불구하고 실상은 그렇지 못했다. 곧 '보다는', '까지를', '에서도' 따위는 두 조사 사이에 아무런 결속력도 없기 때문에 앞선 조사와 뒤따른 조사가 쉽게 떨어져 버리고 만다. 이들은 아직 복합조사로 굳어지지 않았으며, 단순한 통합관계를 이루고 있을 뿐이다. 따라서 복합조사가 되기 위해서는 둘 이상의 조사가 모여야 한다는 조건 외에도 두 조사가 한 덩어리로 굳어져 있어야 한다는 조건이 더 필요하다. 이제 앞서 살펴본 사전의 뜻풀이 내용을 보완하여, 복합조사를 아래와 같이 정의해 볼 수 있을 것이다.

(3) 복합조사의 정의(초안)
　　둘 이상의 조사가 통합되었으면서도 하나의 조사처럼 기능하는 것들(김진형 2000: 60 각주 2)

복합조사를 (3)과 같이 정의하는 것은 앞의 사전적 정의보다는 훨씬 진전된 것이라고 할 수 있다. 그러나 여기에서도 몇 가지의 문제점이 있다. 첫째, '하나의 조사처럼 기능하는 것'이라는 표현이다. 이것은 기능상으로는 하나의 조사처럼 보이지만 사실은 둘 이상의 조사가 모였다는 것을 강조하는 말이다. 김진형(2000: 59)은 "통시적으로 문법화를 통해 굳어진” 것들만을 복합조사로 인정할 수 있다고 밝혔다. 곧 복합조사란 그 구성성분이야 어떻든 간에 이미 하나의 문법 단위로 굳어진 것이라고 할 수 있다. 따라서 ‘하나의 조사처럼 기능하는 것’이라는 표현보다는 ‘하나의 조사로 굳어진 것’이라고 명문화해 두는 것이 좋을 것이다.

둘째, ‘둘 이상의 조사가 통합되었으면서도’라는 표현이다. 김진형 (2000: 61)은 선행 요소 뒤에 둘 이상의 조사가 연속하여 통합하는 것을 두고, ‘조사의 중첩’이나 ‘조사의 상호 통합’이라고 말하는 것이 구조적으로 타당한 것인가를 묻고 있다.

(4) ㄱ. 철수에게만의 승리
　　ㄴ. [[철수][에게만의]] 승리
　　ㄷ. [[[[철수]에게]만]의] 승리(이상 김진형 2000: 62)

(4ㄱ)은, (4ㄴ)처럼 조사들끼리 먼저 통합한 뒤 선행 요소와 통합한 것으로 해석하지 않는다. 오히려 (4ㄷ)처럼 명사구에 격조사가 통합한 격조사구(여기에 다시 조사가 통합할 때 이것은 명사구와 같은 것으로 취급한다)에 다시 조사가 통합하는 방식으로 이루어진 구성이라는 것이다. 결론적으로 국어문법에서 조사와 조사의 상호 통합이란 구조적으로 불가능하다는 것이다.

그런데 ‘둘 이상의 조사가 통합되었으면서도’라는 전제적 표현은 둘 이상의 조사가 상호 통합한 것으로 잘못 이해될 가능성이 많다는 점이다. 조사와 조사는 서로 통합할 수 없다는 점을 더욱 분명히 하기 위하여, “선행 요소에 둘 이상의 조사가 연달아 통합된 구성(김진형 2000: 60 각주 2)”이라는 표현이 더 적절하다고 생각한다. 이제 (3)의 복합조사에 대한 정의를 아래와 같이 바꾸어 볼 수 있을 것이다.

(5) 복합조사의 정의(수정안 1)
   선행 요소에 둘 이상의 조사가 연달아 통합한 구성이 하나의 조사
   로 굳어진 것

   (5)와 같은 내용으로 복합조사에 대한 정의가 완벽하게 마무리된
것은 아니다. (3)의 '둘 이상의 조사가 통합되었으면서도'라는 말이
나 (5)의 '둘 이상의 조사가 연달아 통합한 구성'이라는 말은 복합조
사의 두 구성성분이 반드시 조사라야만 한다고 못 박는 것이 된다.
김상대(1993: 24)에서 지적한 것처럼 이것은 "복합어의 일반적인 구
성 원리에서 벗어난 것이다." 복합명사, 복합동사, 복합형용사의 두
구성성분이 각각 명사, 동사, 형용사라야만 한다는 제약이 없는 것처
럼 복합조사의 두 구성성분도 반드시 조사라야만 한다는 제약은 없
다고 할 수 있다. 그러므로 복합조사의 범위를 '조사+조사'의 구성
으로만 제한할 것이 아니라 확대해야 할 필요성을 느낀다.

   (6) 현대국어의 이른바 여격조사 '에게' 및 '께'에 해당하는 중세국어의
      조사는 속격 '이' 및 'ㅅ'에 '게, 그에, 거긔, 손딕' 등이 결합하여
      이루어진 복합격조사였다.(이익섭 1994: 201)

   중세국어의 여격조사 '이게, 이그에, ㅅ게, ㅅ그에' 따위는 속격조사
와 의존명사(허웅 1975: 297~300, 고영근 1997: 78~83)가 결합하여
이루어진 복합조사로 볼 수 있다는 것이다. 이것은 복합조사의 두 구
성성분이 반드시 조사라야 할 필요는 없다는 것을 보여 주는 것이다.
'게, 그에, 거긔, 손딕'를 의존명사가 아니라 보조사나 후치사로 보
는 견해도 있다.(이기문 1999: 181, 안병희 1978: 185, 이숭녕 1981:
206~209) 이러한 경우에는 '이게, 이그에, ㅅ게, ㅅ그에' 따위를 격
조사와 보조사(또는 후치사)가 통합한 복합조사로 규정하게 된다. 이
런 관점하에서라면 복합조사의 범위를 '조사+조사'의 구성에서 굳

어진 것으로 제한한 견해를 굳이 수정할 필요가 없을 것이다. 그러나 다음의 경우는 어떠한가?

> (7) ㄱ. 無煩天브터 잇ㄱ장을 不還天이라 ᄒᆞᄂᆞ니(월석 1: 34)
> ㄴ. 제 아비라셔 져믄 주를 어엿비 너겨(속삼-원 열: 4)

　중세국어의 보조사 'ㅅ장'은 (7ㄱ)에서처럼 속격조사 'ㅅ'과 명사 'ㄱ장'[極]이 통합한 구성이 통시적인 문법화 과정을 겪어서 굳어진 복합조사였다. 이것은 복합조사의 구성성분이 둘 다 조사라야 할 필요는 없다는 것을 보여 주는 예이다.

　(7ㄴ)의 '이라셔'는 주격조사(허웅 1989: 71~72) 혹은 주격 표시의 보조사(안병희·이광호 1990: 204)로 알려져 있다. 이것을 "계사 '이다'에 연결어미 '-라셔'가 연결된 구조로 이해"(한재영 1996ㄴ: 66)한다면, '이라셔'는 조사를 그 구성성분으로 전혀 가지지 않는 복합조사가 된다.

　이와 같이 복합조사의 구성성분을 '조사+조사'로만 제한할 필요가 없다고 하면, 복합조사의 정의 (5)를 다음과 같이 수정할 수 있다.

> (8) 복합조사의 정의(수정안 2)
> 선행 요소에 둘 이상의 형태소가 연달아 통합한 구성이 하나의 조사로 굳어진 것

　(8)은 복합조사의 범위를 넓게 잡음으로써, 단일조사는 아니면서 복합조사에도 소속될 수 없었던 조사들, 예를 들면 계사의 활용형이 조사화한 '이고, 이며' 따위를 복합조사로 수용하게 된 데에 큰 의의가 있다.

　그러나 (8)의 정의는 '명사+조사'의 구성이 조사화한 '밖에'나 '대로' 또는 용언의 활용형이 조사화한 '하고, 하며' 따위를 설명하기

어렵다는 한계를 가진다. (8)의 정의에 의하여 '밖에'가 조사화하려면 '[[[NP]밖]에]'와 같은 구성이 전제되어야 하는데, 이러한 구성은 상정하기 어렵다. 어떠한 경우에라도 명사구에 '밖'이 직접 통합할 수는 없는 노릇이므로, '밖＋에'의 구성이 굳어진 다음에 조사 '밖에'가 명사구에 통합한, '[[NP]밖에]'의 구성이라야만 한다.

  부사어에서 조사화한 '같이'나 용언의 활용형이 조사화한 '부터, 조차, 보고, 하고' 따위도 '선행 요소에 연달한 통합한 구성'이 아니다. 이들은 모두 자립 형식이었는데 의존성이 강한 조사로 문법화한 것들이다. 복합조사화할 수 있는 형식들은 선행 요소에 의존적인 형식들로만 국한되는 것이 아니라 자립적인 형식들도 얼마든지 가능하다는 것을 알 수 있다. 따라서 복합조사를 정의할 때에, 복합조사로 굳어진 형식들은 반드시 선행 요소에 연속하여 통합해 있던 의존적 구성이라야 한다는 조건이 불필요하다는 것을 알 수 있다. 이제 복합조사의 정의 (8)을 아래와 같이 수정할 수 있다.

  (9) 복합조사의 정의(수정안 3)
      둘 이상의 형태소가 하나의 조사로 굳어진 것

  복합조사를 (9)와 같이 정의함으로써 조사의 목록으로부터 복합조사를 추출해 낼 수 있는 근거가 마련되었다. (9)의 정의는 다음의 두 가지 내용을 근간으로 한다. 첫째, 복합조사는 복합 형태소로 이루어진 것이다. 둘째, 복합조사는 그 구성성분이 하나의 단위로 굳어진 것이다.

  복합조사를 복합 형태소로 이루어진 조사라고 규정함으로써 '조사＋조사' 구성 이외의 조사들, 곧 계사나 용언의 활용형이 조사화한 것들도 복합조사로 수용할 수 있게 되었다. 또 복합조사는 두 개의 형태소가 연속한 통합체라도 조사로 굳어진 것이어야 한다고 제한함으로써 '보다는', '까지를'과 같은 조사 연속 구성들을 복합조사에서

배제할 수 있게 되었다.

이와 같이 매우 정제된 정의안을 마련하였음에도 불구하고 아직도 명확하지 못한 부분이 남는데, 그것은 다음과 같은 예들 때문이다.

(10) ㄱ. 같이 ← 같-+-이
ㄴ. 부터 ← 붙-+-어
ㄷ. 에게서 ← 에게+서

(10)의 '같이', '부터', '에게서'도 둘 이상의 형태소가 하나의 조사로 굳어진 것이라고 할 수 있는데, 이들도 복합조사인가? 결론부터 말하면 이들은 복합조사가 아니다. 한때는 복합조사였던 시기도 있었지만 그 결합관계가 굳어져서 단순조사화한 것으로 본다. (10ㄱ~ㄴ)의 조사들은 용언 어간의 의미로부터 멀어졌기 때문에 분석 근거가 없다고 보며, (10ㄷ)은 보조사 '서'의 설정 근거가 약하므로 분석할 수 없다고 본다. 따라서 둘 이상의 형태소로 이루어진 조사라도 그 형태소들을 분석할 수 있느냐 분석할 수 없느냐 하는 것이 복합조사를 가려내는 데에 필요한 조건이 됨을 알 수 있다. 이제 복합조사에 대한 정의 (9)를 아래와 같이 수정하여 최종안을 만들어 보자.

(11) 복합조사의 정의(최종안)
분석 가능한 둘 이상의 형태소가 하나의 조사로 굳어진 것

(11)은 둘 이상의 형태소로 이루어진 것이라고 하더라도 그것은 '분석 가능한' 것이어야 한다고 제한함으로써, 단일조사와 복합조사를 구분할 수 있는 근거를 마련하였다.

2) 파생조사 설정의 문제점

앞에서 복합조사는 둘 이상의 형태소로 이루어진 조사라고 정의를
내렸다. 이것은 단일조사에 상대하는 개념이라고 할 수 있으며, 복합
(compound)보다는 합성(complex)의 개념에 가까운 것이다. 복합조사
의 정의 (11)을 합성조사의 정의로 이해하고, 합성조사에는 복합조사
와 파생조사가 있다고 가정해 볼 수 있다. 이제 단어 형성법의 차원
에서 조사의 유형은 아래와 같이 정리된다.

(12) 조사의 유형

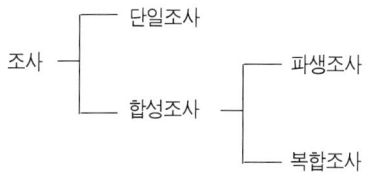

이익섭(1994: 88)에서 단어를 분류하고 정의한 것과 같은 방식으
로 파생조사와 복합조사를 정의할 수 있다. 전자는 그 구성성분의
한쪽이 접사인 합성조사이고, 후자는 그 구성성분의 어느 쪽도 접사
가 아닌 합성조사이다.

(13) ㄱ. 밖에 ← 밖 + ─에
　　 ㄴ. 부터 ← 붙─ + ─어
(14) ㄱ. 끽 ← ㅅ─ + 긔
　　 ㄴ. 의그에 ← 의─ + 그에
(15) ㄱ. 에게로 ← 에게 + 로
　　 ㄴ. 이셔 ← 이 + 셔

(13ㄱ)은 명사 어기에 접미사 '-에'가 붙어서 조사를 파생한 예이고, (13ㄴ)은 동사 어간을 어기로 하여 접미사 '-어'가 조사를 파생한 경우로서 접미파생법에 속한다. (14)는 접두파생법에 속하는 예들이다. 명사 어기 '긔', '그에'에 각각 접두사 'ㅅ-', '의-'가 붙어서 조사를 파생한 예가 된다. (15)는 조사와 조사가 단어의 자격을 가지고 참여하여 복합조사를 이룬 예들이다.

(13)～(15)에 제시한 조사들을 둘 이상의 형태소로 이루어진 합성조사로 규정하고, 이들을 다시 파생조사와 복합조사로 나누는 데에는 몇 가지의 문제점이 있다.

첫째, 파생조사의 형성에 참여하는 조사는 접사의 자격을 가지고, 복합조사의 형성에 참여하는 조사는 단어의 자격을 가진다는 것이다. (13ㄱ)의 '-에'나 (14)의 'ㅅ-', '의-'는 접사로 기술되고, (15)의 '에게', '로', '익', '셔'는 단어로 기술되는 것이 그것이다. (15ㄱ)의 '에게'와 '로'가 단어의 자격으로 복합어 형성에 참여한 것이라면, (13ㄱ)의 '에'도 단어의 자격으로 복합어 형성에 참여한 것이라고 말하지 못할 이유가 없다. (14)의 'ㅅ'이나 '의'도 단어의 자격으로 복합어 형성에 참여했다고 보면, 이들은 파생조사가 아니라 복합조사가 되어야 한다.

둘째, 조사가 접두사로 전성한다는 것이다. (14ㄱ)의 '긔'에서 조사 'ㅅ'이 접두사가 된 것과 (14ㄴ)의 '의그에'에서 조사 '의'가 접두사가 된 것이 그것이다. 조사는 선행 요소에 의존적인 성격을 가진 것이기 때문에 접미사로 바뀌는 것은 가능한 일이지만 접두사가 되는 것은 불가능하다.

셋째는 보다 근본적인 문제인데, 파생조사라는 개념이 언어의 실상을 왜곡한다는 것이다. 이것은 파생조사에만 국한된 것이 아니라 복합조사의 경우에도 마찬가지인데, 이 둘을 합친 합성조사라는 개념 설정의 문제점이기도 하다. (13)～(15)에 제시한 합성조사의 예들이 파생이나 복합이라는 단어 형성법의 규칙에 따라 만들어진 조사가 아니라는 사실이다. '명사＋조사'의 통사적 구성인 '밖에'가 조사화한 것이 그렇고, '[[[NP]에게]로]'의 구성이 '[[NP] [에게로]]'로 재분석됨으로써 형성된 조사 '에게로'가 그렇다. 이들은 모두가 '통사 구성이 어휘화한 단어'라고 할 수 있다.(구본관 1999: 17)

　(16) ㄱ. 인들 ← － 이 － ＋ － ㄴ들
　　　　ㄴ. 이며 ← － 이 － ＋ － 며

　(16)의 용례들은 계사의 활용형이 조사화한 것들이다. 계사 '－ 이 －'가 접사적 성격을 가진 의존적 요소이기 때문에 어기가 될 수 없고, 어미 '－ ㄴ들'이나 '－ 며'도 어기일 수 없다. 이들은 합성조사임에는 틀림이 없으나 파생조사라고도 할 수 없고, 그렇다고 복합조사라고도 할 수 없는 것들이다.

　지금까지 둘 이상의 형태소로 이루어진 조사를 합성조사라 부르고, 이것을 파생조사와 복합조사로 가르는 일이 타당한 것인지를 살펴보았다. 결론적으로 합성조사, 파생조사, 복합조사라는 개념이 둘 이상의 형태소가 굳어져서 조사가 된 구성을 설명하기에는 적절하지 못하다는 것을 알았다.

　이 책에서는 통사적 구성이 문법화하여 조사가 되었을 때, 그것을 지칭하는 말로 복합조사라는 기존의 용어를 그대로 쓰기로 한다. 이것은 둘 이상의 형태소로 이루어졌다는 측면에서는 단일조사에 상대하는 개념이지만, 통사적으로 문법화하였다는 측면에서는 단어 형성법의 차원과는 다른 개념이다.

3) 단일조사, 복합조사, 조사 연속 구성

단어를 그 구성 방식에 따라 단일어와 복합어로 나누는 것처럼 조사도 단일조사와 복합조사로 나눌 수 있다. 하나의 형태소로 이루 어진 조사를 단일조사라 하고, 둘 이상의 형태소로 이루어진 조사를 복합조사라 한다.

    (17) ㄱ. 이 / 가, 을 / 를, 은 / 는, 와 / 과……
        ㄴ. 로부터, 에서부터, 은커녕 / 는커녕……

(17ㄱ)은 하나의 형태소로 이루어진 단일조사들을 보인 것이며, (17ㄴ)은 두 개의 조사가 결합하여 이루어진 복합조사를 보인 것이 다. 단일조사들 가운데에는 기원적으로 단일한 형태에서 출발한 것 이 있는가 하면, 사실은 둘 이상의 형태소가 결합한 것인데 융합하 여 하나의 형태소가 된 것도 있다.

    (18) ㄱ. 룰 / 를 ← ㄹ + 올 / 을
        ㄴ. 눈 / 는 ← ㄴ + 은 / 은

15세기의 국어에서 대격조사 'ㄹ'과 보조사 'ㄴ'은 체언의 말음이 자음일 때에는 '올 / 을', '은 / 은'으로 나타나고, 체언의 말음이 모음 일 때에는 'ㄹ', 'ㄴ' 또는 '룰 / 를', '눈 / 는'으로 나타났다. (18)에서 처럼, '룰 / 를'과 '눈 / 는'은 각각 대격조사 'ㄹ'과 보조사 'ㄴ'에 다시 대격조사 '올 / 을'과 보조사 '은 / 은'이 더하여져서 만들어진 것이다. (안병희 · 이광호 1990: 168, 192) 그러므로 현대국어의 조사 '를'과 '는'은 기원적으로는 복합조사였는데 나중에 단일조사가 된 것이다.
   단일조사의 상당수는 복합조사로부터 발달한 것이다. 또 복합조사들

가운데는 지금도 단일조사로 문법화해 가는 것들이 있다. 이렇게 단일
조사화 과정을 겪고 있는 복합조사들은 단일조사와의 경계가 불분명해
서 복합조사인지 단일조사인지를 결정하기가 어려운 경우가 많다.

   (19) 께서, 로서, 에게서, 에서

   (19)의 조사들은 중세국어의 보조사 '셔'의 발달형인 '서'를 구성성
분으로 가진다는 점에서 공통적이다. 또 '서'의 선행 요소가 조사라는
점도 일치한다. 문제는 이들이 '조사+조사'의 구성으로 분석되느냐
하는 것인데, 그러기 위해서는 '서'가 보조사라는 결론이 나와야 한
다. "'서'가 보조사인가"라는 질문에 대하여는 아직도 논란이 많다.
   '서'에 대하여 『표준국어대사전』에는 동음이의어로서 두 가지의
격조사만 올라 있을 뿐, 보조사 '서'는 없다. 두 개의 격조사란 '에
서'의 준말로서의 '서'(예: 마당서 놀다, 서울서 오다)와 '혼자, 둘이,
셋이' 따위와 결합하는 주격조사 '서'(예: 둘이서 걷다)가 그것이다.
이 사전의 태도는 (19)의 예들에 나타난 '서'가 조사의 일부분으로서
굳어져 있다고 보는 것이다. 접속어미 '-어서, -고서, -면서'에 쓰
인 '서'도 마찬가지이다. 결론적으로 이들은 이전 시기의 보조사
'셔'가 조사나 어미 뒤에서 화석화한 것이라고 할 수 있다.

   (20) ㄱ. 께서<끠-셔
        ㄴ. 로서<로-셔
        ㄷ. 에게서<의긔-셔
        ㄹ. 에서<에-셔

   (20)은 (19)의 용례들이 근대국어 시기에는 복합조사였는데, 현대국
어로 오면서 단일조사화한 것을 보여 준다. 역사적 변화 표시(<) 오

른쪽의 용례들은 두 개의 조사로 분석 가능하기 때문에 두 조사 사이
에 붙임표(-)를 둘 수 있다. 그러나 현대국어의 용례들은 두 개의 조
사로 나눌 수 없기 때문에 두 조사 사이에 붙임표를 둘 수 없다.[5]

선행 어휘 요소에 다양한 문법 요소가 첨가되는 후치적 성격은
한국어의 특징 가운데 하나이다. 후치되는 문법 요소들이 여러 개가
겹칠 수 있다는 것도 특징적인 현상인데, 이 가운데 조사가 겹쳐서
나타나는 경우를 살펴보자.

> (21) ㄱ. 영희에게서만큼은 재미있게 놀지 못했다.(이익섭 · 임홍빈 1983: 20)
> ㄴ. 여당으로부터조차도 지지를 못 받는 정책(허웅 1995: 1391)

지금까지 (21)과 같은 용례들을 두고, 조사는 최대 몇 개까지 연
결될 수 있다느니 '부사격 조사＋보조사'의 통합 순서가 자연스럽다
느니 보조사는 선행 기능이 우세한가, 후행 기능이 우세한가에 따라
나눌 수 있다느니 하고 말해 왔다. 이른바 복합조사, 조사의 상호 결
합[토씨의 겹침], 보조사들끼리의 상호 통합 따위의 논의에서 내놓았
던 이러한 용례들이 대부분 진정한 의미의 복합조사는 아니었다.

가령 (21)의 밑줄 친 조사 연속형에 대하여 흔히 네 개의 조사가
결합한 복합조사라고 말한다('에게＋서＋만큼＋은', '으로＋부터＋조
차＋도'). 그러나 진정한 의미의 복합조사란 두 개의 조사가 융합하
여 단일한 기능을 나타내는 것으로서 '에게서'나 '으로부터'가 그러
한 자격을 가진다고 할 수 있다. 따라서 위의 용례들은 하나의 복합
조사 뒤에 두 개의 조사가 연속적으로 통합한 구성인 셈이다('에게
서＋만큼＋은', '으로부터＋조차＋도').

---

5) 『표준국어대사전』은 '께서, 로서, 에서'에는 붙임표를 하지 않았는데, '에게
서'에는 붙임표를 하여 '에게-서'의 모양으로 등재해 놓았다. 이것은 일관성
을 잃은 처사인데, 사전 편찬자의 어떤 착오가 있었던 것으로 보인다.

(22) ㄱ. 나<u>에게는</u> 아무<u>에게나</u> 말할 수 없는 비밀이 있다.

　　ㄴ. 귀신들이 그 사람<u>에게서</u> 나와 돼지<u>에게로</u> 들어가니(눅 8: 33)

　　ㄷ. 이스라엘 백성이 애굽<u>에서</u> 나와 가나안<u>으로</u> 들어갔다.

　(22ㄱ)의 밑줄 친 예들은 부사격 조사 '에게'에 보조사 '는', 접속조사 '나'가 각각 후행 통합한 것이다. '에게' 뒤에는 '는', '나'와 계열관계를 이루는 여러 보조사들이 자유롭게 교체되어 나타날 수 있다. '에게'와 보조사 또는 접속조사가 통합한(엄밀히 말해서는 격조사구에 보조사가 통합한) 구성, '에게는, 에게나, 에게도, 에게만……' 따위를 복합조사에 상대하여 '조사 연속 구성'이라고 부르기로 한다.

　(22ㄴ)의 밑줄 친 용례들은 (22ㄱ)의 것들과는 성격이 다르다. 먼저 '에게서'의 '서'는 보조사라고 말하기가 어렵다. '에게서'를 (22ㄱ)의 '에게는', '에게나'와 동류의 것으로 처리할 수 없는 첫 번째 이유가 여기에 있다. 한편 '에게로'에서 '로'는 보조사도 아닐뿐더러 다른 부사격 조사와 자유롭게 교체되지도 않는다. (22ㄴ)과 (22ㄷ)을 비교해 보면, 서술어 '나오다'와 '들어가다'가 요구하는 두 번째 논항이 유정 명사인가, 장소 명사인가에 따라서 격조사가 다르게 실현된 것을 볼 수 있다. '에게서'와 '에서', '에게로'와 '으로'는 선행 명사의 성격에 따라 달라진 것일 뿐 각각 동일한 격 기능을 나타내는 하나의 형태소들이다. 연속한 두 조사가 굳어져 단일한 격 기능을 나타내는 '에게서', '에게로' 따위는 처음에는 조사 연속 구성이었지만 역사적으로 문법화 과정을 겪어 하나의 조사가 되었다. 이러한 것들을 조사 연속 구성에 상대하여 '복합조사'라고 부른다.

Ⅲ

복합조사의 판별기준

복합조사는 분석 가능한 둘 이상의 형태소가 하나의 조사로 굳어진 것이라고 정의하였다. 복합조사를 이루는 두 형태소는 분석 가능한 것으로서 분석할 수 없는 단일조사와는 구별되며, 하나의 조사로 굳어진 것으로서 굳어지지 않은 조사 연속 구성들과는 구별된다. 이와 같이 복합조사는 단일조사나 조사 연속 구성과의 관계 아래에서 파악된다. 복합조사를 판별해 내는 일은 단일조사나 조사 연속 구성들로부터 복합조사를 가려내는 일이라고 할 수 있다. 이들은 일정한 발달 순서를 가진다. 조사 연속 구성이 발달하여 복합조사가 되고, 복합조사가 발달하여 단일조사가 된다. 이들이 얼마만큼 발달하였는가 하는 것은 얼마만큼 문법화하여 굳어졌는가 하는 것이다. 굳어진 정도는 두 구성성분의 결속력이 어느 정도인가 하는 것으로써 측정될 수 있을 것이다.

느슨한 결합관계로 이어진 두 조사는 조사 연속 구성을 이루며,

단단한 결합관계로 이루어진 두 조사는 복합조사로 판별된다. 그러나 결합관계가 화석화하여 구성성분이 무엇인지를 알아보기 어렵게 되면 그것은 단일조사로 판별될 것이다.

두 구성성분의 결속력의 정도를 측정할 수 있는 장치란 무엇인가? 그것이 곧 이 장에서 논의하고자 하는 복합조사의 판별기준이 될 것이다. 또 계사 활용형 복합조사를 판별하기 위해서는 문제의 형식이 어미인가 조사인가를 따져보아야 할 것이다. 그것을 가릴 수 있는 판별기준이 무엇인지를 찾아보기로 한다.

1. 조사 연속 구성과 복합조사의 판별

둘 이상의 조사가 연속한 어떤 구성이 복합조사가 되기 위해서는 그것이 하나의 단위로 굳어져야만 한다. 두 조사의 결합관계가 굳어져서 단일한 하나의 기능을 나타낸다면 그것은 복합조사라고 할 수 있으나, 굳어지지 않았다면 그것은 일반적인 결합관계에 의한 조사 연속 구성이라고 할 수 있다. 어떤 '조사＋조사' 구성의 결합력을 알아보기 위해서는 그것을 분리해 보거나 다른 조사로 대체시켜 볼 수 있다. 또 그 통합형이 제삼의 의미 기능을 나타내는지를 살펴볼 수 있다.

1) 분리 가능성

두 개의 조사로 이루어진 어떤 통합형이 복합조사인지 단순한 통합관계를 이룬 것인지를 판별하기 위하여 그 통합형의 두 구성성분을 분리할 수 있는지를 살펴볼 필요가 있다. 만약 어떤 두 구성성분을 분리할 수 없다면, 그것은 그들의 결합관계가 굳어졌다는 것을 말해 준다. 반면에 분리할 수 있다는 것은 그들의 결합관계가 일반적이라는 것을 말해 준다.

(1) ㄱ. 아라랏 산은 산봉우리<u>에서부터</u> 산허리<u>까지가</u> 만년설로 덮여 있다.
    ㄴ. [[[산봉우리]에서부터] [[산허리]까지] 가]

(1ㄱ)의 밑줄 친 '에서부터'와 '까지가'는 각각 두 개의 조사가 겹친 것이지만, 전자는 '출발점'이라는 단일한 기능을 나타내므로 복합조사이고, 후자는 단일한 기능을 나타내는 것이 아니므로 조사 연속 구성이다. '에서부터'는 '에서＋부터'로 분석할 수 있지만, 이렇게 쪼개어 버리면 출발점의 뜻을 잃어버리므로 나누지 않는다. 한편 '까지가'는 형태소 분석의 대상이 아니다. 왜냐하면 (1ㄴ)의 구조에서 볼 수 있듯이, 이것은 '까지＋가'로 분석되는 것이 아니라 'A에서부터 B까지' 구성 전체에 '가'가 통합한 것이기 때문이다. 이와 같이 '까지＋가'는 하나의 단위를 이루는 것이 아니므로 쉽게 분리할 수 있는 데 반하여, '에서부터'는 하나의 단위로 굳어졌기 때문에 분석이야 가능하지만 분리할 수는 없다.

분리 가능성의 기준은 어떤 두 구성성분을 분리할 수 있느냐 없느냐를 따지는 것이다. '까지가'처럼 분리 가능한 구성은 조사 연속 구성으로 판별하고, '에서부터'처럼 분리되지 않는 구성은 복합조사로 판별한다.

분리 가능성은 세 가지 측면에서 점검될 수 있다. 첫째는 문법성 여부를 따지는 것이다. 통합형을 이룬 두 개의 조사 가운데서 후행 조사를 분리했을 때에 비문을 초래한다면, 그 통합형은 복합조사이다.

둘째는 의미 차이를 따져 보는 것이다. 조사 통합형이 쓰인 어떤 문장에서 그 통합형의 후행 조사를 분리했을 때, 분리된 조사가 지닌 의미만큼이 원래의 문장으로부터 빠져나간다면, 그것은 단순한 통합관계임을 말해 준다. 만약 그렇지 않고 조사 통합형이 쓰인 문장과 그 통합형의 후행 조사를 분리한 문장을 비교하였을 때에, 두 문장의 의미 차이가 분리된 조사가 지닌 의미 정도를 넘어설 만큼 크다면, 그것은 복합조사임을 말해 준다.

셋째는 내적 확장이 가능한지를 살펴보는 것이다. 통합형을 이룬 두 조사의 사이에 다른 조사를 삽입할 수 있다면, 그것은 단순한 통합관계이다. 복합조사를 이룬 두 조사는 하나의 조사로 굳어졌기 때문에, 둘 사이를 뚫고 다른 조사가 개입할 수 없으며, 두 조사는 분리되는 일이 없다고 할 수 있다.

분리 가능성을 점검할 때에 꼭 지켜야 할 원칙이 한 가지 있다.

(2) 후행 조사 분리의 원칙
    연속한 두 조사의 분리 가능성을 점검할 때는 반드시 후행 조사를 분리해야 한다.

(2)와 같은 원칙을 세운 것은 한국어가 교착어라는 사실을 염두에 둔 것이다. 연속한 일련의 조사는 선행 체언에 차례차례 들러붙기 때문에 분리할 때에는 거꾸로 끝에서부터 하나씩 제거해 나가야 하는 것이다.

그런데 김진형(2000: 70)은 선행 조사를 생략할 수 있는지를 점검한다.

(3) ㄱ. 영희는 공주로부터 전학을 왔다.
    ㄴ. 영희는 공주로 전학을 왔다.
    ㄷ. *영희는 공주부터 전학을 왔다.

(3ㄱ)의 '로부터'에 대하여 선행 조사를 분리하면 (3ㄷ)처럼 문법성이 손상된다. 그러므로 '로부터'는 분리할 수 없는 하나의 복합조

사라는 논리이다. 그러나 '로부터'가 복합조사인지를 알아보기 위해서는 후행 조사를 분리해 보아야 한다.

'로부터'에서 후행 조사를 제거한 (3ㄴ)은 문법성에 손상을 입지는 않는다. 그런데 (3ㄱ)의 '로부터'는 출발점의 뜻을 가지는 데 반하여 (3ㄴ)의 '로'는 도착점의 뜻을 가져 정반대의 뜻이 되고 만다. 후행 조사를 생략했을 때 생략된 조사만큼의 뜻이 덜어지는 것이 아니라 현격한 의미 차이를 드러내는 것이다. 이것은 분리 가능성 중 '의미 차이'를 나타내는 것으로서 '로부터'를 복합조사로 판별할 수 있는 근거가 되는 것이다.

(1) 문법성

어떤 조사 통합형에서 후행 조사를 분리했을 때에, 적격한 문장이 비적격한 문장으로 바뀌어 버린다면, 그 통합형의 두 구성성분은 굳어져서 복합조사가 된 것이라고 말할 수 있다.

   (4) ㄱ. 비<u>라고는</u> 한 방울도 내리지 않는다.
      ㄴ. *비<u>라고</u> 한 방울도 내리지 않는다.

'라고는'은 '라고 할 수 있는 것은' 정도의 의미를 지니는 복합조사이다. '라고는'을 복합조사로 보는 이유 가운데 하나는 '라고는'에서 '는'을 분리했을 때 (4ㄴ)처럼 비문이 되기 때문이다. (4ㄱ)이 '비라고＋는'의 단순한 통합관계를 이룬 것이라면 이 문장에서 '는'이 빠지더라도 비문을 초래하지는 않을 것이다.

현대국어의 보조사 '다가'는 격조사 '에, 에게, 한테, 로' 뒤에 붙어서 격조사가 통합한 명사구의 의미를 더 뚜렷하게 해 준다.

(5) ㄱ. 책상<u>에다가</u> 꽃병을 올려놓았다.

ㄴ. 철수<u>에게다가</u> 표를 몰아주자.

ㄷ. 영희<u>한테다가</u> 모든 사실을 말했다.(이상 표준)

ㄹ. 도로교통법 위반<u>으로다가</u> 딱지를 떼면 벌금이 제법 나올걸.(연세)

격조사와 보조사의 통합형 '에다가, 에게다가, 한테다가, 로다가' 등이 복합조사인가 조사 연속 구성인가를 판별하기 위하여 후행 보조사를 분리해 보자.

(5)′ ㄱ. 책상<u>에</u>∅ 꽃병을 올려놓았다.

ㄴ. 철수<u>에게</u>∅ 표를 몰아주자.

ㄷ. 영희<u>한테</u>∅ 모든 사실을 말했다.

ㄹ. 도로교통법 위반<u>으로</u>∅ 딱지를 떼면 벌금이 제법 나올걸.

(5ㄱ~ㄹ)의 밑줄 친 조사 통합형에서 후행 보조사 '다가'를 분리한 (5ㄱ~ㄹ)′의 문장들은 모두 정상적이다. 이것은 격조사 '에, 에게, 한테, 로'와 보조사 '다가'의 통합형이 아직 복합조사로 굳어지지 않았다는 것을 말해 주는 것이며, 이들의 관계 역시 단순한 통합관계에 지나지 않는다는 것을 말해 주는 것이다.

(5ㄱ)의 '책상에다가'에 대하여 후행 조사를 생략하더라도 문법성을 해치지 않으므로 '에다가'를 조사 연속 구성으로 판별하였다. 그런데 한용운(2004: 153~154)은 선행 조사 '에'를 생략하면 비문이 된다는 이유를 들어 조사의 생략 여부가 복합조사를 판별해 내는 기준이 되기 어렵다고 하였다. 앞서 언급한 것처럼 선행 조사의 분리 가능성은 복합조사를 판별해 내는 검증 장치가 될 수 없다. 왜냐하면 조사는 일정한 배열 순서를 가지고 차례차례 연결되는 것이므로 선행 조사를 제거하면 그만큼 문법성을 해치기 쉽기 때문이다.

(2) 의미 차이

통합형을 이룬 두 조사의 분리 가능성은 의미 차이에 의하여서도 결정된다. 후행 조사를 분리하였을 때 전체 문장의 의미로부터 분리된 조사가 지닌 의미만큼이 빠져나갔다면 그 두 조사는 분리할 수 있는 관계를 이룬 것이다.

(6) ㄱ. 어떤 사람은 주인에게 폐를 끼치지 않으려고 차나 과자까지도 사양하는 사람이 있지만 그럴 필요는 없다.(연세)
ㄴ. 그를 따라 밤길을 중간쯤까지나 동무해서 걸었다.(이희자·이종희 1998: 22)

'까지도'나 '까지나'는 『연세한국어사전』에 복합조사의 자격으로 등재된 항목들이다. 이들이 복합조사로서 굳어졌는가, 그렇지 않은가를 판가름하기 위하여 두 조사를 분리한 다음, 그 의미 차이를 따져 볼 수 있다. (6ㄱ)의 '까지도'에서 '도'를 떼 내더라도 처음의 의미에서 크게 달라지지 않는다. '도'는 그것이 통합한 선행 요소를 강조해 주는 정도의 기능을 할 뿐이다. (6ㄴ)의 '까지나'에서 '나'를 떼 내어도 결과는 마찬가지다. 다만 '나'를 떼 버리고 나면, 화자가 밤길의 거리를 어림잡는 뜻이나 혹은 밤길을 중간쯤까지 걸은 것은 매우 먼 길이라든가 놀라운 일이라고 하는 화자의 감정은 사라져 버리고 만다. 곧 보조사 '나'의 의미 기능이 빠져 버리는 것이다.

'까지도'나 '까지나'에서 '도'와 '나'는 '까지'가 통합한 선행 요소에 일정한 의미를 덧보태는 기능을 한다. 이것은 전형적인 보조사의 기능이며, '도'와 '나'가 선행 요소에 단순 통합한 것임을 보여 주는 것이기도 하다. 만약 '도'와 '나'를 선행 요소에서 분리했을 때, 문장의 의미가 현격하게 달라진다면, 그것은 단순한 통합관계로 볼 수 없을 것이다.

(7) ㄱ. 그때에 예수께서 갈릴리 나사렛<u>으로부터</u> 와서(막 1: 9)

　　ㄴ. 구레네 사람 시몬이 시골<u>로서</u> 와서 지나가는데(막 15: 21)

(7)의 밑줄 친 '로부터'와 '로서'가 복합조사인지 '로＋부터'와 '로＋서'의 조사 연속 구성인지를 판별하기 위하여 후행 조사를 분리해 볼 수 있다. '로부터'에서 '부터'를 떼 내거나 '로서'에서 '서'를 떼 내면 문장의 의미가 전혀 달라져 버리고 만다. (7)의 각 문장은 예수가 출발한 곳은 나사렛이고, 시몬이 출발한 곳은 시골이라는 의미인 데 반하여, '부터'나 '서'를 분리했을 때는 도착한 곳이나 지향점이 그렇다는 뜻이 되어 정반대의 의미를 나타내게 된다. 이렇게 현저한 의미 차이가 나는 것을 두고, 이것이 단순 통합관계를 이룬 '부터'나 '서'의 의미 기능이라고 말하기는 어렵다. 그러므로 '로부터'나 '로서'는 각각 두 조사가 결합하여 '출발점'이라는 단일한 기능을 나타내는 것으로 굳어졌다고 보아야 한다.

(3) 내적 확장

복합어를 판별하는 기준의 하나로 분리성이라는 것이 있다. 하나의 단어는 그 내부에 다른 단어를 개입시켜 분리시킬 수 없다는 것이다.(이익섭·임홍빈 1983: 115) 곧 복합어를 이루는 두 구성성분 사이에는 다른 요소를 삽입할 수 없으므로 복합어는 내부적으로는 더 이상 확대되지 않는 구조라고 할 수 있다. 이러한 기준은 구와 단어의 경계를 짓기 위한 것인데, 이 기준을 적용하여 복합어를 판별하는 일을 내적 확장이라고도 부른다.

김상대(1993: 19~20)는 복합어가 되기 위해서는 내적 확장이 불가능해야 한다는 조건을 복합조사에도 적용하였다. 이 조건에 의하면 상당수의 조사 연속 구성이 복합조사의 목록에서 제외된다.

(8) ㄱ. 이 식물은 고산<u>에서는</u> 잘 자란다.(이익섭·임홍빈 1983: 165)
　　 ㄴ. 이 식물은 고산<u>에서밖에는</u> 잘 자라지 않는다.
(9) ㄱ. 예수의 옷 가<u>에라도</u> 손을 대게 하시기를 간구하니(막 6: 56)
　　 ㄴ. 예수의 옷 가<u>에만이라도</u> 손을 대게 하시기를 간구하니

　(8ㄱ)의 밑줄 친 '에서는'이 복합조사일 수 없는 것은, (8ㄴ)의 밑줄 친 용례에서처럼 '에서'와 '는' 사이를 뚫고 '밖에'가 끼어들 수 있기 때문이다. (9ㄱ)의 밑줄 친 '에라도'의 경우에도 (9ㄴ)에서와 같이 '에'와 '이라도' 사이에 '만'이 들어와 내적 확장이 이루어지므로 복합조사의 자격을 얻을 수 없다.

2) 교체 가능성

　'조사＋조사'의 결합 순위에 대하여서는 많은 논의가 있었거니와 일반적으로 '부사격 조사＋보조사'의 결합 순위는 자연스러운 것으로 받아들여진다. 또 '보조사＋보조사'의 결합 순위에서는 '부터, 까지, 마저'처럼 늘 다른 보조사에 선행하는 것들이 있는가 하면 '는, 도, 야'처럼 항상 다른 보조사에 후행하는 것들이 있다고 알려져 있다.
　어떤 부사격 조사가 특정한 보조사하고만 통합하기를 고집하거나 마찬가지로 어떤 보조사가 특정한 보조사와만 통합하기를 고집한다면 이들의 통합관계는 일반적인 것이라고 말할 수 없다. 통합관계의 고정화 내지는 고착화가 이루어진 것으로 볼 수 있는데, 문제의 조사 통합형이 문법화 과정을 겪고 있음을 말해 주는 것이기도 하다. 이와 같이 어떤 조사 연속형에서 후행 조사가 같은 계열의 다른 조사와 교체되지 않는다면 그것은 복합조사로 굳어진 것이라고 할 수 있다.

(10) ㄱ. 하루 종일 밥은커녕 물 한 모금도 못 마셨다.
ㄴ. 도착해설랑은 꼭 연락해야 한다.(이상 표준)

(10)의 밑줄 친 '는커녕'은 부정문에 쓰여 '는 고사하고'의 뜻을 나타내며, 'ㄹ랑은'은 접속어미 '-어서' 뒤에 붙어서 강조의 기능을 나타내는 복합 보조사들이다. '는커녕'에서 '커녕'도 보조사인데, '는'이 선행한 것은 이례적이라고 할 만하다. 일반적으로 '는'은 항상 다른 조사의 뒤에 연결되는 것으로 알려져 있기 때문이다.[1] '는' 뒤에는 어떤 조사도 후행할 수 없다고 했을 때, '는커녕'의 통합관계는 예외적인 것이며, 이들의 통합관계가 이미 고착화한 것임을 말해 주는 것이기도 하다. 이와 같이 '는커녕'에서 '커녕'의 자리에는 어떤 다른 보조사도 나타날 수 없기 때문에, 다른 조사와의 교체 가능성이 전무하다.

(10ㄴ)의 'ㄹ랑은'은 보조사 'ㄹ랑'과 보조사 '는'의 결합인데, 후행 보조사를 분리하더라도 문장의 성립에는 지장이 없고, 보조사 '는'이 가진 강조의 의미 정도가 빠져나가므로 단순한 통합관계를 이룬 것으로 볼 수 있다. 그러나 'ㄹ랑'은 '는' 이외의 다른 보조사와는 통합하는 일이 없기 때문에 이들의 통합관계는 고정화한 것으로 볼 수 있고, 복합조사로 굳어진 것으로 처리하더라도 무리가 없다.

3) 의미의 특수성

두 구성성분이 결합하여 복합어를 형성할 때, 거기에는 의미의 변화가 뒤따른다. 복합어의 의미는 각각의 구성성분이 지닌 의미를 합한 값이 아니라 그것과는 다른 새로운 것이 된다. 곧 두 구성성분의

---

1) '는'이 다른 조사에 선행한 통합형으로서 '는야'가 있기는 하지만 현대국어에서는 더 이상 쓰이지 않는다.

의미로부터 복합어의 의미를 예측할 수 없기 때문에 그 의미는 특수성을 띠게 된다고 할 수 있다. 이와 같이 복합어의 형성 과정에는 의미의 특수성이 관여하는데, 이러한 현상은 복합조사의 경우에도 마찬가지이다.

    (11) ㄱ. 내 遼陽 잣 안해셔 사노라(번노 상: 7ㄴ)
        ㄴ. 네 언제 王京의셔 떠난다(번노 상: 1ㄱ)

  (11)의 밑줄 친 예들은 16세기 국어에서 처격조사 '애', '의'와 보조사 '셔'의 통합형을 보인 것이다. 이들이 조사 연속 구성인가 복합조사인가를 판별하기 위하여 '애셔'와 '의셔'가 각각의 문장에서 어떠한 의미 기능을 나타내는지를 살펴볼 필요가 있다.

  김승곤(1978: 84)은 부사격 조사 '애셔', '의셔'가 15세기에는 조사 연속 구성이었는데 16세기부터는 복합조사화한 것으로 보았다. 이들이 의미상으로 단일한 개념을 나타낸다는 것을 그 근거로 들었는데, (11ㄱ)의 '애셔'는 '장소', (11ㄴ)의 '의셔'는 '출발점'을 나타낸다는 것이다.

  의미상 단일 개념을 나타낸다는 측면에서는, 15세기의 용례들도 예외일 수는 없다. 이숭녕(1981: 210~213)은 '셔'(<시어)가 처격조사와 통합하여 재격(在格), 이격(離格), 비교격을 나타낸다고 하였다. 그의 용어로는 복합격인데, 두 격이 결합하여 단일한 격 기능을 나타내게 되었으므로 이러한 두 조사의 결합형을 복합조사라고 부를 수 있다.

  15세기 국어에서 부사격 조사 '과로'도 복합조사로 볼 수 있다.

    (12) ㄱ. 나랏 말ᄊᆞ미 中國에 달아 文字와로 서르 ᄉᆞᄆᆞᆺ디 아니ᄒᆞᆯᄊᆡ(훈언 1)
        ㄴ. 生과 生괘 엇뎨 無生과로 다ᄅᆞ리오(남명 상: 17)

(12)의 밑줄 친 용례들은 공동격 조사와 도구격 조사의 통합형을 보인 것이다. 이것을 이숭녕(1981: 198~199)은 동반격이라고 하였고, 김승곤(1978: 46~47)은 여동격(與同格)과 비교격이라고 하였다. 두 격조사가 결합하여 의미상 '와 더불어'의 뜻을 나타내므로 복합조사라고 할 수 있는 것이다.

현대국어에서 격조사 '에, 에게, 한테, 로'와 보조사 '다가'의 통합형들이 아직 복합조사화하지 않았다는 것을 살펴보았다. 격조사로부터 보조사를 떼 내더라도 문장의 성립에는 하자가 없었기 때문에 이들은 단순한 통합관계를 이룬다고 보았다. 그런데 '에다가' 유의 통합형들이 복합조사로 굳어지지 않았다는 것은 의미의 특수성이라는 잣대로도 검증할 수 있다.

(13) ㄱ. 책상에다가 꽃병을 올려놓았다.
     ㄴ. 책상에Ø 꽃병을 올려놓았다.
(14) ㄱ. 철수에게다가 표를 몰아주자.
     ㄴ. 철수에게Ø 표를 몰아주자.

(13ㄱ)과 (13ㄴ), (14ㄱ)과 (14ㄴ) 사이에 어떤 뚜렷한 의미 차이가 있다고 말하기는 어렵다. 왜냐하면 보조사 '다가'의 의미 기능이 선행 요소를 강조해 주는 정도에 그칠 뿐, 자기만의 독특한 의미 기능을 적극적으로 발휘하는 것이 아니기 때문이다.

『표준국어대사전』에서는 '에다가'를 등재하고 그 의미를 둘로 기술하였는데, ① 일정한 위치를 나타내는 격조사(예: 창고에다가 넣다), ② 더해지는 대상을 나타내는 격조사(예: 술에다가 물을 타다)가 그것이다. 그런데 '에다가'의 이 두 가지 의미 기능이란 곧 격조사 '에'의 의미 기능에 다름 아니다. (14)의 '에게다가'도 마찬가지이다. 격조사 '에'나 '에게'에 '다가'가 보태지더라도 그 의미가 크게 달라지지 않는다. 이것은 이들의 관계가 단순한 통합관계로서 조사 연속 구성에 지나지 않는다는 것을 말해 주는 것이다.

2. 단일조사와 복합조사의 판별

단일조사는 단일 형태소로 이루어진 조사이고, 복합조사는 복합 형태소로 이루어진 조사이다. 단일조사 가운데는 복합 형태소로 이루어진 것처럼 보이는 것들도 많은데, '에게서, 부터, 같이' 따위가 여기에 해당한다. 이들이 단일조사인가 복합조사인가 하는 것은 형태소 분석이 가능한가의 여부에 따라서 결정된다. 복합조사는 형태가 변화하거나 기원 형태소의 의미로부터 멀어짐에 따라 단일조사로 변화한다. 따라서 단일조사와 복합조사를 구별하기 위해서는 형태소 분석이 가능한가, 또는 역사적으로 의미 변화가 일어났는가 하는 것을 살펴보아야 한다.

1) 분석 가능성

복합조사는 두 개의 직접구성성분으로 분석된다. 그런데 어떤 복합조사가 계속 문법화하여 두 구성성분 사이에 융합이 진전되어 형태의 변화가 일어나면 분석할 수 없는 상태에 이르기도 한다. 그리하여 하나의 복합조사가 둘 이상의 형태소로 이루어진 것은 알지만 공시적으로 분석해 낼 수 없을 때, 그 복합조사는 단일조사화하였다고 말할 수 있다.

복합조사를 판별해 내기 위한 기준으로서 분석 가능성은, 문제의

복합조사가 더 이상 분석할 수 없을 정도로 문법화하여 복합조사로
서의 자격을 상실했는지를 검증하는 데 의의가 있다. 그러므로 분석
가능성은 복합조사의 목록에서 복합조사가 아닌 것들을 가려내는 기
준이 되며, 동시에 단일조사를 가려서 뽑는 기준이 되기도 한다.

  (1) ㄱ. 의그에>의게>에게
      ㄴ. 끠>쎄>께

  (1)의 용례는 현대국어의 여격조사 '에게'와 그것의 높임말인 '께'
의 발달 과정을 보인 것이다. 이들은 기원적으로 속격조사에 의존명
사가 통합한 통사적 구성이었는데, 통합관계가 굳어지면서 형태적
구성으로 바뀐 것이다. 그 뒤에 형태의 변화를 겪으면서 오늘날의
'에게'와 '께'가 된 것인데, '에게'나 '께'에서는 속격조사 '의'나 'ㅅ'
의 흔적을 찾을 수 없다.

  (2) ㄱ. 祭祀를 家禮다이 ᄒᆞ며(속삼-원 효: 26)
      ㄴ. 졔ᄉᆞ를 가례대로 ᄒᆞ며(동속 효: 26)

  (2ㄴ)의 밑줄 친 '대로'는 현대국어의 보조사 '대로'의 기원형이라
고 할 수 있다. (2ㄱ)의 밑줄 친 '다이'는 의존명사나 부사로 기술되
는 것인데, (2ㄴ)과의 비교를 통하여 분포·기능·의미 따위를 생각
해 보면 조사일 가능성이 크다.
  '다이'는 '다ᄫᅵ'에서 온 것으로 이 둘은 15세기 국어에서 의존명사
로 쓰였다. 이 시기에는 '대로'도 의존명사로 쓰였는데, '대로'는 의
존명사 '대'(<다이<다ᄫᅵ)와 부사격 조사 '로'의 통합형인 것으로 추
정한다.2)

─────────────
2) '다ᄫᅵ>다이>대'의 변천은 음운론적으로 매우 자연스러운 결과이다. 그러나

15세기 국어에서 관형사형 어미 '-ㄴ, -ㅭ' 뒤에 분포하였던 의존명사 '대로'는, 16세기 국어에서는 분포가 확장된다. 곧 (2ㄴ)의 예처럼 명사 뒤에서도 출현할 수 있게 되는 것이다. 의존명사 '대로'의 의미 기능이 확대되어 보조사로서의 용법도 가지게 된 것인데, 이 시기에 오면 '대로'를 형태소 분석하기가 어려워진다. 물론 15세기 국어의 의존명사 '대로'도 '대+로'로 분석하기가 수월한 것은 아니지만 그다음 세기의 보조사 '대로'는 문법화하여 단일조사가 된 것으로 볼 수 있다.

16세기에 새롭게 등장한 보조사 '대로'는 현대국어에까지 이어진다. 현대국어의 보조사 '대로'에서 '로'는 직관이나 어원적 정보 등으로 부사격 조사임을 알 수 있을는지 몰라도 '대'의 정체는 불확실해지고 말았다. 보조사 '대로'가 두 구성성분의 결합으로 이루어진 복합조사라고 말할 수 없는 이유가 여기에 있다.

2) 의미 변화

단어 형성법에서 파생법의 한 유형으로 조사의 파생법을 거론하는 경우가 있다. 대표적으로 명사에서 파생된 조사 '밖에'와 동사에서 파생된 조사 '부터', '조차' 등이 그것이다.(남기심·고영근 1985: 201~202, 김영석·이상억 1992: 35~36, 허웅 1995: 459)

(3) ㄱ. 밖에 ← 밖 + -에
　　 ㄴ. 부터 ← 붙- + -어
　　 ㄷ. 조차 ← 좇- + -아

'대로'의 '대'가 '다비'에서 비롯하였다는 적극적인 증거는 없다. 무엇보다도 '다비로'나 '다이로' 따위가 아직 문증되지 않았기 때문이다.

현대국어에서 명사 '밖'이나 동사 '붙-', '좇-'이 엄연히 존재하기 때문에 (3)에 제시한 조사들은 얼마든지 어기와 접사로 분석될 가능성이 있다. 그러나 파생조사는 어기가 가진 실질적 의미를 잃어 버렸기 때문에 그것과의 유연성을 찾기가 쉽지 않다.

일반적으로 동사가 문법화하여 조사가 될 때에는 부사화의 단계를 밟는다.(안주호 1994: 136, 고영진 1997: 205, 이성하 1998: 186) 동사가 부사로 될 때에는 대개 의미의 축소가 일어나고, 부사가 조사로 될 때에는 의미의 변화가 일어난다. 이러한 현상은 '동사 → 부사 → 조사'의 순서로 문법화해 가는 동안, 동사가 가진 원래의 의미가 점점 추상화해 가는 것이라고 할 수 있다. '부터'의 경우를 예로 들어서 살펴보기로 한다.

『우리말 큰사전』에 의하면 중세국어 '븥다'는 다섯 가지의 의미를 가지고 있었다. 사전의 뜻풀이 내용과 그 용례를 요약하여 정리하면 다음과 같다.

(4) 븥다 圖 ① 붙다. ¶따해 브터셔(地著)
　　　　　　② 닿다. 숙박하다. ¶셔울은 어늬 쩍 떠나셔 여긔는 어늬 쩍 브트시리라 니르옵는고
　　　　　　③ 딸리다. 의지하다. ¶ᄂᆡ그에 브터 사로ᄃᆡ
　　　　　　④ 말미암다. 비롯하다. ¶功이 定에 브트니(功由於定)
　　　　　　⑤ 불붙다. ¶燄 브틀 분

'븥다'의 활용형인 '브터'는 주로 '를 브터'의 구성을 이루는데, 이 단계에서는 부사화하여 형태가 고정되기에 이른다. 부사화한 '브터'는 '말미암아', '비롯하여' 정도의 의미를 가진다.

(5) ㄱ. 허므리 根을 브터 니디워(씀由根起)(능엄 2: 88)
　　　ㄴ. 이 偈를 브터 닷가면 큰 利益이 이시리라(육조 상: 18)

부사화한 '브터'는 동사 '븥다'의 ④번 뜻과만 의미적 관련성을 가지는데, 이것은 동사가 부사화하는 과정에서 의미의 축소가 일어났음을 보여 주는 것이다. '브터'는 시간이나 장소를 나타내는 명사에 직접 통합하거나 부사격 조사 '로'와 통합하여 복합격조사를 형성함으로써 조사적 용법을 보이게 된다.

(6) ㄱ. 아래브터 무슴애 아ᅀᆞᆺ보디(월곡 상: 39)
    ㄴ. 無煩天브터 잇ᄀ장올 不還天이라 ᄒᆞ느니(월석 1: 34ㄴ)
    ㄷ. 일로브터 天上애 나리도 이시리니(석상 9: 19)

조사로 쓰인 '브터'는 '출발점'이나 '범위의 시작'을 뜻한다. 조사 '브터'는 부사와의 유연성이 전혀 없는 것은 아니나 의미 면에서는 큰 변화가 일어났다. 이 단계에서는 조사 '브터'에서 '븥-'을 분석해 내는 것이 어려워지고 만다.

(5)의 부사 '브터'는 제한된 범위에서나마 동사 '븥다'와의 유연성을 유지하고 있으므로, 단어 형성법에서 '븥-+-어'로 분석하고 파생부사로 처리할 수 있다. 그러나 조사 '브터'는 동사 '븥다'의 의미에서는 물론 부사 '브터'의 의미에서도 멀어졌으므로, '브터' 안에 있었던 형태소의 경계가 사라진 것으로 보아야 한다. 비록 부사와 동사의 형태가 동일하다고 할지라도 그 구성성분들 간의 긴밀성에서는 차이가 난다. 부사를 이룬 두 구성성분은 분석 가능한 정도의 결합관계를 가지는 반면, 조사를 이룬 두 구성성분은 분석이 불가능할 정도로 그 결합관계가 굳어졌다. 따라서 '브터'는 파생부사가 조사화할 때에 단일 형태소로 굳어진 것으로 볼 수 있다.

3. 계사 활용형과 복합조사의 판별

복합조사 가운데는 계사의 활용형이 굳어져서 된 것들이 상당수 있다. 이러한 복합조사는 형태상으로 계사의 활용형과 구별되지 않기 때문에 조사인지 계사와 어미의 통합체인지를 판가름하기 어려울 때가 많다. 복합조사와 계사의 활용형을 구분하기 위하여 시도된 기왕의 논의들을 비판적으로 검토하고, 유용한 판별기준에 대하여는 발전적으로 수용한다.

1) 판별기준에 대한 기존의 연구

복합조사 '이나, 인들, 이든지, 이라면' 따위는 형태상 계사의 활용형들과 구별되지 않는다. 이들이 조사로 굳어졌는지 아니면 여전히 계사의 활용형일 뿐인지를 알아보기 위한 논의들이 있었다. 채완(1993)에서 이에 대한 적극적인 검토가 이루어진 뒤 이원근(1996), 남윤진(1997), 엄정호(1997), 최동주(1999)의 관련 연구가 뒤따랐다. 이들 선행 연구에서 제시하였던 판별기준들을 살펴본다.

<표-1>에 제시한 7가지의 판별기준 가운데 1~3의 것은 대부분 연구자들의 공통된 관심 사항이었고, 4~7의 것은 개별적인 관심 사항이었다. 이들을 살펴보면 음운·통사·의미 면에서 다각도로 판별기준을 세우기 위해 노력한 것을 알 수 있다. 그러나 음운적 관점의 3번 '이' 탈락 가능성과 의미적 관점의 6번 기준을 제외하면, 나머지는 모두 통사적 관점에서 나온 기준들이다. 이중 1, 2는 계사 활용형의 서술성을 확인하려는 시도였고, 4, 5, 7은 분포의 변화를 통해 그 통사적 기능이 변화한 사실을 확인하려는 시도였다.

〈표-1〉판별기준에 대한 기존 연구의 비교

순 번	판별기준	채완 (1993)	이원근 (1996)	남윤진 (1997)	엄정호 (1997)	최동주 (1999)
1	생략된 주어의 복원 가능성	○	○	○	○	
2	선어말어미의 개입 가능성	○	○	○		○
3	'이' 탈락 가능성	○	○	○		○
4	통용성[분포]		○			○
5	부사와의 통합		○			
6	의 미		○			
7	통합관계					○

(1) 서술성 확인의 문제

채완(1993: 81)은 명사구와 통합한 'ㄴ들'이 조사인지를 알아보기 위하여 문제의 구성을 'x가 y이(다)+은들'로 분석할 수 있는지를 검토하였다.

    (1) ㄱ. 사흘을 굶고서 담<u>인들</u> 못 뛰어 넘으랴.
        ㄴ. x(그 장애물)가 담<u>이라고 한들</u>
    (2) ㄱ. 꿈<u>엔들</u> 잊으리요, 그 잔잔한 고향 바다.
        ㄴ. x(그때)가 꿈에<u>라고 한들</u>

(1ㄱ)은 목적어에 '인들'이 통합한 경우이고, (2ㄴ)은 처격어에 '인들'이 통합한 경우이다. 그런데 이들은 (1ㄴ), (2ㄴ)처럼 조건절로 복원시킬 수 있으며, 이때의 '이라고 한들'이 줄면 '인들'이 된다는 것이다. 따라서 (1ㄱ)과 (2ㄱ)의 밑줄 친 '인들'은 각각 계사 '이-'와 접속어미 '-ㄴ들'이 결합한 것인데, (2ㄱ)에서는 모음으로 끝난 체언 아래에서 계사 '이-'가 탈락한 것으로 볼 수 있다는 것이다.

조사와 계사 활용형을 판별하기 위한 이와 같은 방법론은 뒤따른

연구에서도 수용되었다. 이원근(1996: 49)은 생략된 주어의 복원 가능성을 따져 보았는데, 계사의 활용형이라면 숨은 주어를 복원시킬 수 있다고 하였다. 남윤진(1997)은 계사의 활용형은 'NP가 NP이다'의 구문으로 전환할 수 있다고 하였다. 이와 같이 생략된 주어를 복원해 보거나 '주어-서술어'를 온전히 갖춘 문장으로 전환시켜 보는 것은 그것이 서술어의 자리에 나타난 계사의 활용형임을 밝히기 위한 것이다.

엄정호(1997: 91)는 외현되지 않은 주어를 가정해 봄으로써 '이나, 인들, 이라면' 따위의 서술성을 확인하고자 하는 것은 방법론상 문제가 있을 수 있다고 지적하였다. 그러나 겉으로 드러나지 않은 성분을 가정함으로써 문법 현상을 합리적으로 설명하고자 한 허웅(1995)의 경우를 예로 들면서 이러한 방법론을 수용하였다. 그리하여 '이나, 인들, 이라면' 따위가 쓰인 문장에서 숨어 있는 주어를 가정할 수 있다면 그것은 조사일 수 없다고 결론지었다.

(3) ㄱ. 그 말을 들으면 <u>누구든지</u> 그를 동정하게 된다.
　　ㄴ. 그 말을 들으면 (들은 사람이 누구든지) 그를 동정하게 된다.

(3ㄱ)의 밑줄 친 '누구든지'에서 '든지'가 조사인가 계사의 활용형인가를 확인하기 위하여, (3ㄴ)의 괄호 안에서처럼 '들은 사람이'라는 숨은 주어를 가정해 볼 수 있다는 것이다. 따라서 (3ㄱ)의 '누구든지'에서 '든지'는 표면상 주어 명사구에 통합한 조사처럼 보이지만 내면적으로는 (3ㄴ)처럼 서술어의 위치에 나타난 것으로서 계사의 활용형이라는 것이다.

그런데 서술성을 확인하기 위한 이와 같은 방법은 몇 가지의 문제점을 가진 것으로 보인다. 첫째, 표면상 드러나지 않은 성분을 가정하여 설명하는 것이 타당한 것인가 하는 문제점이다. 허웅(1995:

1247)은 하나의 체언에 둘 이상의 격조사가 중첩하는 현상을 합리적으로 설명하기 위해서는 특별한 해명이 필요하다고 하였다. 곧 격조사는 체언과 서술어의 관계개념을 나타내는 것이므로 하나의 서술어에는 하나의 격조사만이 관계할 수 있을 뿐인데도 둘 이상의 격조사가 중첩하는 것은 어떤 문장성분이 밖으로 드러나지 않았기 때문이라는 것이다.

(4) ㄱ. 그 어른께가 아니라, 저 어른께 가 여쭈어 보아라.
 ㄴ. 그 어른께 (여쭈어 볼 것)가 / 이 아니라.(이상 허웅 1997: 1247)

(4ㄱ)의 밑줄 친 '께가'는 부사격 조사와 주격조사가 중첩한 것인데, 이러한 현상은 (4ㄴ)의 괄호 안에 보인 것처럼 다른 말을 보충해 보면 합리적인 해석을 할 수 있다는 것이다. 본래는 (4ㄴ)과 같은 문장이었는데, 괄호 안의 내용이 줄어듦으로써 (4ㄱ)처럼 표면상 격조사가 중첩한 모양으로 나타난다는 설명이다.

(4ㄱ)의 선행절이 어떤 문장성분이 생략됨으로써 이루어진 것이라는 설명이 타당한 것인지는 재고해 볼 문제이다. 왜냐하면 (4ㄱ)의 선행절을 무엇이 줄어들어서 이루어진 것이 아니라 액면 그대로의 모습으로 볼 수도 있기 때문이다. 곧 문장의 어떤 성분을 부정하기 위한 통사 절차인 '가 아니라' 구성이 쓰인 것으로 볼 수 있다는 것이다.

(5) ㄱ. 저 어른께 가서가 아니라 전화해서 여쭈어 보아라.
 ㄴ. 저 어른께 가 여쭈어가 아니라 인사해 보아라.

(5)의 용례에서 보듯이, '가 아니라' 구성은 문장의 어떤 성분과도 자연스럽게 통합하여 그것을 부정하는 뜻을 나타낸다. 이때 '가 아니라'와 통합한 (5ㄱ)의 '가서'나 (5ㄴ)의 '여쭈어'는 임시로 명사구의 자

격을 가진 것으로 볼 수 있을 것이다. 그렇다면 (4ㄱ)의 '그 어른께'도 명사구의 자격을 가지고 '가 아니라'와 통합한 것이라고 할 수 있다.

또 (4ㄱ)의 예문은 쉼표를 사용하여 선행절과 후행절을 분리해 놓았는데, 이것은 구두점을 올바르게 쓴 것이라고 할 수 없다. 왜냐하면 이 문장에서 '가 아니라'는 선행절의 서술어로 사용된 것이 아니기 때문이다. (5)의 예문을 통하여 알 수 있는 것처럼 '가 아니라' 구성은 'A가 아니라 B'의 형식으로 사용된다. 따라서 (4ㄱ)에서는 '그 어른께가 아니라 저 어른께'가 하나의 단위로 묶이는 것이므로, '가 아니라' 다음에 쉼표를 두어 거기까지를 선행절이라고 하여 후행절과 나눌 수 있는 구성이 아니라는 것이다.

둘째, 숨어 있는 주어로 가정한 성분이 타당한 것인가 하는 문제점이다. 앞에서 문법 현상을 설명하기 위하여 표면상 드러나지 않은 성분을 가정하는 방법의 문제점을 지적하였거니와 이러한 방법을 수용하더라도 복원된 성분이 올바른 것인지에 대한 문제를 제기할 수 있다는 것이다. 숨은 주어를 가정하기 위하여 사용했던 예문 (3)의 경우를 다시 고찰한다.

    (6) ㄱ. 그 말을 들으면 <u>누구든지</u> 그를 동정하게 된다.
        ㄴ. (들은 사람이) 누구든지

표면상 드러나지 않은 성분을 가정하는 이와 같은 방법에서는, (6ㄱ)의 밑줄 친 '누구든지'에 대하여 (6ㄴ)의 괄호 안과 같은 숨은 주어 명사구를 복원할 수 있다는 것이다. 그런데 '누구든지' 앞에 그와 같은 숨은 주어가 실제로 있는지 없는지는 단정하기 어렵다. 또 '누구든지' 앞에서 복원될 수 있는 성분은 하나의 주어 명사구가 아니라 '누구'와 대등한 자격을 가지는 여러 개의 명사구들일 수도 있다는 사실이다.

(6)′ ㄱ. 그 말을 들으면 <u>누구든지</u> 그를 동정하게 된다.
　　ㄴ. (철수든지 영자든지 또는) 누구든지

채완(1993: 85)은 '누구든지' 앞에 생략된 성분들을 (6ㄴ)′처럼 복원시킴으로써 '누구든지'의 '든지'를 명사구 나열의 접속조사로 규정하였다. '든지'는 그것이 조사든지 접속어미든지 간에 반복형으로 나타난다는 점을 고려해 볼 때, (6ㄴ)′의 괄호 안에 복원된 성분들은 더욱 설득력이 있는 것이라고 할 수 있다. 만약 (6ㄴ)′이 정당한 것이라면 계사 활용형의 서술성을 확인하기 위하여 생략된 주어를 복원시키는 방법은 타당성을 인정받기 어렵게 된다.

셋째, 생략된 주어를 가정하여 복원한 문장이 실제로 쓰이는 것인가 하는 문제점이다.

(7) ㄱ. 그 말을 들으면 (들은 사람이) <u>누구든지</u> 그를 동정하게 된다.
　ㄴ. (할 사람이) <u>너라야</u> 그 일을 맡아 할 수 있겠다.
　ㄷ. (일하는 때가) <u>내일이면</u> 늦으리.(이상 엄정호 1997)

(7)의 각 문장들은 괄호 안과 같이 숨은 주어를 복원시킬 수 있으므로 밑줄 친 성분이 서술어가 된다는 것이다. 물론 (7)에서 복원된 문장들이 의미상으로 부적합한 것은 아니다. 그러나 이와 같이 복원된 문장들이 실제 발화에서는 거의 사용되지 않는다는 점을 간과해서는 안 될 것이다. 뿐만 아니라 (7ㄴ)에서는 '너라야' 앞에 생략된 주어를 찾아서 복원시킨다는 것 자체가 어색해 보인다. 또 (7ㄷ)의 경우에는 숨은 주어를 복원하지 않은 문장이 최선의 상태라고 할 수 있다. 오히려 생략된 주어를 회복시킴으로써 이 문장이 가진 본래의 의미가 크게 훼손되는 것을 볼 수 있다.

생략된 주어를 회복시킬 수는 있지만 회복시키면 오히려 부자연스럽고, 실제 발화에서는 생략된 성분을 회복시키지 않은 채로 그 문장을 사용한다는 것이 무엇을 의미하는가? 그것은 통사 환경의 변화를 시사하는 것에 다름 아닐 것이다. '주어-서술어'를 온전히 갖춘 문장이 주어를 생략한 채로 쓰이기 시작한다는 것은 문법화의 한 일면을 보여 주는 것이다. 이러한 사용이 일반화하면 '[[[NP]계사 어간]접속어미]'의 구성은 '[[NP]계사 활용형의 조사]'로 재분석되기에 이른다. (7)의 '이든지, 이면'이 여기에 해당하는 예들이다.

생략된 주어를 가정하여 복원시켜 봄으로써 계사 활용형의 서술성을 확인하는 작업은 문법화의 시계를 거꾸로 돌리는 것과도 같은 것이다. 이러한 서술성 확인 방법은 어떤 문장의 통사적 변화를 놓쳐 버리는 실수를 범하기 쉽다. 따라서 조사와 계사의 활용형을 판별하기 위해서 생략된 성분을 복원시키거나 '주어-서술어'를 온전히 갖춘 문장으로 전환시켜 보는 방법은 타당성을 확보하기 어렵다고 할 수 있다.

(2) '이' 탈락의 규범성

계사 '이-'는 받침 없는 체언 아래에서 수의적인 탈락 현상을 나타내는 것으로 알려져 있다.

  (8) ㄱ. 이것은 사과이고 저것은 배이다.
      ㄴ. 이것은 사과고 저것은 배다.

(8ㄱ)은 받침 없는 체언 아래에서 계사가 사용된 경우이고, (8ㄴ)은 계사가 탈락한 경우인데, 둘 다 자연스럽다. 그런데 계사의 활용형이 굳어져서 조사가 된 경우에는 '이'가 필수적으로 탈락한다는 것이다.(채완 1993: 77~78)

(9) ㄱ. 나는 커서 소설가{*이나 / 나} 시인이 되고 싶다.

  ㄴ. 배가 없으면 사과{*이나 / 나} 주세요.(이상 채완 1993: 78)

(9ㄱ)은 접속조사 '이나'가 사용된 문장이고, (9ㄴ)은 보조사 '이나'가 사용된 문장인데, 반드시 '이'가 탈락해야 한다는 것을 알 수 있다. (8), (9)의 예를 통하여, 계사 '이-'는 받침 없는 체언 아래에서 수의적으로 탈락하는 데 반하여, 계사 활용형 복합조사의 '이'는 필수적으로 탈락한다고 정리할 수 있다.

그런데 최동주(1999: 46)는 계사 활용형 복합조사에서 '이'가 필수적으로 탈락하는 현상은 문제의 형식이 조사로 굳어졌음을 입증해 주는 중요한 근거가 되는 것은 사실이지만 '이' 탈락이 수의적인 것 가운데에도 보조사로 쓰이는 것이 있을 수 있다고 하였다.3)

(10) ㄱ. 난들 그 일을 알겠느냐?

  ㄴ. 배가 고픈데 풀뿌린들 못 먹을까?(이상 표준국어대사전)

(10)′ ㄱ. 나인들 그 일을 알겠느냐?

  ㄴ. 배가 고픈데 풀뿌리인들 못 먹을까?

(10)은 받침 없는 체언 아래에서 보조사 '인들'의 '이'가 탈락한 경우이고, (10)′은 동일한 환경에서 '이'가 탈락하지 않은 경우인데, 둘 다 허용된다.4) '인들'은 '이' 탈락 가능성의 기준만을 놓고 볼 때는 계사의 활용형으로 판별할 수 있다. 그러나 그 외의 판별기준들, 곧

---

3) 이원근(1996: 47)에서도 계사 활용형들 가운데 조사화가 진행 중인 것은 보조사로 쓰이더라도 '이'가 수의적으로 탈락하기 때문에, 이것이 계사 활용형 복합조사를 판별해 낼 수 있는 절대적인 기준이 될 수는 없다고 하였다.

4) 『표준국어대사전』에서는 '인들'은 받침 있는 체언과 결합하고, 'ㄴ들'은 받침 없는 체언과 결합하는 것으로 설명하고 있다. 이것은 다시 말해서 받침 없는 체언 아래에서는 '이'의 탈락이 필수적이라는 설명인 셈이다. 그러나 (10), (10)′에서 확인한 것처럼 이때의 '이' 탈락은 수의적이다.

통합관계나 분포 등을 종합적으로 고려해 볼 때 보조사로 판별된다.

    (11) ㄱ. 취지{ㄴ즉 / 인즉} 분명하다.
          ㄴ. 커피{든지 / 이든지} 녹차{든지 / 이든지} 아무거나 주세요.

  (11)의 예문에 쓰인 '인즉'과 '이든지'의 경우에도 받침 없는 체언 아래에서 '이' 탈락이 수의적이다. 그럼에도 불구하고 (11ㄱ)의 '인즉'은 보조사로, (11ㄴ)의 '이든지'는 접속조사로 분류한다.

  이상과 같이 계사 활용형 복합조사가 받침 없는 체언에 연결될 때에는 '이'가 필수적으로 탈락하는 것이 원칙이지만 그렇지 않은 조사들도 있다는 것을 살펴보았다. 이러한 예외적인 존재들 때문에 '이' 탈락 가능성이라는 판별기준이 절대적이지 못하며, 부차적인 기준이 될 수밖에 없다고 말한다.(이원근 1996: 47) 그러나 저자는 '이' 탈락 가능성의 기준이 매우 강력한 것이라고 생각하는데, 그 이유는 다음과 같다.

  첫째, 받침 없는 체언에 연결되는 계사 활용형 복합조사의 '이'는 필수적으로 탈락하는 경향을 나타낸다. 앞에서 '이' 탈락이 수의적인 것들로서 '인들', '인즉슨', '이든지' 따위가 있다고 하였거니와 이들도 받침 없는 체언 아래에서는 '이'를 탈락시키는 것이 일반적이다. 규범성을 강조하는 사전에서는 받침 있는 체언에는 '인들, 인즉슨, 이든지'가 쓰이고, 받침 없는 체언에는 'ㄴ들, ㄴ즉슨, 든지'가 쓰인다고 못 박아 두고 있다.

  둘째, 계사의 활용형과 복합조사를 판별하기 위한 여러 검증기준들의 적용 순서를 결정하기로 한다면, '이' 탈락 가능성 기준이 1순위가 될 것이다. 받침 없는 체언 아래에서 '이' 탈락이 필수적이면 복합조사로 판별한다. '이' 탈락이 수의적인 항목들에 대하여는 그다음 순위의 판별기준들을 차례로 적용함으로써 복합조사인지의 여부를 결정할 수 있을 것이다.

이와 같이 '이'의 탈락 가능성 여부는 계사 활용형과 복합조사를 판별하기 위한 강력한 기준으로 도입할 수가 있다.

2) 계사 활용형 복합조사의 판별기준

계사 활용형들 중에서 복합조사를 가려내는 일은 두 가지 방향에서 진행된다. 하나는 문제의 형식이 조사로 굳어졌는가를 알아보는 것이고, 다른 하나는 문법화가 더 진전됨에 따라 더 이상 분석할 수 없는 단일조사로 변화하였는지를 알아보는 것이다.

계사의 활용형이란 기본적으로 주술관계를 전제한 것이지만 조사로 발달한 형식은 주술관계를 요구하지 않는다. 통합관계의 변화가 일어났기 때문이다. 또 계사의 활용형이란 항상 서술어로 쓰이는 것이지만 조사로 발달한 형식은 주어, 목적어, 부사어 등 여러 가지 문장성분으로 쓰일 수 있다. 이른바 통용성을 보이는 것이다.

한편 계사의 활용형으로 보이지만 계사 어간과 접속어미로 분석할 수 없는 것은 더 이상 복합조사라고 말할 수 없게 된다. 이러한 것은 복합조사의 단계를 지나서 단일조사로 발달한 것으로 보아야 한다.

(1) 통합관계의 변화

계사 활용형이 문법화함으로써 통합관계의 변화를 일으킬 수가 있다. 예를 들면 어떤 계사의 활용형이 특정 명사구와만 통합하는 경향을 나타낸다든지 주어 명사구를 항상 탈락시킨 채 쓰인다든지 하면 그 계사 활용형은 문법화하여 복합조사가 됐을 가능성이 크다.

통합관계의 변화가 일어나 계사의 활용형이 복합조사가 된 것으로

'이든지'가 있다. 복합조사 '이든지'는 부정대명사와 통합하면 일종
의 수량화 기능을 하는 것으로 알려져 있다.(채완 1993: 85)

    (12) ㄱ. <u>무엇이든지</u> 물어보세요.
        ㄴ. <u>누구든지</u> 주의 이름을 부르는 자는 구원을 얻으리라(롬 10: 13)
        ㄷ. <u>어디든지</u> 예수 나를 이끌면 <u>어디든지</u> 예수 함께 가려네(찬 497: 1)

  (12)의 밑줄 친 용례는 부정대명사와 '이든지'가 통합한 것인데,
각각 '모든 것을', '모든 사람이', '모든 곳으로'의 의미를 타나낸다
는 것이다. 그런데 최동주(1999: 51~52)는 '이든지'가 부정대명사
또는 부정사(부정관사, 부정부사 등)를 포함한 구성과 통합하는 경우
가 그렇지 않은 경우보다 빈도수가 높다는 점을 지적하고, 이것을
'이든지'의 전형적인 용법이라고 하였다. 그리하여 이때의 '이든지'
를 불특정 대상을 뜻하는 표현에 통합하는 조사로 규정하였다.[5]
  본래 '이든지'는 어떤 체언과도 어울려서 쓰일 수 있으며, '이든지
이든지'의 반복 형식으로 쓰이는 것인데, '부정대명사[6]+이든지'로
통합관계가 변화한다는 것이다. 곧 선행어와의 통합관계에 제약이
생겨났다고 할 수 있는데, 이것은 문법화의 징표가 될 수 있으며, 이
때의 '이든지'는 더 이상 계사의 활용형이 아니라 복합조사화한 것
으로 볼 수 있다는 것이다. 위의 견해는 반복 형식의 '이든지 이든
지'는 계사의 활용형으로 보며, '부정대명사+이든지'의 '이든지'는
복합조사로 보는 것이라고 요약할 수 있다.

---

5) 이원근(1996: 125~126)에서도 이 경우의 '이든지'를 부정대명사 또는 부정사
    를 포함한 구성과만 통합하기 때문에 선행어 제약이 있다고 하면서 접속조
    사로 규정하였다.
6) 부정대명사 이외에도 '어느, 어떤' 따위의 부정관사나 '어떻게' 따위의 부정
    부사를 포함한 구성도 해당하지만 여기서는 부정대명사만 대표로 나타내었
    다. 이하 마찬가지이다.

그런데 반복 형식으로 나타나는 '이든지'와 부정대명사와 통합하는 '이든지'가 서로 다른 것인가 하는 질문을 하지 않을 수 없다.

(13) ㄱ. 한식<u>이든지</u> 양식<u>이든지</u> 다 잘 먹습니다.
　　 ㄴ. 철수<u>든지</u> 영자<u>든지</u> 한 사람이 가야 한다.(성광수 1979: 106)

(13)의 밑줄 친 '이든지'는 어느 것이 선택되더라도 상관없는 둘 이상의 일을 나열하는 기능을 하는 것이다. (13ㄱ)에서는 선택 가능한 후보들 가운데 '한식, 양식'을, (13ㄴ)에서는 '철수, 영자'를 선택하였다고 말할 수 있다. 그런데 특정한 항목을 선택하는 대신 선택 가능한 후보 항목들 전원을 선택할 수도 있는데, 이때 사용하는 것이 부정대명사이다.

(14) ㄱ. <u>무엇이든지</u> 다 잘 먹습니다.
　　 ㄴ. <u>누구든지</u> 한 사람이 가야 한다.

(14)의 '이든지'가 (13)의 '이든지'와 다른 것이라고 말하기는 어렵다. '이든지'는 (13)에서와 같이 반복 형식으로 나타나는 것이 원칙이지만 부정대명사와 통합할 때에는 (14)처럼 한 번만 쓰이는 것이라고 할 수 있다.

(15) ㄱ. 한식<u>이든지</u> 양식<u>이든지</u> 무엇<u>이든지</u> 다 잘 먹습니다.
　　 ㄴ. 철수<u>든지</u> 영자<u>든지</u> 누구<u>든지</u> 한 사람이 가야 한다.

(15)의 밑줄 친 '이든지'는 모두 동일한 형태소들이다. 그러나 만약 부정대명사와 통합한 '이든지'만을 조사로 규정한다면, (15ㄱ)에서 '한식이든지 양식이든지'의 '이든지'와 (15ㄴ)에서 '철수든지 영자든지'의 '이든지'는 계사의 활용형으로 처리해야 할 것이다. (15)에

쓰인 '이든지'를 둘로 나누는 것은 한국어 화자의 언어 직관에도 맞지 않는 것이다. 어느 것이 선택되더라도 상관없는 것을 나열하는 뜻의 동일 형태소로 인식하기 때문이다. 이와 같이 '이든지'와 통합하는 선행 체언이 부정대명사이면 조사가 되고, 그렇지 않으면 계사의 활용형이 된다는 것은 불합리한 처사이다.

> (16) ㄱ. 당신이 어디로 <u>가든지</u> 따르겠습니다.
>   ㄴ. <u>가든지</u> <u>말든지</u> 마음대로 하시오.

(16)의 밑줄 친 '-든지'는 어떤 일이 선택되더라도 상관없음을 뜻하는 접속어미이다. 그런데 (16ㄱ)의 '-든지'는 부정대명사와 공기하며 한 번만 쓰인 데 반하여, (16ㄴ)의 '-든지 -든지'는 대립되거나 상반되는 용언과 통합하여 반복적으로 쓰인다. 만약 부정대명사와 통합하는 '이든지'를 조사로 처리하기도 한다면, (16ㄱ)의 부정대명사와 공기하는 '-든지'도 반복형 접속어미 '-든지 -든지'와는 다른 것으로 기술해야 할 것이다. 그러나 이들을 다른 형태소로 볼만한 근거는 희박하다.

계사의 활용형과 복합조사를 판별하기 위한 기준으로서 거론되는 '서술성 확인 방법'의 문제점을 지적하였거니와(Ⅲ.3. 참조), 생략된 주어를 회복시키면 문장이 부자연스러워진다는 것이 통합관계의 변화를 나타내는 징표라고 할 수 있다. 계사의 활용형이 쓰인 문장에 항상 주어나 목적어 명사구가 나타나지 않는다면, 그것은 통합관계의 변화를 의미하며, 이때의 계사 활용형은 문법화하여 복합조사가 된 것으로 판별할 수 있다.

> (17) ㄱ. 이 일은 그 사람<u>이라야</u> 할 수 있다.
>   ㄴ. 마늘은 다진 것<u>이라야</u> 음식이 제 맛이 납니다.(이상 표준)

(17)는 『표준국어대사전』에서 복합조사 '이라야'의 용례로 제시한 것들이다. 그런데 (17)의 두 문장은 그 구조가 동일하지 않다. 즉 (17ㄱ)은 '이 일이 그 사람이다'라는 관계가 성립하지 않으나 (17ㄴ) 은 '마늘이 다진 것이다'라는 관계가 성립한다. 후자는 '주어 - 서술 어'의 관계를 이룬 것이며, 이때의 '다진 것이라야'는 서술어로서 여 기에 쓰인 '이라야'는 계사의 활용형임을 알 수 있다. 반면에 (17ㄱ) 은 '주어 - 서술어'의 관계를 이룬 것이 아니므로 '그 사람이라야'가 서술어일 수 없고, 다만 '명사구＋이라야'의 구성을 이룰 뿐이다. 이 것은 (17ㄴ)이 '주어 명사구＃서술어 명사구＋이라야'의 구성을 이룬 것과 비교해 볼 때 통합관계의 변화가 일어난 것이라고 할 수 있다. 따라서 (17ㄱ)의 '이라야'는 조사로, (17ㄴ)의 '이라야'는 계사의 활 용형으로 판별할 수 있다.

(18) ㄱ. 그는 내년에<u>라야</u> 공부를 마치고 돌아올 것이다.
      ㄴ. 밤에<u>라야</u> 그를 만날 수 있습니다.(이상 연세)

(18)은 『연세한국어사전』에서 가져온 것인데, (18ㄱ)은 접속어미 '-라야'의 용례이며, (18ㄴ)은 복합조사 '이라야'의 용례이다. 그런 데 이 둘이 서로 다른 형태소임을 밝힐 수 있는 근거를 찾기란 쉽지 않다. (18ㄱ)에서 '그가 내년에이다'라는 관계가 성립하지 않으므로 '내년에라야'는 서술어가 아님을 알 수 있다. (18ㄴ)에서 '밤에라야' 도 서술어가 되기 위해서는 '(때가) 밤에이다' 정도로 생략된 주어를 복원시켜야 하는데, 실제 발화에서는 생략된 주어를 회복하는 일이 없다. 그러므로 (18)의 밑줄 친 '이라야'는 통합관계의 변화가 일어 난 것으로 해석할 수 있으며, 둘 다 복합조사로 굳어진 것으로 판별 할 수 있다.

(2) 통용성

계사의 활용형과 복합조사를 판별하기 위한 기준으로서 '분포'를 거론하기도 한다. 채완(1993: 84~85)은 부사와 계사가 통합하여 서술어로 쓰일 수는 없기 때문에 부사와 통합한 계사의 활용형은 조사로 파악할 수 있다고 하였다.

> (19) ㄱ. *그가 공부를 하는 것은 <u>틈틈이이다</u>.(이원근 1996: 46)
> ㄴ. <u>어떻게든지</u> 금메달만 따면 장래가 보장된다.(채완 1993: 83)

(19ㄱ)은 부사와 계사가 통합하여 서술어로 쓰일 수 없음을 보인 것이며, (19ㄴ)은 부사와 통합한 계사의 활용형은 어미일 수 없으므로 조사로 처리되어야 함을 보인 것이다. 그러나 엄정호(1997: 92)는 분열문에서 초점이 되는 부사어는 임시로 명사의 자격을 얻어 계사와 통합할 수 있다고 하였다. 예를 들면, '문제가 되는 것은 언제가 아니라 어떻게이다'라고 할 때의 '어떻게이다'가 여기에 해당한다.[7]

최동주(1999)는 계사의 활용형이 주어나 목적어, 후치사구,[8] 부사구, 용언의 활용형 따위와 통합하여 다양한 분포를 나타낼 때, 이것은 계사의 활용형이 조사화한 징표로 보았다.

> (20) ㄱ. 너<u>라도</u> 내 곁에 있어 다오.
> ㄴ. 소주<u>라도</u> 한잔 합시다.
> ㄷ. 아무에게<u>라도</u> 물어 봐라.
> ㄹ. 조금<u>이라도</u> 불편한 점이 있으면 말씀하세요.
> ㅁ. 죽어서<u>라도</u> 나라를 지키겠다는 호국정신.

---

7) 엄정호(1997) 이외에도 부사와 계사의 통합이 가능하다는 견해에 대해서는 남윤진(1997: 97)과 최동주(1999: 51) 참조.
8) 부사격 조사가 통합한 명사구를 말한다.

(20)은 '이라도'의 다양한 분포를 보인 것인데, (20ㄱ)은 주어 명사구, (20ㄴ)은 목적어 명사구, (20ㄷ)은 소위 후치사구, (20ㄹ)은 부사구, (20ㅁ)은 용언의 활용형에 '이라도'가 통합한 것이다. '이라도'가 이렇게 다양한 분포를 보이는 것은 조사로 판별할 수 있는 근거가 된다는 것이다. 그러나 이러한 분포가 계사의 활용형과 복합조사를 구별할 수 있는 판별기준이 될 수는 없어 보인다. 왜냐하면 계사의 활용형도 다양한 분포를 나타내기 때문이다.

(21) ㄱ. 학생<u>이면</u> 학생답게 행동해야지!
ㄴ. 그 얘기를 처음 들은 것이 누구에게서<u>(이)죠</u>?
ㄷ. 제가 늦은 이유가 그래서<u>라면</u> 이해해 주시겠습니까?
ㄹ. 매실 음료를 마시는 것은 맛이 좋아서<u>입니다</u>.

(21)은 계사 활용형의 다양한 분포를 보인 것인데, (21ㄱ)은 명사구, (21ㄴ)은 소위 후치사구, (21ㄷ)은 부사구, (21ㄹ)은 용언의 활용형에 계사의 활용형이 통합한 것이다. 따라서 이러한 다양한 분포 그 자체가 계사의 활용형과 복합조사를 판별해 낼 수 있는 기준이 되는 것은 아니다.

(21)에서 계사의 활용형이 쓰인 문장은 '주어 - 서술어'의 관계로 해석된다는 점에서 공통적이다. (21ㄱ)은 '(네가) 학생이다', (21ㄴ)은 '그 얘기를 처음 들은 것이 누구에게서이다', (21ㄷ)은 '제가 늦은 이유가 그래서이다', (21ㄹ)은 '매실 음료를 마시는 것은 맛이 좋아서이다'의 관계를 이룬다. 이때 'X + 계사 활용형'의 구성은 X가 명사구이든 후치사구이든 부사구이든 용언의 활용형이든 간에 항상 서술어로서 기능한다. 이것이 (20)과의 차이점이다. (20)의 'X + 이라도'는 서술어로 쓰인 것이 아니라 주어, 목적어, 부사어로 사용된 것이다. 따라서 계사의 활용형은 오직 서술어로만 쓰이지만, 계사 활용형 복

합조사는 여러 가지 문장성분으로 사용되는 통용성을 가진다는 점에서 차이난다.

> (22) ㄱ. 널랑 여기서 기다려라.
>   ㄴ. 아쉬움일랑 남기지 말자.
>   ㄷ. 한밤중엘랑 돌아다니지 마라.
> (23) ㄱ. 누구든가 해야 할 일인데, 제가 하겠습니다.
>   ㄴ. 수박이든가 참외든가 먹어 보고 맛있는 걸 사오너라.
>   ㄷ. 철수에게든가 영수에게든가 분명히 말했어요.

(22)는 '일랑', (23)은 '이든가'를 보인 것인데, 이 예문들의 ㄱ은 주어, ㄴ은 목적어, ㄷ은 부사어로 쓰인 것이다. 이와 같이 '일랑'과 '이든가'는 여러 가지 문장성분에 쓰이며 통용성을 나타내므로 복합조사로 판별할 수 있다.

(3) 분석 가능성

어떤 계사 활용형 복합조사가 있을 때, 그것을 '계사 어간＋어미'로 형태소 분석할 수 없다면 단일조사로 변화한 것이라고 할 수 있다. 현대국어의 조사 '이나'는 단독으로 쓰이면 보조사, 반복형으로 쓰이면 접속조사이다. 이들은 분석 가능성에서 차이를 보인다. '이나'가 계사 활용형의 복합조사로 판별받기 위해서는 계사 어간 '이-'와 접속어미 '-나'로 분석되어야 한다. 다시 말해서 조사의 구성성분인 '나'와 접속어미 '-나'가 의미적인 유연성을 가지고 있어야만 하는 것이다.

대립의 의미를 지닌 접속어미 '-나'는 앞 절의 내용과 뒤 절의 내용이 서로 다르다는 뜻을 나타낸다.

(24) ㄱ. 키는 크나 힘은 약하다.

     ㄴ. 눈이 오나 비가 오나 그는 신문을 돌린다.(이상 표준국어대사전)

(24ㄱ)은 서로 다른 내용의 선·후행절을 연결해 주는 '-나'의 용법을 보인 것이다. (24ㄴ)은 '-나 -나'의 구성으로 쓰인 것인데, 어느 것을 선택해도 상관없음의 의미를 나타낸다. 이때에도 선·후행절의 내용이 서로 다르다는 기본적인 의미는 그대로 간직하고 있다.

(24ㄱ)에 비하여 (24ㄴ)에서는 '-나 -나' 구성이라는 분포상의 제약이 일어난 것을 알 수 있다. 이것은 문법화의 한 징표이며, 의미 변화를 초래할 것을 예상할 수 있다. 실제로 (24ㄴ)에서는 '언제든지'의 의미를 발견할 수 있는 것이다.

(24ㄴ)의 '-나 -나' 구성은 절과 절의 연결에 쓰인 것이나 문법화가 더 진행되면 단어와 단어의 연결로 그 쓰임이 제약된다.

(25) 앉으나 서나, 미우나 고우나, 사나 죽으나, 자나 깨나

(25)는 단어와 단어의 연결에 쓰인 '-나 -나' 구성을 보인 것인데, 이때의 두 단어는 상반된 의미를 지닌 것이라야 한다. 곧 극히 제한된 환경으로 그 입지가 좁혀졌으며, 의미도 '언제든지', '늘' 정도로 굳어진 것을 알 수 있다.

'-나 -나' 구성은 절과 절을 연결하거나 단어와 단어를 연결하는 기능을 갖는다. '-나 -나' 구성에 참여할 수 있는 단어는 서술어밖에 없는데, 체언과 결합한 계사 어간도 서술어의 자격으로 이 구성에 참여한다. 이때 '체언＋계사 어간＋접속어미'의 구성은 '체언＋조사'의 구성으로 재분석됨으로써 문법화한다([[NP이-]-나 〉 [NP[이나]]).

(26) ㄱ. 예나 지금이나 그는 변한 게 없다.(표준국어대사전)

　　 ㄴ. 헌 시계나 고물이나 삽니다.(연세한국어사전)

(26)의 용례는 해당 사전에서 보조사로 처리한 것들인데, 둘 이상의 사물을 나열하는 기능을 갖는 접속조사로 보아야 한다. (26)의 밑줄 친, 체언 접속 기능의 '나 나'는 서술어 접속 기능을 가진 '-나 -나'로부터 발달한 것임에 틀림없다. 접속조사 '나 나'와 접속어미 '-나 -나'는 서로 다른 단어를 접속한다는 점에서 의미적 유연성을 잃지 않고 있다. 이와 같이 접속조사 '이나'는 계사 어간과 접속어미로 분석할 수 있으므로 계사 활용형 복합조사로 처리한다.

한편 보조사 '이나'와 접속어미 '-나'의 관계는 어떠한가? 보조사 '이나'는 여러 가지 의미를 갖는데 그중 몇 가지만 살펴본다.

(27) ㄱ. 굿이나 보고 떡이나 먹자.

　　 ㄴ. 자기가 무슨 대장이나 되는 것처럼 굴더라.(이상 표준국어대사전)

　　 ㄷ. 몇 시쯤이나 되었을까?(연세한국어사전)

(27)의 밑줄 친 보조사 '이나'는 기본적으로 '선택'이라는 의미를 공유하지만, (27ㄱ)은 마음에 차지 않음, (27ㄴ)은 빈정거림, (27ㄷ)은 어림잡아 짐작함의 의미를 더한다. 보조사 '이나'는 반복 구성으로 쓰이지도 않을뿐더러 접속어미 '-나'와의 의미적 유연성을 찾기도 어렵다. 따라서 이때의 '이나'는 '계사 어간+어미'로 분석할 만한 근거가 없으므로, 한 단위로 굳어진 계사 활용형의 단일조사로 보아야 한다.

Ⅳ 복합조사의 목록

이 장에서는 현대국어의 복합조사들을 목록화하는 데 목표를 둔다. 이를 위하여 전체 조사의 목록을 작성하고, 단일 형태소로 이루어진 단일조사를 가려냄으로써 그 나머지를 복합조사로 묶는다.

복합조사의 목록을 작성하는 일은 앞 장에서 논의한 복합조사의 판별기준이 유용한 것인지를 검증하는 일이기도 하다. 또 복합조사의 목록을 완성함으로써, 후술할 복합조사의 구성이나 복합조사화에 대한 논의의 발판을 마련한다.

이 장에서는 단일조사의 목록을 완성하는 일도 큰 관심사이다. 이러한 작업은 복합조사가 단일조사로 변천하는 과정을 밝히는 데에 기초적인 자료로 활용될 것이다.

1. 조사의 목록

현대 한국어의 조사 목록을 완성하여 제시하기란 쉽지 않다. 조사 항목들 가운데는 연구자에 따라서 조사로 인정하지 아니하는 것들도 있고, 이미 사어가 된 항목들도 있을 수 있다. 그런가 하면 조사 목록에 새롭게 편입되어야 할 항목도 있을 것이다. 언어는 생명체처럼 변화하는 것이기 때문에 조사의 목록에 가감(加減)이 생기는 현상은 당연한 일이라고 할 것이다.

이 연구에서 조사의 목록을 완성하는 일은 선결 과제임에는 틀림없으나 그것이 1차적인 연구의 목표가 되는 것은 아니다. 조사의 목록은 복합조사를 추출해 내기 위한 전체 집합으로서 그 존재의 의의가 있다. 그러므로 조사의 목록을 확정하는 데에 주력하는 대신 공인된 연구 결과물에 기대기로 한다. 전체 조사의 목록은 국립국어연구원 편(1999) 『표준국어대사전』에 따르고, 그 가운데 표준어만을 연구 대상으로 한다. 또 『연세한국어사전』에 등재된 조사 항목들을 검토하여 목록을 보완한다.

1) 『표준국어대사전』의 조사 목록

『표준국어대사전』에는 총 356개 항목의 조사가 등재되어 있다. 여기에는 표준어뿐만 아니라 방언, 옛말, 비표준어 따위도 포함되어 있는데, 이들을 유형별로 정리해 보면 다음과 같다.

〈표-2〉『표준국어대사전』의 조사 항목의 유형별 검토

표준어	방 언	북한어	옛 말	~의 잘못	총 계
152	95	3	87	19	356

　방언·북한어·옛말과 뜻풀이의 내용이 '～의 잘못'이라고 된 항목들은 논의에서 제외하고, 표준어로 간주되는 152개 항목들만을 검토 대상으로 한다. 표준어 조사의 목록을 제시하면 다음과 같다.

(1) 표준어 조사 목록
　　ㄴ, ㄴ들, ㄴ즉, ㄴ즉슨, ㄴ커녕, ㄹ, ㄹ랑, ㄹ랑은, 가, 같이, 거나, 게, 게로, 게서, 고¹, 고², 곧, 과, 그래, 그려, 까지, 깨나, 께, 께서, 께옵서, 나, 나마, 는, 는커녕, 니, 다¹, 다², 다가, 대로, 더러, 도, 든, 든가, 든지, 들, 따라, 라, 라고¹, 라고², 라도, 라든지, 라서, 라야, **라야만**, 란, 랑, 로, 로부터, 로서, 로써, 를, 마는, 마다, 마따나, 마저, 만¹, 만², 만치, 만큼, 며, 밖에, 보고, 보다, 부터, 뿐, 새로에, 서¹, 서², 서껀, 서부터, **설랑**, **설랑은**, 손, 시여, 아, 야¹, 야², 야말로, 에, 에게, **에게다**, 에게로, 에게서, **에다, 에다가**, 에로, **에를**, 에서, 에서부터, **에설랑, 에야, 에의, 엔, 엔들**, 여, 와, 요, 으로, 으로부터, 으로서, 으로써, 은, 은커녕, 을, 을랑, 을랑은, 의, 이, 이고, 이나, 이나마, 이니, **이다¹**, 이다², 이든, 이든지, 이라, 이라고¹, 이라고², 이라도, 이라서, 이라야, **이라야만**, 이란, 이랑, 이며, 이시여, 이야, 이야말로, 이여, 인들, 인즉, 인즉슨, 일랑, 일랑은, 조차, 처럼, 치고, **치고는**, 치고서, 커녕, 토록, 하고, 하며, 한테, 한테로, 한테서(총 152개 항목)

　(1)의 목록 가운데 굵은 글씨로 쓴 것들은 삭제 대상 항목들이다. 이들을 유형별로 나누어 검토한다.

(2) ㄱ. 설랑, 설랑은, 에설랑
　　ㄴ. 에게다, 에다, 에다가
　　ㄷ. 에를, 에야, 에의, 엔, 엔들
　　ㄹ. 치고는, 이라야만 / 라야만
　　ㅁ. 이다¹

(2ㄱ)의 항목들은 보조사 'ㄹ랑'이나 'ㄹ랑은'이 '서'나 '에서'에 후행 통합한 것이다. 이때 '서'는 '여기설랑 차를 세우지 마라'고 할 때에 쓰이는 '에서'의 준말 '서'이거나 '집에 가설랑'이나 '여기서 며칠 보내고설랑'이라고 할 때에 쓰이는 '-아서'나 '-고서'의 한 구성성분인 '-서'이다. 보조사 'ㄹ랑'과 'ㄹ랑은'의 분포가 접속어미 '-아서'나 '-고서' 또는 처격조사 '에'나 '에서'의 뒤이기 때문에 이들은 항상 '설랑, 에설랑' 따위의 통합형으로 나타난다. 이들은 선행 요소와 'ㄹ랑'의 '어미+조사'의 연속체 혹은 조사 연속 구성으로 이해할 성질의 것이지 하나의 조사로 다룰 성질의 것이 아니다.

'설랑, 에설랑' 따위는 복합조사의 판별기준을 적용해 보면 어미나 조사의 단순한 연속체라는 사실을 분명히 알 수 있다. 가령 후행 통합한 보조사 'ㄹ랑'을 생략했을 때, '여기서Ø 차를 세우지 마라' 또는 '집에 가서Ø'나 '여기서 며칠 보내고서Ø'처럼 문장의 성립에 하자가 없다. 이것은 '문법성'의 기준을 만족한 것이라고 할 수 있다. 또 원래의 문장과 'ㄹ랑'을 생략한 문장을 비교해 보면, 보조사 'ㄹ랑'이 가진 의미만큼이 차이난다는 것을 알 수 있다. 이것은 '의미 차이'의 기준을 만족시키는 것이므로, '에+ㄹ랑', '에서+ㄹ랑'은 '분리 가능성'을 가진다고 말할 수 있다.(58~59쪽 참조)

한편 '설랑, 에설랑'의 'ㄹ랑'은 보조사 '는'과 교체할 수 있다. '여기서는 차를 세우지 마라' 또는 '집에 가서는'이나 '여기서 며칠 보내고서는'이 가능한 것이다. 이것은 '교체 가능성'의 기준을 만족한 것이므로, '설랑, 에설랑' 따위를 조사 연속 구성으로 판별할 수 있다.(65~66쪽 참조)

(2ㄴ)의 항목들은 보조사 '다가'나 그것의 준말 '다'가 처격조사에 후행 통합한 것들이다. 여기에 제시한 세 개의 항목은 그것 자체로서도 불균형을 이루고 있다. 곧 '에다'의 본말인 '에다가'는 등재하였지만, '에게다'의 본말인 '에게다가'는 등재하지 않은 것이다. 나아

가서 '에게다'가 표제어로서의 자격을 가진다면, '한테다'와 '한테다
가'도 표제어로서의 자격을 가질 것이다.

'다가'의 분포 환경이 '에, 에게, 한테, 로' 따위의 일부 부사격 조
사 뒤이기 때문에 '다가'는 항상 '에다가, 에게다가'처럼 조사 통합
형으로 출현하게 된다. 이러한 분포적 특성만을 놓고 볼 때에는 '다
가'가 복합조사의 일부로 굳어졌을 가능성이 크다. 그러나 '분리 가
능성'과 '의미의 특수성'이라는 판별기준을 적용해 본 결과, '다가'
통합형들은 아직 복합조사화하지 않은 것으로 나타났다.(68~69쪽 참
조) 결국 이들은 '부사격 조사＋보조사' 구성의 조사 연속 구성일 뿐
인 것이다.

(2ㄷ)의 항목들은 처격조사 '에'가 다른 조사에 선행 통합한 것들
이다. '엔'은 '에는'의 줄어든 말이므로 표제어로 삼지 않아도 상관
없다.¹⁾ 나머지 항목들은 '에' 뒤에서 접속조사 '의', 보조사 '를, 야,
ㄴ들'이 연속한 조사 연속 구성에 지나지 않으므로 조사 목록에서
제외하여야 한다.

(2ㄹ)의 '치고는'은 '젊은 사람치고는 젊잖다'고 할 때에 쓰이는
것인데, 후행 통합한 '는'이 분리될 수도 있고, '야'로 교체될 수도
있다. '치고＋는'의 구성이 그것만의 특별한 의미를 나타내는 것도
아니므로 조사 연속 구성으로 볼 수 있다. (2ㄹ)의 '이라야만'은 '아
버지는 어머니가 만드신 음식이라야만 드신다'고 할 때에 쓰이는 것
이다. 이때 후행 통합한 '만'은 분리 가능한 것으로서 선행 요소를
강조해 주는 기능을 한다. '이라야'가 통합한 선행 요소에 '만'의 의
미가 단순히 더해지는 것이므로 '이라야만'은 조사 연속 구성으로
볼 수 있다.

---

1) '엔' 유를 모두 표제어로 삼는다면 '에겐, 에선, 론, 한텐, 보단, 까진, 부
   턴……' 등 그 수가 엄청날 것이다. 이것은 비효율적인 것이며, 바람직한 방
   향이 아니라고 할 수 있다.

(2ㅁ)의 '이다¹'는 소위 서술격 조사라고 부르는 것이다. 이 책에서는 서술격 조사를 계사로 처리하는 입장에 서므로 '이다¹'는 조사의 목록에서 제외하여야 한다.

『표준국어대사전』에 오른 표준어 조사 총 152개 항목 가운데, 표제어가 될 수 없는 16개의 항목들을 살펴보았다. 이것들을 제외한 나머지 항목들의 개수는 총 136개이다. 여기에는 한 형태의 이형태들도 표제어로서 올라 있는데, 이들을 대표형태로만 보이기로 하면 목록이 한결 간소해진다. (1)의 항목들 가운에 한 형태의 이형태들을 한데 묶어서 유형별로 정리하면 다음과 같다.

   (3) ㄱ. 는 / ㄴ / 은, 는커녕 / ㄴ커녕 / 은커녕, 를 / ㄹ / 을, 일랑 / ㄹ랑 / 을
       랑, 일랑은 / ㄹ랑은 / 을랑은, 가 / 이, 과 / 와
     ㄴ. 로 / 으로, 로부터 / 으로부터, 로서 / 으로서, 로써 / 으로써
     ㄷ. 이고 / 고³, 이나 / 나, 이나마 / 나마, 이니 / 니, 이다² / 다¹, 이든 /
       든, 이든지 / 든지, 이라 / 라, 이라고¹ / 라고¹, 이라고² / 라고², 이라
       도 / 라도, 이라서 / 라서, 이라야 / 라야, 이란 / 란, 이랑 / 랑, 이며
       / 며, 이시여 / 시여, 이야 / 야¹, 이야말로 / 야말로, 이여 / 여, 인들
       / ㄴ들, 인즉 / ㄴ즉, 인즉슨 / ㄴ즉슨

(3)에서 한데 묶인 이형태들은 이들과 통합한 선행 요소의 말음이 자음이냐 모음이냐에 따라서 다르게 실현되는 것들이다. (3ㄱ)은 이형태의 개수가 셋이거나 매개모음을 가지지 않는 형태소들을 보인 것이다. (3ㄴ)은 '으'를 매개모음으로 취하는 형태소들을 보인 것이다. (3ㄷ)은 계사 '이-'의 활용형이 조사화한 것인데, 선행 요소의 말음이 모음일 때에는 계사가 생략되므로 마치 '이'가 매개모음인 것처럼 보이는 예들이다.

위에서 한데 묶인 이형태들을 대표형태로만 제시하기로 하면 표준어의 조사 목록은 아래와 같이 정리된다.

(4) 표준어 조사 목록(삭제 항목 반영, 대표형태 제시)

　　가, 같이, 거나, 게, 게로, 게서, 고, 곧, 과, 그래, 그려, 까지, 깨나, 께, 께서, 께옵서, 는, 는커녕, 다, 다가, 대로, 더러, 도, 든가, 들, 따라, 라든지, 로, 로부터, 로서, 로써, 를, 마는, 마다, 마따나, 마저, 만[1], 만[2], 만치, 만큼, 밖에, 보고, 보다, 부터, 뿐, 새로에, 서[1], 서[2], 서껀, 서부터, 손, 아, 야, 에, 에게, 에게로, 에게서, 에로, 에서, 에서부터, 요, 의, 이고, 이나, 이나마, 이니, 이다, 이든, 이든지, 이라, 이라고[1], 이라고[2], 이라도, 이라서, 이라야, 이란, 이랑, 이며, 이시여, 이야, 이야말로, 이여, 인들, 인즉, 인즉슨, 일랑, 일랑은, 조차, 처럼, 치고, 치고서, 커녕, 토록, 하고, 하며, 한테, 한테로, 한테서(총 98개 항목)

　(4)는 『표준국어대사전』에 표준어 조사로 등재된 152개 항목 가운데 표제어로 인정하기 어려운 것들은 삭제하고, 한 형태소의 이형태들은 대표형태로만 제시하여 간소화한 목록이다.

2) 『연세한국어사전』의 조사 목록

　앞에서 『표준국어대사전』에 등재된 총 98개 항목의 표준어 조사 목록을 살펴보았다. 그런데 이 목록에 수록되지 아니한 표준어 조사가 있을 수 있다. 『표준국어대사전』에 미등재된 조사를 찾기 위하여 『연세한국어사전』의 조사 목록을 검토한다.[2] 여기에 등재된 조사들 가운데 『표준국어대사전』에는 오르지 않은 항목들을 뽑아서 표준어 조사 목록에 반영해야 하는지를 검토한다.

　(4) 『연세한국어사전』에만 등재된 조사 목록

　　ㄹ더러, 까지고, 까지나, 까지, 도, 께로, 나[2], 라고[3], 라고는, **라곤**, 라

---

2) 이 사전의 근간이 된 이희자·이종희(1998)의 목록을 참고로 하여 『연세한국어사전』의 조사 항목을 확인하는 절차를 밟았다.

든가, 라면, 란², **로다, 로다가,** 로서는, 로서도, 로서야, 로서의, 론, 만치도, 만큼도, 만큼은, **말고, 말고는,** 말고도, 면, ㅂ쇼, 보다는, 보다야, **사, 사말고,** 야³, 야⁴, **에게다가,** 에는, 에도, 에라야, 에서라야, 에서야¹, 에서야², **에서야말로,** 에서처럼, 에야말로, 이든가, 이라고는, **이라곤,** 이라든가, 이라든지, 이라면, 이란², 이랴, 이면, **이사, 이사말고,** 이야², 치고야, **치곤,** 하고², 하고는, **한테다, 한테다가**(총 61개 항목)

(4)의 목록 가운데 굵은 글씨로 쓴 것들은 삭제 대상 항목들이다. 이들을 유형별로 나누어 검토한다.

> (5) ㄱ. 론, 이라곤 / 라곤, 치곤
> ㄴ. 로다, 로다가, 에게다가, 한테다, 한테다가
> ㄷ. 로서는, 로서도, 로서야, 로서의, 에는, 에도, 에라야, 에야말로, 에서라야, 에서야¹, 에서야², 에서야말로, 에서처럼
> ㄹ. 말고, 말고는, 말고도
> ㅁ. 이사 / 사, 이사말고 / 사말고

(5ㄱ)은 줄어든 말들인데, 표제어로 삼지 않더라도 상관없는 항목들이다.(99쪽 각주 1 참조)

(5ㄴ)은 부사격 조사와 '다(가)'로 이루어진 조사 연속 구성들이다. 『표준국어대사전』에서는 '부사격 조사＋다(가)'형 가운데 '에게다, 에다, 에다가'만 등재하여 형평성을 잃었다고 지적하였다.(98쪽 참조) 이에 반하여 『연세한국어사전』에서는 '에다(가), 에게다(가), 한테다(가), 로다(가)'를 모두 등재하여 균형을 이루었다. 그런데 이 사전의 문제점은 '부사격 조사＋다(가)'형들을 모두 등재한 것까지는 좋은데, '다(가)'도 표제어로 삼아 등재하였다는 것이다. '다(가)'는 '에, 에게, 한테, 로' 따위의 일부 부사격 조사 뒤에서만 나타나므로, 그 선행 요소와 결합하여 복합조사로 굳어진 것으로 판단하여 '에다(가)' 유

를 사전에 올린 것인데, 여기서 다시 '다(가)'를 떼 내어 표제어로 삼은 것은 일관성을 잃은 처사라고 할 수밖에 없다.3)

이 책에서는 '부사격 조사＋다(가)'형들이 복합조사로 굳어졌는지를 알아보기 위하여 판별기준을 설정하여 검증해 보았는데(68~69쪽 참조), 아직 복합조사화하지 않은 것으로 판별되었다. 따라서 (5ㄴ)의 예들은 조사의 자격을 가지지 못한다.

(5ㄷ)은 부사격 조사 '로서, 에, 에서'와 다른 조사의 조사 연속 구성들이다. 이들 조사가 쓰인 문장에서는, 부사격 조사에 후행 통합한 조사를 생략하더라도 비문이 되지 않는다.4) 이것은 '분리 가능성'의 기준을 만족한 것으로 볼 수 있다. 또 '로서＋{는, 도, 야}', '에＋{는, 도, 라야, 야말로}', '에서＋{라야, 야¹, 야², 야말로, 처럼}'와 같이 '로서, 에, 에서' 뒤에서 중괄호 속의 조사들이 교체되어 나타날 수 있음을 알 수 있다. 이것은 '교체 가능성'의 기준을 만족한 것으로서 이들이 분리될 수 있는 단순한 통합관계를 이루고 있음을 말해 주는 것이다.

(5ㄹ)의 '말고'는 아직 조사로 굳어지지 않은 동사의 활용형으로 본다. 따라서 '말고는'이나 '말고도'는 동사의 활용형에 보조사가 통합한 구성으로 이해할 수 있다. (5ㅁ)은 비표준어로 보아 조사 목록에서 제외한다.

(4)에서 제시한 총 61개의 항목 가운데, (5)에서 검토한 것처럼 조사 표제어로서의 자격이 없는 29개의 항목들을 제외하면 총 32개 항목이 남는다. 여기에는 한 형태의 이형태들도 여럿 올라 있는데, 이들을 대표형태로만 제시하기로 하면 목록이 훨씬 간결해진다. 이 형태들을 한데 묶으면 아래와 같다.

---

3) '다(가)'를 표제어로 등재한 것은 『표준국어대사전』도 마찬가지다. 이 사전에서는 '에게다, 에다, 에다가'를 표제어로 올리지 말았어야 했다.
4) '로서의'는 예외인데, '의'가 가진 명사구 수식의 기능 때문에 '의'만 생략할 수 없는 것으로 해석된다. '[[[학자로서]의] 양심]'에서처럼 '의'는 '로서'와 직접 통합하지 않으며, '로서의'가 단일한 의미를 나타내지도 않는다.

(6) 이라고는 / 라고는, 이라든가 / 라든가, 이라면 / 라면, 이란^2 / 란^2, 이면 / 면, 이야^2 / 야^3

(6)에 제시된 조사들은 '이'를 매개모음처럼 가진 것들인데, '이'가 포함된 형태를 대표형으로 삼기로 한다.

(4)의 목록에서 제시한 61개 항목 가운데 표제어가 될 수 없는 29개 항목과 대표형태가 아닌 이형태 6개 항목을 뺀 나머지를 목록으로 제시한다.

(7) 『연세한국어사전』에만 등재된 조사 목록(삭제 항목 반영, 대표형태 제시)
ㄹ더러, 까지고, 까지나, 까지도, 께로, 나^2, 라고^3, 만치도, 만큼도, 만큼은, ㅂ쇼, 보다는, 보다야, 야^4, 이든가, 이라고는, 이라든가, 이라든지, 이라면, 이란^2, 이랴, 이면, 이야^2, 치고야, 하고^2, 하고는(총 26개 항목)

논의의 편의를 위하여, (7)에서 제시한 항목들을 유형별로 묶어서 제시한다.

(8) ㄱ. 까지고, 까지나, 까지도, 만치도, 만큼도, 만큼은, 보다는, 보다야, 치고야
    ㄴ. 이든가, 이라든가, 이라든지
    ㄷ. 이라고는, 이라면, 이란^2, 이랴, 이면, 이야^2
    ㄹ. 나^2, 라고^3, ㅂ쇼, 야^4
    ㅁ. ㄹ더러, 께로, 하고^2, 하고는

(8ㄱ)은 조사 연속 구성일 가능성이 많은 항목들이다. (8ㄴ)은 계사 어간이나 소위 계사의 활용형에 '-든가'나 '-든지'가 통합한 항목들 이다. (8ㄷ)은 계사의 활용형, (8ㄹ)은 종결보조사들이다. (8ㅁ)은 (8ㄱ~ ㄹ)의 범주에 속하지 않는, 기타 항목들을 모은 것이다. (8)에 제시한

항목들이 조사 표제어로서의 자격을 가지는지를 차례로 살펴본다.

(1) 까지고, 까지나, 까지도

조사 연속 구성으로 보이는 것들 중에서 보조사 '까지'가 선행한 것들을 살펴본다.

(9) ㄱ. 언제<u>까지고</u> 기다리겠습니다.
    ㄴ. 사업은 어디<u>까지나</u> 사업입니다.
    ㄷ. 철학자들은 자명한 것<u>까지도</u> 문제 삼는다.(이희자·이종희 1998: 22)

(9ㄱ)의 밑줄 친 '까지고'에서 '고'는 '내일이고 모래이고 간에'와 같은 표현에 쓰이는 접속조사인데, '언제까지고'에서 '고'를 분리해 내면 전체 문장의 의미가 어색해진다. '까지고'에서 '고'의 자리에는 (9ㄴ)의 밑줄 친 '까지나'처럼 접속조사 '나'가 올 수 있으므로 교체 가능성이 없다고는 할 수 없다. '까지고'는 '언제, 어디' 따위의 부정 대명사와 결합하여 '끝까지, 변함없이' 정도의 의미를 나타내므로 의미의 특수성을 띤다. 그런데 이 의미의 특수성이란 '까지고'가 가진 것이라기보다는 '언제까지고' 전체의 의미라고 할 수 있다. 부정대명 사와 조사 연속체가 통합하여 부사로 어휘화한 것으로 보인다.

(9ㄴ)의 밑줄 친 '까지나'에서 '나'를 분리하더라도 문장은 성립되 므로, 분리 가능성은 있다고 할 수 있다. 그러나 (9ㄴ)의 '어디까지 나'를 '어디까지고'로 바꾸었을 때는 의미가 통하지 않으므로 '나'의 교체 가능성은 없다. '까지나'는 '언제, 어디' 따위의 부정대명사와 결합하며, '끝까지, 변함없이' 혹은 '말 그대로' 정도의 의미를 나타 내므로 의미의 특수성을 띤다. 그런데 이때도 의미의 특수성이란 '까지나'의 것이 아니라 '언제까지나' 또는 '어디까지나' 전체 구성의

것이라고 해야 옳을 것이다.

부정대명사와 결합한 '까지고, 까지나'는 선행 형식과 결합한 채 굳어져 부사로 발달한다고 볼 수 있다. '언제까지고, 언제까지나'는 '끝까지, 변함없이'의 뜻을 가진 부사로, '어디까지나'는 '말 그대로'의 뜻을 가진 부사로 기술할 수 있을 것이다.[5]

(9ㄷ)의 밑줄 친 '까지도'에서 '도'는 분리될 수 있고, '를, 만' 따위의 다른 보조사로 교체될 수도 있다. '까지도'에서 '도'는 강조의 기능을 하므로 '까지도' 전체가 특수한 의미를 나타내지는 않는다. 그러므로 '까지도'는 조사 연속 구성이라고 할 수 있다.

(2) 만치도, 만큼도, 만큼은

정도나 한도의 뜻을 가진 부사격 조사 '만치, 만큼'이 선행한 형식들을 살펴보자.

(10) ㄱ. 인정이라곤 눈곱<u>만치도</u> 없다.
    ㄴ. 그들은 사람 목숨을 파리 목숨<u>만큼도</u> 생각지 않는다.(연세)
    ㄷ. 부모님에게<u>만큼은</u> 잘해 드리고 싶었는데!(표준)

'만치'와 '만큼'은 동의관계이므로 (10ㄱ~ㄴ)의 밑줄 친 '만치도'와 '만큼도'도 동의관계를 이룬다고 할 수 있다. 이들 용례에서 후행 조사 '도'를 분리해 내면 비문이 되며, '도' 대신 다른 보조사를 교체할 수 없다. '만치도'와 '만큼도'는 수량이나 정도가 매우 적어 부정적인 의미를 가지는 '눈곱, 털끝, 손톱' 따위의 말과 결합하여 '앞의 내용보다도 못함'의 뜻을 나타낸다. 이들은 복합조사로 처리하더

---

5) 이규호(2001: 81)에서는 '까지고, 까지나'를 복합조사로 처리하였었는데, 극도로 제한된 환경에서만 쓰이는 복합조사라고 하기보다는 어휘화한 것으로 보는 것이 타당하리라고 생각한다.

라도 무방하다.

(10ㄷ)의 밑줄 친 '만큼은'에서 '은'을 분리해 내면 문장의 의미가 어색해지며, '은' 대신 다른 보조사로 교체되지도 않는다. 여기에 쓰인 '만큼은'은, 비교의 의미를 나타내는 '나도 너<u>만큼은</u> 할 수 있어'와 같은 문장에 쓰인 '만큼은'과는 다른 의미를 나타낸다. (10ㄷ)의 '만큼은'은 선행 요소를 한정하여 강조하며, '만은 꼭, 는 반드시' 정도의 의미를 나타낸다. 비교의 '만큼은'은 조사 연속 구성이지만, '만은 꼭'의 의미를 나타내는 '만큼은'은 복합조사로 볼 수 있다.

(3) 보다는, 보다야, 치고야

비교격 조사 '보다'와 용언에서 발달한 보조사 '치고'가 선행한 형식들을 검토해 보자.

(11) ㄱ. 가을<u>보다는</u> 봄을 더 좋아한다.
ㄴ. 큰 도시에서 사는 것<u>보다야</u> 오히려 이런 적막한 어촌이 낫지 않아요?(연세)
ㄷ. 봄 날씨<u>치고야</u> 이만하면 됐지 뭘 더 바래?(연세)

(11)의 밑줄 친 각 용례에서 후행 조사를 분리하더라도 문장은 성립하므로 '분리 가능성'의 기준을 만족한다. (11ㄱ)의 '보다는'에서 '는' 대신에 '야'가 쓰일 수 있고, (11ㄴ)의 '보다야'에서 '야' 대신에 '는'이 쓰일 수 있다. 이와 마찬가지로 (11ㄷ)의 '치고야'에서도 '야'의 자리에 '는'이 대신 쓰일 수 있다.6) (11)에 제시한 조사 연속형 '보다는', '보다야', '치고야'는 특수한 의미를 나타낸다고 하기 어렵

---

6) (11ㄷ)에서 '치고야'가 곧바로 '치고는'으로 바뀌는 것은 어색하지만, '오늘은 봄 날씨치고{야, 는} 쌀쌀하다'와 같은 문장에서는 교체가 자연스럽다.

다. 이들은 '분리 가능성', '교체 가능성'의 기준을 만족하는 동시에, '의미의 특수성' 기준은 만족시키지 못하므로, 조사 연속 구성이라고 할 수 있다.

(4) 이든가, 이라든가, 이라든지

'이든가, 이라든가, 이라든지'는 접속조사 '든가'나 '든지'를 포함한 통합형들이다. 『표준국어대사전』의 표준어 조사 목록에는 이 항목들이 빠짐으로써 균형을 잃고 있다. 『표준국어대사전』에 등재된 항목들을 찾아보면 다음과 같다.

    (12) 든가, 든지, 라든지, 이든지

(12)의 항목들을 살펴보면 사전 편찬자의 실수가 있었음을 알게 된다. '든지'의 이형태인 '이든지'는 사전에 올렸는데, '든가', '라든지'의 이형태인 '이든가', '이라든지'는 빠뜨린 것이다. 이것을 표로 정리하여 『연세한국어사전』과 비교해 보면 다음과 같다.

<표-3> '든가 / 이든가' 유의 등재 여부 비교

항 목	『표준국어대사전』	『연세한국어사전』
든가 / 이든가	○ / ×	○ / ○
든지 / 이든지	○ / ○	○ / ○
라든가 / 이라든가	× / ×	○ / ○
라든지 / 이라든지	○ / ×	○ / ○

'이든가, 라든가 / 이라든가, 이라든지'는 표준어 조사 목록에서 실수로 빠뜨린 것이라고 할 수 있으므로 모두 조사 목록에 수용하여여 한다.

(5) 이라고는, 이라면, 이면, 이란², 이랴, 이야²

계사의 활용형으로 보이는 형식들이 조사화했는지를 검증해 보자.

(13) ㄱ. 인정<u>이라고는</u> 눈곱만큼도 없는 사람.(표준)
　　 ㄴ. 낚시<u>라면</u> 아마도 김 선생님을 따라갈 사람이 없을 겁니다.
　　 ㄷ. 영하는 공부<u>면</u> 공부, 운동<u>이면</u> 운동, 못하는 게 없다.
　　 ㄹ. 객차의 창<u>이란</u> 창은 모두 완전 밀폐 상태였다.(이상 연세)
　　 ㅁ. 밥<u>이랴</u> 떡<u>이랴</u> 음식을 많이 장만하였다.(허웅 1995: 1371)
　　 ㅂ. 그 집 잔치에 가 보니 술<u>이야</u> 고기<u>야</u> 흥청망청이더라.(연세)

(13ㄱ)의 밑줄 친 '이라고는'에서 '는'을 분리하면 전체 문장이 어색해지며, '는'은 다른 보조사로 교체되지 않는다. '이라고는'은 선행 요소를 지정하여 강조하는 뜻을 나타낸다. 곧 '분리 가능성'과 '교체 가능성'이 없으며, '의미의 특수성' 기준을 만족하므로, 이것은 복합조사로 볼 수 있다.

(13ㄴ~ㄷ)의 '이라면', '이면'은 계사와 접속어미의 통합체이지만 'X이라면'이나 'X이면 X'와 같은 특정한 환경에서는 조사화한 것으로 볼 수 있다. '이라면'은 '로 말하자면' 정도의 뜻을 가진 보조사이며, '이면'은 동일 명사를 반복함으로써 그것을 강조하는 기능을 가진 접속조사이다.

(13ㄹ)의 '이란'도 'X이란 X'와 같은 특정한 환경에서, '이라는'의 줄어든 말 '이란'이 조사화한 것으로 볼 수 있다. '이란'도 동일 명사를 접속한다는 점에서 (13ㄷ)의 '이면'과 같은 용법을 보인다. '이란'은 강조적 용법에 사용되는 접속조사로 볼 수 있다.

(13ㅁ~ㅂ)은 반복형 접속조사 '이랴 이랴', '이야 이야'의 용례이다. 이들은 예시의 뜻을 가지고 명사를 나열하는 기능을 가진다. (13

ㅁ, ㅂ)에서 밑줄 친 예들은 장만한 음식들을 생각나는 대로 예시한 것이라고 할 수 있다.

이상에서와 같이 (13)에 제시한 모든 항목들은 조사의 목록에 포함할 수 있다.

(6) 나², 라고³, ㅂ쇼, 야⁴

『연세한국어사전』에서 종결보조사로 처리된 항목들을 검토한다.

> (14) ㄱ. 나하고 나가서 점심이나 같이 하세나.
> ㄴ. 이런 한심한 친구 같으니라고.(이상 연세)
> ㄷ. 어디로 모실깝쇼?
> ㄹ. 걱정했던 것보다 날씨가 좋다야.(연세)

(14ㄱ)은 하게체의 종결어미 뒤에 통합하는 종결보조사 '나'의 용례를 보인 것이다. 『연세한국어사전』에는 종결어미 '-게나'와 '-세나'가 표제어로 올라 있는데도 불구하고, 종결보조사 '나'를 등재하였다. 이것은 형태소 분석 및 표제어 설정상의 오류를 보여 주는 것이다. '-게나', '-세나'는 '종결어미＋종결보조사'의 구성이 복합 종결어미로 굳어진 것이라고 할 수 있다. 이때 종결어미 뒤에 통합한 '나'는 분석 가능한 대상이기는 하지만, 독립된 표제어로서의 자격을 가질 수는 없는 것이다.

(14ㄴ)의 밑줄 친 '라고'는 종결어미 '-으니' 뒤에서만 통합하므로 그 전체를 하나의 어미로 처리하는 것이 바람직하다. '-으니라고'는 형용사 '같-'과만 통합하는, 극도로 제약된 종결어미다.

(14ㄷ)의 'ㅂ쇼'는 현대국어에서 사어화한 것으로 판단된다. (14ㄹ)의 '야'도 표준성이 있는지 의심스럽다. 이들은 표준어 조사 목록에

서 제외하더라도 문제되지 않는다.

(7) ㄹ더러, 께로, 하고², 하고는

마지막으로 남은 몇 가지 형식들을 조사로 볼 수 있을지 검토해 보자.

(15) ㄱ. 그 남자가 요전엔 <u>절더러</u> 미술 공부를 하라더군요.(허웅 1995: 1297)

ㄴ. [탕자가] 이에 일어나서 아버지<u>께로</u> 돌아가니라.(눅 15: 20)

ㄷ. 북소리가 '둥둥' <u>하고</u> 울렸다.

ㄹ. 하는 짓<u>하고는</u> 원, 쯧쯧쯧.(이상 연세)

(15ㄱ)의 밑줄 친 'ㄹ더러'는 인칭대명사 '나, 너, 저' 다음에 쓰이는데, 'ㄹ' 없이 '더러'로만 쓰이는 것이 자연스럽다. 구어체에서는 'ㄹ더러'로 쓰이는 일도 있지만 표준어로 보기 어렵다.

(15ㄴ)의 밑줄 친 '께로'는 '에게로'의 높임말이다. '께'가 '에게'의 높임말로서 사전에 등재되는 것처럼, '께로'도 '에게로'의 높임말로 등재된다.[7]

(15ㄷ)의 밑줄 친 '하고'는 '하면서'로 교체되어 쓰일 수도 있다. 이것은 '하고'가 고정된 형태가 아니라 상위문의 인용동사 '하-'의 활용형임을 말해 주는 것이다.

(15ㄹ)의 밑줄 친 '하고는'에서 '는'은 분리될 수 있는 것으로 보인다. 그러나 '는'은 다른 보조사로 교체되지 않는다. '하고는'은 행동이나 성질 따위가 고약하여 못마땅함을 뜻하는 복합조사로 처리할 수 있다. 그런데 (15ㄹ)의 '하고는' 다음에는 감탄사가 연속해서 나타난다. 이 자리에는 감탄사 대신에 말줄임표가 쓰이기도 한다. 곧

---

7) 『표준국어대사전』에는 '에게로, 한테로' 및 '게로'(내게로)는 등재되어 있는데, '께로'는 우연하게 빠진 것으로 보인다.

'하고는'은 항상 문장 끝에서만 쓰인다는 것이다. 이것은 형태상 복합조사로 보이지만 더 문법화하여 종결어미로 변화한 것으로 보는 것이 바람직하다.[8]

지금까지 『연세한국어사전』의 조사 목록에는 올라 있으나 『표준국어대사전』의 조사 목록에는 누락된 총 26개 항목을 검토하였다. 이들 중에는 표제어로서의 자격을 갖추고 있어서 표준어 조사 목록에 추가하여야 할 항목도 있었고, 그렇지 못한 것도 있었다. 추가할 항목과 제외된 항목을 분류하면 다음과 같다.

(16) 표준어 조사 목록에 추가할 항목
    께로, 만치도, 만큼도, 만큼은, 이든가, 이라고는, 이라든가, 이라든지, 이라면, 이란^2, 이랴, 이면, 이야^2(총 13개 항목)
(17) 추가 대상에서 제외된 항목
    까지고, 까지나, 까지도, 나^2, ㄹ더러, 라고^2, ㅂ쇼, 보다는, 보다야, 야^4, 치고야, 하고^2, 하고는(총 13개 항목)

3) 표준어 조사의 총목록

앞에서 『표준국어대사전』에 등재된 표준어 조사 목록 총 98개 항목을 살펴보고, 여기에 수록되지 못한 13개의 항목을 『연세한국어사전』에서 확인하였다. 이제 이 둘을 한데 합하여 현대국어 표준어 조사의 총목록으로 삼는다.

(18) 현대국어 표준어 조사의 총목록(대표형태 제시)
    가, 같이, 거나, 게, 게로, 게서, 고, 곤, 과, 그래, 그려, 까지, 깨나,

---

8) 이규호(2001: 86)에서 복합조사로 처리한 것인데, 여기서는 종결어미로 보고 목록에서 제외한다.

께, 께로, 께서, 께옵서, 는, 는커녕, 다, 다가, 대로, 더러, 도, 들,
따라, 로, 로부터, 로서, 로써, 를, 마는, 마다, 마따나, 마저, 만^1,
만^2, 만치, 만치도, 만큼, 만큼도, 만큼은, 밖에, 보고, 보다, 부터,
뿐, 새로에, 서^1, 서^2, 서껀, 서부터, 손, 아, 야, 에, 에게, 에게로,
에게서, 에로, 에서, 에서부터, 요, 의, 이고, 이나, 이나마, 이니,
이다, 이든, 이든가, 이든지, 이라, 이라고^1, 이라고^2, 이라고는, 이
라도, 이라든가, 이라든지, 이라면, 이라서, 이라야, 이랴, 이란^1, 이
란^2, 이랑, 이며, 이면, 이시여, 이야^1, 이야^2, 이야말로, 이여, 인들,
인즉, 인즉슨, 일랑, 일랑은, 조차, 처럼, 치고, 치고서, 커녕, 토록,
하고, 하며, 한테, 한테로, 한테서(총 109개 항목)[9]

이 연구의 관심은 (18)에 제시한 현대국어의 표준어 조사 목록 가
운데 복합조사로는 어떠한 것들이 있는가 하는 데에 있다. (18)의 항
목들을 음절수에 따라 재분류하면, 복합조사를 판별해 내는 데에 도
움이 된다.

(19) 1음절어 조사
　　 가, 게, 고, 곧, 과, 께, 는, 다, 도, 들, 로, 를, 만^1, 만^2, 뿐, 서^1, 서^2,
　　 손, 아야, 에, 요, 의(총 23개 항목)
(20) 2음절어 조사
　　 같이, 거나, 게로, 게서, 그래, 그려, 까지, 깨나, 께로, 께서, 다가,
　　 대로, 더러, 따라, 로서, 로써, 마는, 마다, 마저, 만치, 만큼, 밖에, 보
　　 고, 보다, 부터, 서껀, 에게, 에로, 에서, 이고, 이나, 이니, 이다, 이든,
　　 이라, 이랴, 이란^1, 이란^2, 이랑, 이며, 이면, 이야^1, 이야^2, 이여, 인들,
　　 인즉, 일랑, 조차, 처럼, 치고, 커녕, 토록, 하고, 하며, 한테(총 55
　　 개 항목)

---

9) 기존의 표준어 조사 목록의 98개 항목과 추가된 13개 항목을 합하면 111개
   항목이 되어야 하는데, 두 개가 모자라는 것은 이형태인 항목이 삭제되었기
   때문이다. '든가'와 '라든지'가 그것인데, 추가된 '이든가', '이라든지'만 대표
   형태로 제시하였다.

(21) 3음절어 조사

께옵서, 는커녕, 로부터, 마따나, 만치도, 만큼도, 만큼은, 새로에,
서부터, 에게로, 에게서, 이나마, 이든가, 이든지, 이라고[1], 이라고[2],
이라도, 이라면, 이라서, 이라야, 이시여, 인즉슨, 일랑은, 치고서,
한테로, 한테서(총 26개 항목)

(22) 4음절어 조사

에서부터, 이라고는, 이라든가, 이라든지, 이야말로(총 5개 항목)

2. 단일조사와 복합조사의 목록

앞에서 현대국어의 표준어 조사 목록을 완성하였다. 여기에는 단
일 형태소로 이루어진 단일조사와 복합 형태로 이루어진 복합조사가
섞여 있다. 먼저 단일조사로 판별되는 항목들을 간추려 냄으로써 그
나머지 항목들을 복합조사로 분류한다.

표준어 조사의 총목록에는 빠져 있으나 복합조사로 분류되어야 할
항목들이 있을 것이다. 이규호(2003)는 계사 활용형 복합조사의 판별
기준을 좀더 정밀화하고, 최대 목록을 작성한 것이다. 여기서는 총
38개 항목을 계사 활용형 복합조사로 판정하여 목록으로 제시하였
다. 이는 이규호(2001: 94)와 비교했을 때 무려 20개나 늘어난 것이
다. 이규호(2006ㄷ)는 접속조사를 분류하고 목록화한 것인데, 총 47
개의 항목을 제시하였다. 이중 복합조사로 추가해야 할 항목이 13개
에 이른다. 위의 두 연구에서 제시한 33개의 항목도 복합조사 목록
에 포함하기로 한다.

1) 단일조사의 목록

1음절어 조사들은 단일 형태소로 된 단일조사라는 데에 이견이 있을 수 없다. 그런데 2음절어 이상의 조사들은 대개가 복합 형태소로 이루어진 것들이다. 이 가운데는 두 개의 직접구성성분으로 분석할 수 있는 것이 있는가 하면 그 결합관계가 굳어져서 분석할 수 없는 것도 있다. 후자의 예들은 공시적인 관점에서 단일조사로 분류한다.

2음절어 조사 55개 항목 가운데 단일조사로 판별되는 것은 36개 항목이다. 이들을 목록으로 제시한다.

(1) 2음절어 단일조사의 목록

같이, 거나, 게서, 그래, 그려, 까지, 깨나, 께서, 다가, 대로, 더러, 따라, 로서, 로써, 마는, 마다, 마저, 만치, 만큼, 보다, 부터, 서껀, 에게, 에서, 이나, 이랑, 이랴, 이야[1], 이야[2], 이여, 일랑, 조차, 처럼, 커녕, 토록, 한테

3음절어 조사 26개 항목 가운데 단일조사로 판별되는 것은 8개 항목이다. 이들의 목록을 몇 가지의 유형으로 나누어 제시한다.

(2) ㄱ. 에게서, 치고서, 한테서
　　 ㄴ. 께옵서, 는커녕, 마따나, 새로에
　　 ㄷ. 이시여

(2ㄱ)은 '서'를 공통 요소로 가지고 있는 것들이다. 이들은 '에게', '치고', '한테'가 조사이기 때문에 분석 가능성이 있어 보인다. 실제로 『표준국어대사전』에서는 이들의 분석 가능성을 인정하고 '에게-서', '치고-서', '한테-서'로 등재하였다.

이러한 분석 방법은 일견 타당해 보이기도 하지만 많은 문제점을 불러일으키기도 한다. 당장에 '이라서'나 '께옵서'에 포함된 '서'는 왜 분석해 낼 수 없는지를 설명하여야 한다. 또 2음절어 조사인 '께서, 로서, 에서'에 포함된 '서'를 분석하지 않는 이유도 설명하여야 한다.[10)

이것들보다 더 큰 문제는 '에게-서, 치고-서, 한테-서'에서 분석해 낸 '서'를 어떻게 규정할 것인가 하는 것이다. 이때 분석한 '서'가 동일한 형태소인지도 의심스러운 면이 있다. '에게서'나 '한테서'의 '서'는 출발점이나 비롯함의 뜻을 나타내는 반면, '치고서'의 '서'는 강조의 뜻을 나타내기 때문이다. 현대국어에서 '서'는 단독으로 쓰이는 경우가 없고, 다른 조사와 통합한 복합조사로만 나타나므로 이것을 보조사로 규정할 필요는 없다고 본다.[11) 따라서 '에게서, 치고서, 한테서' 따위는 더 이상 분석할 수 없을 만큼 굳어진 단일 조사라고 할 수 있다.

(2ㄴ)의 예들도 분석할 수 없는 조사들이다. '께옵서'는 '겨시다'의 활용형에서 발달한 형태로 알려져 있는데, 기원 동사가 사라졌을 뿐만 아니라 형태도 변하여 분석할 수 없게 되었다.

'는커녕'은 보조사 '는'과 보조사 '커녕'의 결합인 것으로 이해하는 경우가 있다.[12) 그러나 '커녕'이 '(는)커녕'의 형태로만 나타난다는 점과 '는'이 다른 조사의 후행 통합을 허락하지 않는다는 점을

---

10) 『표준국어대사전』에서는 '께서, 로서, 에서'를 분석하지 않았다.
11) 『표준국어대사전』에서도 '서'를 보조사로 세우지는 않았는데, 그렇다고 '에게-서' 등에서 분석한 '서'를 표제어로 올리지도 않았다.(이 사전에서는 형태소도 등재 대상이 된다) 이것은 이 사전의 오류인 것으로 보인다.
12) 『표준국어대사전』의 견해이다. 그러나 '커녕'이 쓰인 모든 문장은 '는커녕'으로도 쓰일 수 있기 때문에 '커녕'은 '는커녕'의 준말로 보아야 한다. 허웅 (1995: 1378~1380)도 '는커녕'의 '는'이 생략 가능한 것으로 보고 있다. 'A 는커녕 B'는 'A는 말할 것도 없고 B도'의 뜻으로 '는커녕'이 A와 B를 대조적인 관계로 접속한다고 볼 수 있다.

고려해 볼 때, '는커녕'은 이미 단일조사로 굳어졌다고 볼 수 있다.

'마따나'는 '아무개 말마따나'와 같은 제한된 환경에서만 쓰이는데, 복합 형태소로 이루어진 것이겠지만 그 기원 형태소조차 알기 어렵게 되었다.

'새로에'는 보조사 '는'에 후행 통합하여 나타나기 때문에 '는새로에'를 하나의 복합조사로 보아야 할 가능성도 있다. '새로에'의 '로'와 '에'가 조사인지는 알 수 없다.

(2ㄷ)의 계사 활용형 '이시여'는 '이-+-시-+-여'의 구성이 조사로 굳어진 것인데, '이-+시여'로 분석하기도 어렵고, '이시-+여'로 분석하기도 어렵다.[13]

4음절어 조사 5개 항목 가운데 단일조사로 판별되는 것은 '이야말로' 하나이다. 『표준국어대사전』에서는 '이야'와 '말로'로 분석하였는데, 이때 '말로'가 무엇인지를 설명하기가 쉽지 않다. '이야말로'의 '이야'가 보조사임에는 틀림없으나 후행 요소와 통합하여 한 덩어리로 굳어진 것으로 보아야 할 것이다.

지금까지의 논의를 종합하여 단일조사로 판별된 항목들을 목록으로 제시하면 다음과 같다.

(3) 단일조사의 목록(총 68개 항목)
ㄱ. 1음절어 단일조사
가, 게, 고, 곧, 과, 께, 는, 다, 도, 들, 로, 를, 만[1], 만[2], 뿐, 서[1], 서[2], 손, 아, 야, 에, 요, 의(23개 항목)
ㄴ. 2음절어 단일조사
같이, 거나, 게서, 그래, 그려, 까지, 깨나, 께서, 다가, 대로, 더러, 따라, 로서, 로써, 마는, 마다, 마저, 만치, 만큼, 보다, 부터,

---

13) 『표준국어대사전』에서는 '이시여'를 형태소 분석하지 않았지만 이것의 이형태인 '시여'는 선어말어미 '-시-'와 호격조사 '여'로 분석해 놓았다. 분석하지 않는 쪽으로 통일하여야 한다.

서껀, 에게, 에서, 이나, 이랑, 이랴, 이야¹, 이야², 이여, 일랑, 조
차, 처럼, 커녕, 토록, 한테(36개 항목)
ㄷ. 3음절어 단일조사
께옵서, 는커녕, 마따나, 새로에, 에게서, 이시여, 치고서, 한테서
(8개 항목)
ㄹ. 4음절어 단일조사
이야말로(1개 항목)

2) 복합조사의 목록

2음절어 조사 55개 항목 가운데 단일조사로 판별된 36개 항목을
빼면 19개 항목이 복합조사로 남는다. 이들을 몇 가지의 유형으로
나누어 제시한다.

(4) ㄱ. 이고, 이니, 이다, 이든, 이라, 이며, 이면, 인들, 인즉, 이란¹, 이란²
ㄴ. 보고, 치고, 하고, 하며
ㄷ. 게로, 께로, 밖에, 에로

(4ㄱ)의 예들은 계사의 활용형들로서, 계사 어간 '이-'와 어미 또
는 조사와 어미로 분석할 수 있다. (4ㄴ)은 용언의 활용형이 조사화
한 것들인데, 용언 어간과 어미로 분석할 수 있다. (4ㄷ)에서 '게로,
께로, 에로'는 '조사＋조사'로 분석되고, '밖에'는 '명사＋조사'로 분
석된다.
3음절어 조사 26개 항목 가운데 단일조사로 판별된 8개 항목을
빼면 18개 항목이 복합조사로 남는다. 이들을 유형별로 나누어 제시
한다.

(5) ㄱ. 로부터, 만치도, 만큼도, 만큼은, 서부터, 에게로, 일랑은, 한테로

ㄴ. 이나마, 이든가, 이든지, 인즉슨
ㄷ. 이라고¹, 이라고², 이라도, 이라면, 이라서, 이라야

(5ㄱ)의 예들은 '조사＋조사'로 분석할 수 있는 것들이다. (5ㄴ)은 계사 어간 '이-'와 접속어미 '-나마, -든가, -든지, -ㄴ즉슨'으로 분석이 가능하다. (5ㄷ)의 예들은 조사 '이라'와 접속어미 '-고, -아도, -면, -아서, -아야'로 분석할 수 있는 것들이다.

4음절어 조사 5개 항목 중 한 항목만이 단일조사이고 나머지는 모두 복합조사인데, 이들은 두 가지 유형으로 나누어진다.

(6) ㄱ. 에서부터, 이라고는
ㄴ. 이라든가, 이라든지

(6ㄱ)의 예들은 '조사＋조사'로 분석할 수 있다. (6ㄴ)의 예들은 조사 '이라'와 접속어미 '-든가, -든지'로 분석할 수 있다.

지금까지 복합조사로 판별된 항목들을 음절수에 따라 몇 가지의 유형으로 나누어 고찰하였다. 이들을 종합하여 목록으로 제시한다.

(7) 복합조사의 목록(총 41개 항목)
ㄱ. 2음절어 복합조사
게로, 께로, 밖에, 보고, 에로, 이고, 이니, 이다, 이든, 이라, 이란¹, 이란², 이며, 이면, 인들, 인즉, 치고, 하고, 하며(19개 항목)
ㄴ. 3음절어 복합조사
로부터, 만치도, 만큼도, 만큼은, 서부터, 에게로, 이나마, 이든가, 이든지, 이라고¹, 이라고², 이라도, 이라면, 이라서, 이라야, 인즉슨, 일랑은, 한테로(18개 항목)
ㄷ. 4음절어 복합조사
에서부터, 이라고는, 이라든가, 이라든지(4개 항목)

3) 복합조사로 추가할 항목들

앞 절에서 현대국어의 표준어 복합조사로서 41개 항목을 판별하여 목록으로 제시하였다. 여기에 그것보다 좀더 많은 수의 항목을 추가하여 복합조사의 최대 목록을 작성하려고 한다.

먼저 이규호(2003)에서 19개의 항목이 새롭게 복합조사의 목록에 편입되었는데, 이것을 접속조사와 보조사로 나누어 제시한다.

(8) ㄱ. 접속조사

　　이거나, 이건, 이랴, 이요, 인가, 인지(6개)

　　ㄴ. 보조사

　　이거든, 이기로서니, 이나², 이니만치, 이니만큼, 이랍시고, 이러니, 이로서니, 일러니, 일망정, 일수록, 일지라도, 일진대(13개)

(8ㄱ) 및 (8ㄴ)의 '이기로서니'는 허웅(1995)에서 조사로 수용된 것들이다. 이들을 계사 활용형의 복합조사로 판별할 수 있을 것인지의 문제는 이규호(2003: 221~223)에서 논의하였으므로 재론하지는 않는다.

(8ㄴ)의 '이나²'는 접속조사이다. 보조사 '이나¹'는 두 개의 형태소로 분석되지 않기 때문에 단일조사이다. (8ㄴ)에 제시한 항목들은 이규호(2003: 227~229)에서 복합조사로 판별된 것이므로 다시 검증 절차를 밟지는 않기로 한다.

이들은 주로 통합관계가 변화함으로써 복합조사화한다.

(9) ㄱ. 우리가 이웃일진대 서로 도와야 마땅하다.

　　ㄴ. 홍안의 미소년이러니 언제 이렇게 흰머리까지 났나?

　　ㄷ. 어린아이일수록 단백질이 많이 필요하다.(이상 표준)

(9)의 밑줄 친 예들은 현행 사전들에서 어미로 처리되는 '-ㄹ진대, -러니, -ㄹ수록'이 계사 어간에 통합한 것들이다. (9ㄱ)의 '우리가 이웃일진대'는 조건절을 이루고 있는데, 여기에 사용된 주어가 일반적인 의미를 가진다. 일반적 의미의 주어는 생략되기 쉬우므로, 그것이 생략되고 혼자 남은 서술어 명사구는 주어 명사구로 재분석될 가능성이 커진다.

(9ㄴ)은 대조적인 뜻을 가진 두 절을 접속한 의문문이다. 선행절의 주어는 청자이므로 생략되었는데, 이때에도 계사 활용형과 결합한 서술어 명사구는 주어 명사구로 인식되기 쉽다.

(9ㄷ)의 선행절에도 주어가 실현되어 있지 않다. '그 아이가' 정도의 주어를 복원해 볼 수 있겠으나 이렇게 하는 것은 복합조사를 판별하는 데에 아무런 도움도 주지 못한다. (9ㄷ)은 주어가 없이 쓰일 때 최상의 표현력을 가진다고 볼 수 있다. 접속어미 '-ㄹ수록'의 통합 환경이 변화하면서 '일수록'이 복합조사로 굳어졌다는 것을 보여 주는 것이다.

이규호(2006ㄷ)는 접속조사의 분류 기준을 설정하고 목록을 작성한 것이다. 접속조사를 크게 종속적인 것과 대등적인 것으로 나누고, 대등 접속조사는 나열, 선택, 대조로 나누었다. 여기서는 총 47개 항목의 접속조사 목록을 작성하였는데, 그중 13개 항목이 복합조사 목록에 편입되어야 할 것들이다. 논의의 편의를 위하여 몇 가지씩 나누어 제시한다.

(10) ㄱ. 인, 이라는[1]
　　　ㄴ. 에다[1], 에다가[1], 이네[1]
　　　ㄷ. 이며, 이면서, 이요[2], 이자
　　　ㄹ. 에다[2], 에다가[2], 하고도
　　　ㅁ. 이냐

(10ㄱ)은 종속 접속조사이고, (10ㄴ~ㅁ)은 대등 접속조사이다. 대등 접속조사 중 (10ㄴ~ㄹ)은 나열관계를 보이며, (10ㅁ)은 대조관계를 보이는 것이다. (10)에 제시한 항목들을 하나씩 살펴보기로 한다. 그리고 (10)의 용례들 이외에 추가해야 할 항목들 몇 가지를 제시하기로 한다.

(1) 인, 이라는[1]

종속 접속조사는 두 접속항을 종속적인 관계로 묶는다.

> (11) ㄱ. 잡곡의 하나인 조
> ㄴ. 욕망이라는 이름의 전차

(11ㄱ)에서 밑줄 친 '인'은 두 접속항 '잡곡의 하나'와 '조'를 묶어서 큰 명사구를 만든다. (11ㄴ)의 '이라는[1]'도 '욕망'과 '이름'을 한데 묶어서 큰 명사구를 만든다. 이들은 선행 접속항이 후행 접속항에 대한 설명이 된다는 점에서 공통적이다.

> (12) "아니 땐 굴뚝에 연기 날까"라는 속담

이익섭(2005: 358)은 인용절이 관형사절의 일종으로 쓰일 수 있다는 사실을 (12)의 예문을 통하여 설명하였다. 이때 어미 '-라는'은 관형사형 어미 '-ㄴ'과는 달리 종결어미 뒤에 결합한다는 특징을 나타낸다고 하였다.

'-라는'이 어미라면 인용절이 체언 상당어로 해석되며, 인용절과 '-라는' 사이에 계사 어간 '이-'가 수의적으로 생략된 것으로 볼 수 있다. 그러나 이와 같은 환경에서 '이-'의 생략은 필수적이라는 점에서 '라는'이 조사화한 것으로 볼 수 있다.

이익섭(2005: 357~358)은 인용절을 명사절의 일종으로 본다. 같은 논지로 (12)의 인용절도 명사절로 보는 것이 더 일관성 있는 주장이 되지 않았을까 하는 생각이 든다. 이것을 명사절이나 명사 상당어로 본다면 여기에 통합한 '라는'은 조사로 보는 것이 훨씬 설득력을 가진다.

임동훈(2004: 149)은 '라는'을 문장 뒤에 연결되는 속격조사로 간주한다. 이러한 주장은 '라는'을 종속 접속조사로 보는 이 책의 주장에 근접한 것이다. '라는'과 동일한 기능을 가진 '는'이 받침 없는 종결어미 뒤에서 항상 형태가 고정되어 쓰이는 데 반하여, '라는'은 이형태 '이라는'을 가진다.

(13) "제 눈에 안경"이라는 속담

(13)의 '이라는¹'은 두 접속항을 연결한다는 점에서, (11ㄴ)의 '욕망이라는 이름'에 쓰인 '이라는¹'과 다르지 않다. 다만 인용하는 뜻이 있느냐 없느냐의 차이를 보일 뿐이다. '이라는¹'은 선행 접속항이 인용절이든 그렇지 않든 그것을 후행 접속항에 대한 설명 내용이 되게 하는 역할을 한다.

(2) 에다¹, 에다가¹, 이네¹

'에다¹, 에다가¹, 이네¹'는 반복형 접속조사로서, '예시'의 뜻을 가지고 접속항들을 나열한다. '에다¹'와 '에다가¹'는 준말과 본말의 관계를 이룬다.

(14) ㄱ. 잔칫집에서 밥에 떡에 잘 먹었다.
　　 ㄴ. 잔칫집에서 밥에다 떡에다 잘 먹었다.
　　 ㄷ. 잔칫집에서 밥에다가 떡에다가 잘 먹었다.

(14)의 밑줄 친 조사들은 의미의 차이 없이 교체될 수 있는 것들이다. (14ㄷ)의 '에다가¹'에서 '가'가 탈락한 (14ㄴ)의 '에다¹'는 '에다가¹'의 준말로 간주된다. 그렇다면 여기서 '다'가 탈락한 (14ㄱ)의 '에'도 '에다¹'의 준말로 처리해야 옳을 것이다.

(15) ㄱ. 책상에(다)(가) 꽃병을 놓았다.
     ㄴ. 밥에(다)(가) 떡에(다)(가) 잘 먹었다.

(15ㄱ)과 (15ㄴ)은 형태상 동일하며, 후행하는 조사의 생략 가능성에 있어서도 동일한 양상을 보여 준다. 하지만 (15ㄱ)의 '에다가'는 조사 연속 구성인 반면, (15ㄴ)의 '에다가¹'는 복합조사이다.

(15)의 예는 엄밀하게 말해서 형태상 동일하다고 할 수 없다. (15ㄱ)의 '에다가'는 단독형이지만 (15ㄴ)의 그것은 반복형이기 때문이다. 그러나 무엇보다도 큰 차이는 형태상 같아 보이는 '에'가 기능상 차이를 보인다는 것이다. (15ㄱ)의 '에'는 장소의 뜻을 나타내는 처소격 조사이지만, (15ㄴ)의 '에'는 예시의 뜻을 가지고 명사구를 나열하는 접속조사라는 점이다.

'이네¹'도 접속항들을 예시하는 기능을 가진다.

(16) ㄱ. 배가 아프네 머리가 아프네 꾀병을 부린다.
     ㄴ. 반값 아파트네 임대 아파트네 부동산 정책이 쏟아졌다.

반복형 종결어미 '-네 -네'는 (16ㄱ)에서처럼 어떤 일을 예시하여 나열하는 기능을 가진다. 이것이 계사의 활용형으로서 명사구 뒤에 연결될 때에는 통합 환경의 변화가 일어나기도 한다. (16ㄴ)은 '네 네'가 명사구를 나열하는 접속조사로 변화한 것을 보여 준다. 부동산 정책을 예시하는 기능을 가지고 접속항들을 나열하고 있는 것이다.

(3) 이며², 이면서, 이요², 이자

나열관계의 접속조사 중에는 '동시'의 뜻을 가지고 두 접속항을 묶는 기능을 하는 것들이 있다.

  (17) ㄱ. 그는 소설가이며 교수이다.
     ㄴ. 그는 학생이면서 회사원이다.
     ㄷ. 아내는 내 친구요 동지다.
     ㄹ. 그는 시인이자 교수이다.(이상 문법2)

  (17)의 예들은 접속어미 '-으며, -으면서, -요, -자'가 통합 환경이 변화함에 따라 명사를 나열하는 기능의 '이며², 이면서, 이요², 이자'로 조사화한 모습을 보여 준다. (17ㄱ, ㄷ)은 중립적인 나열인 반면, (17ㄴ, ㄹ)은 동시에 겸하고 있음을 강조한 표현이다.(이규호 2006ㄷ: 187)
  '이요'는 반복형으로 쓰이면 나열관계의 접속조사로서 접속항들을 예시하는 기능을 가진다. '붕대요, 소독약이요' 하면서 의약품들을 하나씩 열거하는 경우가 이러한 용법에 해당한다. 반면에 (17ㄷ)의 '이요'는 단독형으로 쓰이면서 'A이면서 동시에 B'라는 뜻으로 사용된다.[14]

(4) 에다², 에다가², 하고도

나열관계의 접속조사 중에서 '첨가'의 뜻으로 접속항을 묶는 것들이 있다.

---

14) 예시의 뜻으로 쓰이는 반복형 나열 접속조사는 '이며¹', '이요¹', 동시의 뜻으로 쓰이는 단독형 나열 접속조사는 '이며²', '이요²'로 구별하여 표기한다.

(18) ㄱ. 감기<u>에</u> 몸살이 겹치다.

　　 ㄴ. 내복<u>에다</u> 스웨터까지 껴입다.

　　 ㄷ. 강풍<u>에다가</u> 비까지 내리다.

(18ㄱ)의 '겹치다'는 복합 주어를 요구하며, (18ㄴ)의 '껴입다'는 복합 목적어를 요구하는 서술어라고 할 수 있다. '감기에 몸살'이 접속 명사구로서 주어 노릇을 하고, '내복에다 스웨터'도 접속 명사구로서 목적어 노릇을 한다. 이들은 첫 번째 접속항에 두 번째 접속항이 더해진다는 뜻을 나타낸다. 그러다 보니 두 번째 접속항에는 더해짐을 뜻을 가지는 보조사 '까지'가 통합되기 쉽다.(18ㄴ, ㄷ)

(18)의 밑줄 친 접속항들은 의미 차이 없이 교체될 수 있다. '에다가²'와 '에다²'는 본말과 준말의 관계를 이루며, '에다²'와 '에²'도 그와 같은 관례를 이룬다. 이들은 단독형으로 쓰이면서 '첨가'의 뜻을 가진다는 점에서, 반복형으로 쓰이면서 '예시'의 뜻을 가지는 '에¹, 에다¹, 에다가¹'와는 구별된다.

'하고도'는 수량 첨가의 뜻을 가진 접속조사다.

(19) 사라는 백 년<u>하고도</u> 스물일곱 해를 더 살았다.(표준새번역, 창 23: 1)

(19)의 밑줄 친 '하고도'는 시간 따위의 수량을 표시하는 명사구를 묶는데, 첫 번째 접속항의 수량에 두 번째 접속항의 수량을 더하는 기능을 가진다.

(5) 이냐

대등 접속조사 중에는 두 접속항을 대조적 관계로 묶는 것이 있다. 이때 두 접속항은 서로 상반된 뜻을 가진다.

(20) ㄱ. 사느냐 죽느냐의 문제
     ㄴ. 검은 돈이냐 깨끗한 돈이냐를 밝히는 청문회

(20ㄱ)은 의문형 종결어미 '-느냐 -느냐'가 반의관계에 있는 두 서술어를 연결하고 있다. (20ㄴ)에서는 '-냐 -냐'가 계사 어간 뒤에서 상반된 의미를 가진 명사구와 통합한 것이다. 여기서는 주어가 없이 쓰이는 통합관계의 변화를 보여 주며, 명사구와 계사 활용형 복합조사 '이냐 이냐'로 재분석된다.

(6) 이네², 입네, 이면²

여기서부터는 이규호(2003) 및 이규호(2006ㄷ)에서 미처 다루지 못한 것으로서 복합조사의 목록에 들어와야 할 몇 가지 항목들을 추가하기로 한다.
대조관계의 접속조사로 '이냐 이냐'를 소개하였는데, 이와 함께 '이네 이네'도 같은 기능을 가진 것으로 보인다.

(21) ㄱ. 싸우네 마네 해도 제 형제가 가장 소중하다.
     ㄴ. 짝퉁 가방을 놓고 진짜네 가짜네로 떠들썩했다.

(21ㄱ)은 반복형 종결어미 '-네 -네'가 상반된 의미를 가진 두 서술어에 연결된 모습을 보여 준다. 두 번째 서술어 자리에는 구체적인 동사 대신 첫 번째 서술어를 부정하는 '말다' 동사를 썼다. '-네 마네'를 문법 표현으로 다루어도 될 만큼 굳어진 구성이라고 할 수 있다.
(21ㄴ)은 체언 서술어에 연결된 '-네 -네'인데, 여기서는 반대말을 묶어서 명사구를 만드는 기능을 한다. '네 네'는 반의어로 이루어진 두 접속항을 대조적인 관계로 묶는 접속조사라고 할 수 있다.[15)]

'입네'는 접속항들을 예시의 뜻으로 나열하는 접속조사다. 남의 말을 인용하는 듯한 느낌을 주며, 못마땅해하는 화자의 태도를 드러낸다.

(22) ㄱ. 금입네 옥입네 온갖 보물을 사 모았다.
ㄴ. 그 애는 모임입네 뭡네 하며 쏘다니기만 한다.

'입네 입네'는 접속조사로서 (22ㄱ)에서는 온갖 보물을 예시하며, (22ㄴ)에서는 그 애가 쏘다니는 이유나 핑계를 예시하고 있다. '입네 입네'는 못마땅한 투로 어떤 사실을 예시하는 접속조사로 볼 수 있을 것이다.

선행 체언을 조건의 뜻을 가지고 지적함으로써 강조하는 용법의 보조사 '이면'이 있다.

(23) ㄱ. 내가 만일 하나님의 사람이면 불이 하늘에서 내려와서 너와 너의 오십 인을 사를지로다(왕하 1: 10)
ㄴ. 두 사람이 함께 누우면 따뜻하거니와 한 사람이면 어찌 따뜻하랴(전 4: 11)
ㄷ. 봄이면 살구꽃, 복사꽃이 집집마다 흐드러졌다.

(23ㄱ)의 밑줄 친 '-면'은 아직 이루어지지 않은 어떤 일을 가정하여 말할 때 쓰는 접속어미이다. 여기서는 주술 구조를 갖춘 계사문에 통합하여 조건절을 이끌고 있다.

(23ㄴ)의 밑줄 친 '이면'은 명사구에 통합함으로써 (23ㄱ)과는 통합 환경이 달라진 것을 알 수 있다. 이때의 '이면'은 선행 명사구를 조건적으로 한정함으로써 강조하는 용법의 보조사적 기능을 보인다.

(23ㄷ)에서는 '이면'이 계절명을 나타내는 명사와 결합하였다. '이

---

15) 예시의 뜻을 가진 나열 접속조사는 '이네¹'로, 상반됨의 뜻을 가진 대조 접속조사는 '이네²'로 표기한다.

면'은 이와 같이 계절명을 비롯하여 '아침, 저녁' 따위의 시간 명사
와 결합하여 시간적인 배경을 제시하는 기능을 하기도 한다.16)

(7) 이라는², 이라면², 이고²

동일 명사구를 반복함으로써 '강조'의 표현 효과를 높이는 일련의
접속조사들이 있다.17) 그중 '이란²'은 본말인 '이라는²'의 준말이라고
할 수 있다. 접속조사 '이라는'은 앞말이 뒷말에 대한 설명 내용이
되게 하는 종속 접속조사 '이라는¹'과 동일 명사를 접속하여 강조하
는 '이라는²'으로 나누어진다.

> (24) 그 할머니는 딸만 여섯을 낳아 남편으로부터 구박이라는 구박은
>   다 받고 살아오셨다.

(24)의 밑줄 친 부분은 의미상 '온갖 구박을' 정도의 목적어 명사
구가 올 자리인데, 강조적 기능의 접속 명사구가 쓰인 것을 볼 수
있다.

'이라면'은 조건의 뜻을 가진 특정 명사구를 지적하여 드러내는
기능을 가진 보조사이다. 이와 동일한 형태로서 동일 명사구를 잇는
강조의 접속조사가 있다.

> (25) ㄱ. 외상이라면 소도 잡아먹는다.
>   ㄴ. 커피만 한 잔 마셔도 잠을 이루지 못하니 이것도 병이라면 병이다.

---

16) 강조의 나열 접속조사는 '이면¹', 조건 또는 시간적 배경의 보조사는 '이면²'
   으로 표기한다.
17) 이규호(2006ㄷ: 188)는 나열관계 접속조사 중에서 '강조'의 뜻을 가진 것으로
   '이란, 이면, 에'를 제시하였다. 이들은 동일 명사를 접속한다는 점에서 공통
   적이다. 여기에 복합조사로서 본문에서 다룰 '이라는², 이라면²'과 단순조사로
   서 '은 / 는'을 추가해야 할 것으로 보인다. (예) 과연 물건은 물건이다.

(25ㄱ)의 '이라면'은 선행 명사를 지적하여 드러내는 뜻의 보조사적 용법을 보인다. 반면에 (25ㄴ)의 '이라면'은 동일 명사를 반복함으로써 강조적 용법을 보이는 접속조사다.[18]

'동시'의 뜻을 가진 나열 접속조사로서 '이며, 이면서, 이요, 이자'를 소개하였다. 여기에 '이고'를 포함해야 할 것으로 보인다.

> (26) 청소용 걸레를 사용해서 그분을 표현한 <밀대걸레 예수>는 파격<u>이고</u> 충격이 아닐 수 없었다.

(26)의 밑줄 친 '이고'는 두 접속항을 동시의 뜻으로 묶고 있다. '파격'이면서 동시에 '충격'인 것이다. 이때의 '이고'는 '사장이고 부장이고' 할 때의 '이고'와는 다르다. 후자는 반복형이면서 '마찬가지'의 뜻으로 두 접속항을 묶는 데 반하여, 전자는 단독형으로 쓰이면서 '동시'의 뜻으로 두 접속항을 묶는다.[19]

(8) 이라^2, 이라^3, 이라^4, 이라고^3, 이란^3

현대국어에서 '이라고'는 직접 인용절을 이끄는 인용격 조사 '이라고^1'와 보조사 '이라고^2'가 알려져 있다. 그런데 세 자리 서술어가 요구하는 필수적 부사어에 '이라고^3'가 결합하기도 한다.

> (27) ㄱ. 장고항에는 노적봉<u>이라고</u> 불리는 기암석이 우뚝 서 있다.
> ㄴ. (사람들이) 기암석을 노적봉<u>이라고</u> 부른다.
> ㄷ. 기암석이 노적봉<u>이라고</u> 불린다.

---

18) 보조사는 '이라면^1'으로, 접속조사는 '이라면^2'으로 구별하여 표기한다.
19) '마찬가지'의 뜻을 가진 반복형 나열 접속조사는 '이고^1'로, '동시'의 뜻을 가진 단독형 나열 접속조사는 '이고^2'로 표기한다.

(27ㄱ)의 관형사절 '노적봉이라고 불리는'은 (27ㄴ)과 같은 능동문이 (27ㄷ)의 피동문으로 바뀐 다음 관형사절로 안긴 것이다. (27ㄴ)에 쓰인 동사 '부르다'는 주어, 목적어 이외에 필수적 부사어를 요구하는 세 자리 서술어이다. 이때 목적어와 필수적 부사어는 '대상'과 '이름'의 관계를 가지는 것을 볼 수 있다.

> (28) ㄱ. 하나님이 뭍을 땅<u>이라</u> 칭하시고 모인 물을 바다<u>라</u> 칭하시니라 (창 1: 10)
> ㄴ. 재물이 아닌 마음으로 하는 일곱 가지 보시를 '무재칠시(無財七施)'<u>라</u> 합니다.

(28)에서 밑줄 친 '이라^2'는 부사격 조사 '이라고^3'의 준말이다.[20] (28ㄱ)에서 목적어와 필수적 부사어는 '대상'과 '이름'의 관계를 보여 주며, (28ㄴ)에서는 '정의 내용'과 '이름'의 관계를 보여 준다.

'이라^3'은 보조사 '이라고^3'의 준말이며, '이라^4'는 보조사 '이라서'의 준말이다. 보조사 '이라고^3'는 '기대에 못 미침'이라는 뜻을 가지는데,(이규호 2006ㄴ) 현행 사전에서는 준말을 인정하지 않는다.

> (29) ㄱ. 시골<u>이라</u>(고) 약국도 없는 줄 아니?(표준)
> ㄴ. 자네<u>라</u>(고) 뭐 뾰족한 수가 있겠나?(연세)

(29ㄱ)은 『표준국어대사전』에서, (29ㄴ)은 『연세한국어사전』에서 '이라고^3'의 용례를 가져온 것인데, '고'를 생략하더라도 비문이 되지

---

20) '이라고^1'(인용격), '이라고^2'(보조사), '이라고^3'(부사격)의 세 가지 형태를 사전에 등재할 경우를 생각해 재배열하려고 한다. '이라고^1'와 '이라고^3'는 같은 부사격 조사라고 해도 후자가 좀더 기원적인 형태이다.(이규호 2006ㄴ: 170) 따라서 '이라고'의 어깨번호를 다음과 같이 조정한다. '이라고^1'(부사격), '이라고^2'(인용격), '이라고^3'(보조사). 그리고 '이라고^1'의 준말은 '이라^1', '이라고^2'의 준말은 '이라^2'로 표기한다.

는 않는다. 이것은 보조사 '이라고³'의 준말인 '이라³'의 존재 가능성을 말해 주는 것이라고 할 수 있다.[21]

> (30) ㄱ. 사람의 죽음을 뉘라(서) 막을쏘냐?(연세)
> ㄴ. 어떤 사람이라(서) 이 고통을 감당하겠는가.(표준)
> ㄷ. 새 집이라(서) 깨끗하긴 했지만 좁은 게 흠이었다.

『연세한국어사전』에서 보조사 '라서'는 (30ㄱ)과 같이 주격 조사가 쓰일 자리에서 '누가 감히'의 뜻을 나타내는 보조사이다. 그리고 대명사 '뉘' 뒤에서만 출현하기 때문에 이형태 '이라서'는 인정하지 않는다. 반면에 『표준국어대사전』에서는 (30ㄴ)처럼 '라서'의 이형태 '이라서'를 설정하고 있다.[22]

몇 가지 차이점은 있으나 두 사전의 공통점이라면 '누가 감히'의 뜻을 나타내는 '(이)라서'를 조사로 본다는 것이다. 그러나 저자는 (30ㄷ)처럼 체언과 직접 결합하는 '이라서'도 조사화한 것으로 본다. 이때의 '이라서'는 이유나 근거를 나타내는 보조사다.

(30)의 예문들에서 밑줄 친 '이라서'의 '서'를 생략해도 비문이 되지는 않는다. 이것은 보조사 '이라서'의 준말 '이라⁴'의 존재를 말해 주는 것이다.

추가할 복합조사로서 종속 접속조사 '이라는¹'을 소개하였다.(122~123쪽 참조) '이라는¹'의 준말이 '이란³'이다.[23]

---

21) 『표준국어대사전』, 『한국어문법2』, 『연세한국어사전』에서 보조사 '이라고³'는 인정하지만 그것의 준말인 '이라³'는 인정하지 않는다. 공시적으로는 보조사 '이라고³'의 준말인 '이라³'가, 기원적으로는 본말보다 먼저 존재하였다.(이규호 2006ㄴ: 166) 이 두 가지의 어형은 본말과 준말의 관계로 모두 사전에 올리는 것이 바람직하다.

22) 이 사전에서 '이라서'는 보조사가 아니라 주격 조사다. 이 사전의 뜻풀이대로 '이라서'가 앞말이 주어임을 특별히 강조하는 것이라면 그것은 격조사가 아니라 보조사여야 할 것이다.

23) 보조사는 '이란¹', 접속조사는 '이란²', '이라는'의 준말은 '이란³'으로 표기한다.

(31) ㄱ. 인생<u>이란</u> 뜬구름 같은 거야.

　　 ㄴ. 세상 걱정<u>이란</u> 걱정은 혼자서 다한다.

　　 ㄷ. '하나개'는 '큰 갯벌'<u>이란</u> 뜻의 순 우리말이다.

(31ㄱ)의 '이란¹'은 '모름지기 X라고 하는 것은'이라는 뜻으로 어떤 말을 정의하는 데 쓰는 보조사이다. (31ㄴ)의 '이란²'은 같은 명사를 반복하는 강조의 나열 접속조사이다. (31ㄷ)의 '이란³'은 종속 접속조사 '이라는¹'의 준말이다.

(9) 이기로, 이기로서, 이런들, 일지언정

『표준국어대사전』에 의하면 '아무리 그렇다 하더라도'의 뜻을 가진 접속어미 '-기로서니'는 '-기로서'를 강조한 말이다. 또 '-기로서'는 '-기로'를 강조한 말이다.24) 이들 접속어미가 계사 어간에 통합한 '이기로서니', '이기로서', '이기로'는 복합조사가 될 가능성이 있다. '이기로서니'는 허웅(1995: 1478)에서 양보의 뜻을 갖는 보조사로 처음 제시된 이후, 이규호(2003)에서 이를 수용하였으나 '이기로서'와 '이기로'는 언급된 적이 없었다.

(32) ㄱ. 아무리 상관<u>이기로서</u> 사적인 일에까지 간섭할 수 있습니까?(표준)

　　 ㄴ. 아무리 어린아이<u>기로</u> 그만한 소견머리도 없을까?

(32)의 용례들은 수사 의문문으로서 '아무리 X이기로(서)'의 구문을 이루고 있다. 이때 호응 부사 '아무리'는 보조사 '이기로(서)'와 짝을 이루어 양보의 뜻을 더해 준다.

---

24) 이희자·이종희(1999: 30)는 강조의 뜻을 나타내기 위하여 '서'나 '니'가 붙는 이유를 설명하기 어렵다는 점을 들어, '-기로서니'를 기본형으로 잡고 '-기로서'와 '-기로'는 준말로 처리하는 것이 낫다고 보았다.

보조사 '인들'은 '라고 할지라도'의 뜻을 가지는데, 같은 문맥에서 '이런들'로 교체될 수 있다.

(33) 아무리 좋은 말{인들 / 이런들} 실천하지 않으면 무엇하랴?

(33)의 용례는 '인들'과 '이런들'이 서로 교체되어 쓰일 수 있음을 보여 준다. '이런들'은 '인들'보다는 좀더 예스러운 표현이라고 할 수 있다.

'인들'과 '이런들'은 주로 수사 의문문에 쓰이는데, 평서문에서는 '일지언정'이 비슷한 뜻으로 쓰이기도 한다.

(34) 비록 칠십 노구(老軀)일지언정 마음만은 젊다.

'일지언정'은 선행 체언이 지시하는 내용을 시인하여 받아들이더라도 그것과는 대립적인 내용이 있음을 강조하고자 할 때에 쓰는 보조사이다.

지금까지 표준어 조사로서 복합조사의 목록에 추가되어야 할 항목들을 논의하였다. 이들을 한데 모아서 제시하면 다음과 같다.

(35) 추가할 복합조사의 목록(총 47개 항목)
   ㄱ. 이규호(2003)에서 추가
      이거나, 이거든, 이기로서니, 이건, 이냐², 이니만치, 이니만큼, 이랍시고, 이랴, 이러니, 이로서니, 이요, 인가, 인지, 일러니, 일망정, 일수록, 일지라도, 일진대(19개 항목)
   ㄴ. 이규호(2006ㄷ)에서 추가
      인, 이라는¹, 에다¹, 에다가¹, 이네¹, 이며², 이면서, 이요², 이자, 에다², 에다가², 하고도, 이냐(13개 항목)

IV. 복합조사의 목록   133/

ㄷ. 그 외의 것들
이네^2, 입네, 이면^2, 이라는^2, 이라면^2, 이고^2, 이라^2, 이라^3, 이라^4, 이라고^3, 이란^3, 이기로, 이기로서, 이런들, 일지언정(15개 항목)

지금까지 복합조사를 목록으로 작성하는 작업을 진행하였다. 먼저 현대국어의 표준어 조사를 선별하여 총 109개 항목을 연구 대상으로 선정하였다. 이중 단일조사는 68개 항목, 복합조사는 41개 항목으로 판정되었다.

이규호(2001) 이후의 후속 연구에서 복합조사로 추가해야 할 항목들이 생겨났다. 무려 47개 항목이 복합조사로 인정받았다. 이제 이들을 합쳐서 총 88개 항목의 복합조사 최대 목록을 작성하기로 한다. 제Ⅴ장에서의 논의를 위하여 음절수별로 나누어 제시한다.

(36) 복합조사의 최대 목록(총 88개 항목)
ㄱ. 1음절어 복합조사
인(1개 항목)
ㄴ. 2음절어 복합조사
게로, 께로, 밖에, 보고, 에다^1, 에다^2, 에로, 이건, 이고^1, 이고^2, 이나^2, 이냐, 이네^1, 이네^2, 이니, 이다, 이든, 이라^1, 이라^2, 이라^3, 이라^4, 이란^1, 이란^2, 이란^3, 이랴, 이며^1, 이며^2, 이면^1, 이면^2, 이요^1, 이요^2, 이자, 인가, 인지, 인들, 인즉, 입네, 치고, 하고, 하며(40개 항목)
ㄷ. 3음절어 복합조사
로부터, 만치도, 만큼도, 만큼은, 서부터, 에게로, 에다가^1, 에다가^2, 이거나, 이거든, 이기로, 이나마, 이든가, 이든지, 이라고^1, 이라고^2, 이라고^3, 이라는^1, 이라는^2, 이라도, 이라면, 이라면^2, 이라서, 이라야, 이러니, 이런들, 이면서, 인즉슨, 일랑은, 일러니, 일망정, 일수록, 일진대, 하고도, 한테로(35개 항목)

ㄹ. 4음절어 복합조사

에서부터, 이기로서, 이니만치, 이니만큼, 이라고는, 이라든가,
이라든지, 이랍시고, 이로서니, 일지라도, 일지언정(11개 항목)

ㅁ. 5음절어 복합조사

이기로서니(1개 항목)

V

복합조사의 구성

앞 장에서는 현대국어의 표준어 조사 총 109개 항목 가운데 41개 항목을 복합조사로 분류하고, 여기에 47개 항목을 추가하였다. 이들은 공시적 관점에서 두 개의 구성성분으로 분석 가능한 것들인데, 구성성분의 성격에 따라 몇 가지의 유형으로 나눌 수 있다.

대표적인 경우는 '에서부터'처럼 조사와 조사가 통합하여 복합조사를 이룬 경우이다. 그리고 '이라고, 이라도'처럼 조사 '이라'와 어미의 통합체가 있다. 또 '이고, 이며'처럼 계사 어간 '이-'와 어미의 통합체가 복합조사로 발달한 경우도 많다. 그 외에 용언의 어간과 어미로 이루어진 복합조사로는 '보고, 하고' 따위가 있고, 명사와 조사로 이루어진 복합조사로는 '밖에'가 있다.

이와 같이 복합조사를 이루는 두 구성성분의 결합관계는 몇 가지로 유형화할 수 있다. 이 장에서는 복합조사의 구성 방식을 유형화하고, 각각의 유형에 해당하는 조사들의 내부 구조에 대하여 고찰한다.

1. '조사+조사'의 구성

조사를 격조사(구조격 조사와 부사격 조사), 보조사, 접속조사, 종결보조사 등으로 나누었을 때, 이들끼리의 결합으로 생겨날 수 있는 조사 통합형들은 그 수를 헤아리기 힘들 정도로 많다. 이들 가운데 조사 사이의 통합관계가 굳어져서 복합조사로 발달하는 경우는 일부분에 지나지 않는다. 복합조사의 형성에 참여하는 조사들을 검토해 보면 다음과 같은 특징을 발견할 수 있다.

첫째, 구조격 조사와 종결보조사는 복합조사의 형성에 참여하지 않는다.
둘째, 부사격 조사·보조사·접속조사는 일부만이 복합조사의 형성에
　　　참여한다.
셋째, 복합조사의 형성에 참여하는 조사들은 다음과 같이 한정된다.
　　1) 부사격 조사: 에, 에게, 한테, 께, 로, 이라
　　2) 보조사: 는, 도, 부터, 까지
　　3) 접속조사: 에

부사격 조사·보조사·접속조사가 서로 통합하여 복합조사를 형성할 때, 그 통합 순서에 따라 네 가지의 유형을 이룬다. '부사격 조사+부사격 조사', '부사격 조사+보조사', '접속조사+보조사', '보조사+보조사'의 유형들인데, 이들을 순서대로 살펴본다.

1) '부사격 조사+부사격 조사'의 구성

처소격 조사 '에, 에게, 한테, 께'와 구격조사 '로'가 통합하여 지향점을 나타내는 복합조사를 형성한다. 이들은 출발점을 나타내는 조사들과 함께 정연한 질서를 이룬다.

〈표-4〉 출발점·낙착점·지향점 의미의 조사들

출발점	에서	에게서	한테서	께서
낙착점	에	에게	한테	께
지향점	에로	에게로	한테로	께로

〈표-4〉를 구조적·체계적으로 해석할 때에, 낙착점의 '에, 에게, 한테, 께'를 중심으로 여기에 '서'가 후행 통합함으로써 출발점의 조사들을 형성하고,1) '로'가 후행 통합함으로써 지향점의 조사들을 형성한 것으로 판단할 수도 있을 것이다. 그러나 보조사 '서'를 공시적으로 인정하기 어려울 뿐만 아니라, 출발점의 조사들이 형성된 역사적 배경 등을 놓고 볼 때(에서<익셔), 이들은 현대국어에서는 단순조사화한 것으로 보아야 한다.

    (1) ㄱ. 우리의 생각은 과거에로 거슬러 올라갔다.(허웅 1995: 1284)
       ㄴ. 철수에게로 보낸 편지가 내게로 되돌아왔다.
       ㄷ. 그 책임이 누구한테로 돌아갈까?(허웅 1995: 1294)
       ㄹ. 나로 말미암지 않고는 아버지께로 올 자가 없느니라(요 14: 6)

(1ㄱ)의 밑줄 친 '에로'에서 '로'를 생략하면 비문이 되지만, (1ㄴ~ㄹ)의 밑줄 친 예들에서는 후행 통합한 '로'를 생략하더라도 비문이 되지는 않는다. '에로', '에게로' 따위에서 선행한 조사 '에', '에게'는 서술어의 동작이 미치는 대상을 나타내는데, 여기에 후행하는 조사 '로'가 지닌 방향의 뜻이 더해지는 것으로 해석된다. 이러한 점을 고려해 볼 때 (1)에 제시한 예들은 조사 연속 구성일 가능성도 있다.2)

---

1) 출발점의 '께서'에 대하여, 허웅(1995: 1296)은 이것이 주격조사 '께서'와 형태가 동일하기 때문에 잘 쓰이지는 않으나 '이것은 우리 할아버지께서 온 편지이다'와 같은 문장이 가능하다고 보았다.
2) 『연세한국어사전』은 '에로'를 조사 연속 구성으로 처리하여 싣지 않고, '에게로'의 준말인 '게로'를 빠뜨린 반면, 『표준국어대사전』은 '에게로'의 높임말인

그러나 부사격 조사와 부사격 조사의 통합관계는 (1)에 제시한 용례들로 국한된다는 점(곧 '교체 가능성'이 없다는 점)과 이들 통합형들이 제3의 의미까지는 아니라고 해도 지향점이라는 단일한 기능을 나타낸다는 점 등을 고려할 때 복합조사로 처리하는 것이 바람직해 보인다.

2) '부사격 조사＋보조사'의 구성

부사격 조사와 보조사의 통합관계는 매우 활발한 편인데, 복합조사로 발달한 통합형은 일부에 지나지 않는다.3) 부사격 조사와 보조사 '부터'의 통합형이 '출발점'의 의미를 나타내는 것으로 '로부터'와 '에서부터'가 있다.

> (2) ㄱ. 바퀴 달린 탈 것은 마차<u>로부터</u> 고속전철까지 발전해 왔다.
> ㄴ. 고향까지는 서울<u>에서부터</u> 천 리가 된다.(이상 표준)
> ㄷ. 정오<u>서부터</u> 한 시까지가 점심시간입니다.

(2ㄱ)의 밑줄 친 예는 '로＋부터', (2ㄴ)은 '에서＋부터', (2ㄷ)은 '서＋부터'로 분석되는데, (2ㄷ)의 '서부터'는 '에서부터'의 준말이다.

(2ㄱ)의 '로부터'는 도구격 조사와 보조사의 통합으로 해석되며, 이러한 통합관계가 공시적으로 가능한 것인지는 의문이다. 왜냐하면 '로부터'가 출발점의 뜻을 나타내는데, '로'의 의미인 '방향, 경로, 변성, 재료, 도구, 방법, 원인, 자격' 등에서는 이와 관련한 의미를 찾을 수가 없기 때문이다.

'로부터'의 '로'는 오히려 '로서'의 '로'와 관련이 있어 보인다.

'께로'를 싣지 않았다. 이들 조사에 대하여는 일관된 처리 방식이 요구된다.
3) 단일조사인 '로서, 에서, 에게서, 한테서, 께서' 따위도 '부사격 조사＋보조사'의 구성에서 발달한 것이다.

(3) ㄱ. 이 문제는 너로서 시작되었다.(표준)

　　 ㄴ. 다같이 창세기 1장 1절로 10절까지를 봉독하시겠습니다.

(3ㄱ)의 밑줄 친 '로서'는 예스러운 표현인데, 어떤 행위의 출발점을 나타내는 부사격 조사이다. (3ㄴ)도 예스러운 표현으로서 어떤 범위의 출발점을 표시해 주는 부사격 조사라고 할 수 있다. 이것이 '로서'의 준말인지 '로부터'의 준말인지는 확언하기 어려우나 일반적으로 알려진 도구격 조사 '로'와는 다른 것임에 틀림없다.

서정수(1996: 839)는 현대국어의 '로부터'는 중세국어에서 출발점을 뜻하였던 '로셔'에서 유래한 것이라고 하였다.

(4) ㄱ. 하늘로셔 설흔두 가짓 祥瑞 느리며(석상 6: 17)

　　 ㄴ. 네 어드러로셔브터 온다(번노 상: 1ㄱ)

'로셔'는 (4ㄴ)에서처럼 '브터'가 첨가되어 쓰이기도 하였는데, 현대국어에서는 '로'로 축약되어 '부터'하고만 결합함으로써 '로부터'로 나타나게 되었다는 것이다.

위와 같은 설명 방법은 '로셔>로셔브터>로브터>로부터'의 변천과정을 상정한 것이라고 할 수 있다. 그러나 '로브터'가 '로셔브터'의 발달형이라는 견해는 사실과는 다른 것이다. 출발점을 나타내는 '로셔'가 쓰이던 시기에 같은 뜻으로서의 '로브터'가 함께 쓰이고 있었기 때문이다.

(5) 일로브터 天上애 나리도 이시리니(석상 9: 19)

출발점을 나타내는 '로셔'와 '로브터'는 중세국어 시기부터 이미 경쟁관계에 있었음을 알 수 있다. 이들의 오랜 경쟁의 결과는 오늘

날에 와서야 '로부터'의 우세로 나타나기 시작한 것이다.[4]

'비교'의 의미를 나타내는 부사격 조사와 보조사의 통합형으로는 '만치도, 만큼도, 만큼은'이 있다.

> (6) ㄱ. 이곳은 비라야 병아리 눈물<u>만큼도</u> 오지 않는다.
>   ㄴ. 잡담<u>만큼은</u> 삼갑시다.(연세)

(6ㄱ)은 '만큼+도', (6ㄴ)은 '만큼+은'으로 분석되는 예를 보여준다. (6ㄱ)의 '만큼도'에서의 '만큼'은 비교의 대상을 나타내는 것인데 비하여, (6ㄴ)의 '만큼은'에서의 '만큼'은 비교의 대상을 나타내는 것이 아님을 알 수 있다. 후자의 경우 '만큼'은 선행 요소를 한정하는 것으로서, 보조사 '만'의 성격에 가깝다.(106~107쪽 참조)

(6ㄴ)은 '다른 것은 몰라도' 또는 '귀엣말, 중요한 얘기' 따위는 괜찮지만 '잡담만큼은 삼갑시다'로 해석되므로, 삼가지 않아도 될, 곧 상이한 서술 내용을 가지는 자매항목을 전제한다고 할 수 있다. 따라서 '만큼은'은 '다른 것은 몰라도' 정도의 함의문이 선행절에 숨어 있다고 해석해 볼 수 있다.

3) '접속조사+보조사'의 구성

복합조사의 형성에 참여하는 접속조사는 '에'가 유일하다. 여기에 보조사 '다가'나 그것의 준말인 '다'가 결합하여 복합조사로 기능한다. '에다가'는 형태상으로 세 가지 종류로 구별된다.

---

4) 이규호(2006ㄱ)는 노걸대류 문헌에 나타난 출발점 표시 기능의 조사들을 연구한 것이다. 단독형으로 쓰인 출발점 표시의 조사 '로'는 보조사 '셔, 브터' 따위를 덧붙임으로써 복합형 '로셔, 로브터'로 발달하고, 여기에 다시 보조사가 통합한 '로셔브터'로 발달한다고 하였다.(85~86쪽)

(7) ㄱ. 이 물건은 어디<u>에다가</u> 둘까요?

ㄴ. 초당두부<u>에다가</u> 옛날 반찬<u>에다가</u> 홍어회까지 차려져 나왔다.

ㄷ. 매달 쌀 한 말<u>에다가</u> 보리쌀 두어 되씩을 받았다.

(7ㄱ)의 '에다가'는 처소격 조사에 보조사가 이어진 조사 연속 구성이다. (7ㄴ)의 '에다가'는 상에 차려진 음식을 예시하는 나열 접속조사이다. (7ㄷ)의 '에다가'는 '쌀 한 말'과 '보리쌀 두어 되'를 첨가적 관계로 잇는 나열 접속조사이다.

(7ㄴ, ㄷ)의 '에다가'는 준말인 '에다'나 '에'로 교체될 수도 있다. (7ㄴ)의 '에'는 예시의 뜻을 가진 반복형 나열 접속조사이고, (7ㄷ)의 '에'는 첨가의 뜻을 가진 단독형 나열 접속조사이다.(123~124쪽과 126쪽 참조)

4) '보조사＋보조사'의 구성

보조사와 보조사는 통합 순서나 의미 기능에 따라 수많은 통합형을 만들어 내지만 그 가운데서 복합조사로 굳어진 예는 '일랑은, 이라고는' 정도가 있을 뿐이다.

(8) ㄱ. 폐품<u>일랑은</u> 다 창고에 넣어라.(표준)

ㄴ. 그들에게서 가식<u>이라고는</u> 찾아볼 수 없었다.(연세)

(8ㄱ)의 밑줄 친 예는 보조사 '일랑'과 '는'의 통합으로 해석된다. '일랑'은 '특별히 정하여 가리킴'의 뜻을 나타내는데, 여기에 '는'이 더해져서 그 뜻을 더욱 강조한 것으로 해석된다. (8ㄴ)의 밑줄 친 '이라고는'도 어떤 대상을 '강조하여 지적함'의 뜻을 나타내는데, 여기서도 '는'은 강조의 뜻을 더해 주는 역할을 한다.[5]

 '보조사＋보조사'의 구성을 이루는 복합조사는 조사 연속 구성에
비하여 그 수가 매우 적을 뿐만 아니라 이 구성에 참여하는 후행 보
조사도 '는'으로만 한정된다는 특징을 나타낸다. 또 이때의 '는'은
선행 요소를 강조해 주는 기능을 한다.

2. '조사＋어미'의 구성

 '이라고, 이라면, 이라든지' 따위는 계사 어간과 종결어미가 결합
한 '이라'를 공통 요소로 가진다. 이규호(2001)에서는 이것을 계사
융합형이라고 부르고, 계사 활용형의 일종으로 다루었었다. 그 후 이
규호(2006ㄴ: 159)에서 '이라고'를 조사 '이라'와 어미 '-고'로 이루
어진 복합조사라는 결론을 내놓게 됨에 따라 '이라'를 조사로도 해
석할 수 있는 길이 열리게 되었다. 여기서는 이러한 견해를 수용하
여 '이라'를 포함한 복합조사는 예외 없이 '조사＋접속어미'의 구성
을 이룬 것으로 해석하려고 한다.
 '이라'를 그 구성 요소로 가지는 복합조사들을 몇 가지씩 묶어서
제시한다.

    (1) ㄱ. 이라고^1, 이라고^2, 이라고^3
        ㄴ. 이라는^1, 이라는^2, 이란^1, 이란^2, 이란^3
        ㄷ. 이라도, 이라서, 이라야
        ㄹ. 이라면^1, 이라면^2, 이랍시고
        ㅁ. 이라든가, 이라든지

---

5) 복합조사 '이라고는'의 판별기준에 대하여는 109쪽 참조.

(1)의 예들은 '이라+접속어미'로 분석되는 복합조사들이다. (1ㄱ, ㄴ)은 형태적인 유사성을 가진 것들을 한데 모은 것이다. (1ㄷ, ㄹ)은 보조사, (1ㅁ)은 접속조사이다. 이들을 차례대로 검토해 보기로 한다.

1) 이라고¹, 이라고², 이라고³

현대국어에서 '이라고'와 '이라'는 본말과 준말의 관계로 처리된다. 그러나 통시적으로는 '이라'가 먼저 있었고, 나중에 '이라고'가 생겨난다. 직접 인용격 조사 '이라고²'는 글 인용이나 발화 내용을 인용하는 데 쓰이며, 개화기에 이르러서야 비로소 나타나기 시작하였다.(이규호 2006ㄴ: 167) '이라고²'는 중세국어의 '체언₁-이 체언₂ -를 체언₃-이라 ᄒᆞ야'의 구성으로부터 발달하였다. '체언₃-이라'에서 조사 '이라'는 대상[체언₂]과 이름[체언₃]의 관계를 보여 준다. 이것이 현대국어의 부사격 조사 '이라고¹'의 전신(前身)인 것이다.

> (2) ㄱ. 사람들이 나를 누구라고 하느냐(막 8: 27)
> ㄴ. 알지 못하는 신에게라고 새긴 단(행 17: 23)
> ㄷ. 대인이라고 지혜로운 것이 아니요 노인이라고 공의를 깨닫는 것
> 이 아니라(욥 32: 9)

(2)는 형태상으로는 동일한 '이라고'를 보여 주지만 기능상으로는 세 가지로 구별된다. (2ㄱ)은 전형적인 '체언₁-이 체언₂-를 체언₃-이라고 하다'의 구성을 보여 준다. 이때의 '이라고¹'는 목적어와 필수적 부사어가 대상과 이름의 관계임을 보여 주는 부사격 조사이다.

(2ㄴ)의 '이라고²'는 '알지 못하는 신에게'라는 글귀를 인용하는 데 쓰인 글 인용격 조사이다. 글귀를 발화된 내용으로 바꾸면 발화 내용을 직접 인용하는, 말 인용격 조사로서의 용법을 보이게 된다.[6]

(2ㄷ)의 '이라고³'는 선행 체언을 제시어가 되게 하는 보조사적 용법을 보이는 것이다. (2ㄷ)의 '이라고³' 뒤에는 '해서' 정도의 말을 보충하여도 뜻이 잘 통한다. 이와 같이 보조사 '이라고³'는 '체언₁-이 체언₂-를 체언₃-이라고 하다'의 구성에서 주어, 목적어, 서술어를 생략하고 혼자 남은 '체언₃-이라고' 성분이 후행절로 흡수·통합됨으로써 보조사가 된 것으로 해석된다.(이규호 2006ㄴ: 168~169)

(2)의 '이라고'는 그 기능에 상관없이 조사 '이라'와 'ᄒ고'에서 어간이 약화되고 남은 접속어미 '-고'가 결합한 복합조사로 볼 수 있다.

2) 이라는¹, 이라는², 이란¹, 이란², 이란³

현대국어에서 '이란'은 보조사와 접속조사 등 세 가지로 구별된다. 이중 '이란³'은 종속 접속조사 '이라는¹'의 준말이다. 세 가지 '이란'의 용법을 살펴보고, 그 구성성분이 무엇인지를 알아보자.

(3) ㄱ. 사랑<u>이란</u> 서로 이해하고 아껴 주는 것이다.(문법2)
ㄴ. 약<u>이란</u> 약은 다 써 봐도 효험이 없다.
ㄷ. 첫사랑<u>이란</u> 말보다 가슴 설레는 게 있을까?

(3ㄱ)의 '이란¹'은 선행 체언을 화제로 삼는 기능을 가지고, 주로 무엇을 정의하는 데 쓰이는 보조사다. (3ㄴ)은 동일 명사구를 반복하는 강조의 나열 접속조사 '이란²'를 보여 준다. (3ㄷ)의 '이란³'은 '첫사랑'과 '말'을 종속적으로 잇는 접속조사 '이라는¹'의 준말이다.

(3ㄱ)의 '이란¹'은 '이라 (하는 것)은'이 줄어서 된 것이라고 볼 수 있다. 곧 부사격 조사 '이라'와 보조사 '은'이 결합한 것으로 분석된

---

6) 현행 정서법에서 글 인용에 대한 특별한 규정은 두고 있지 않으나 일반적으로 글 인용에는 홑따옴표(' ')를 쓰고, 말 인용에는 겹따옴표(" ")를 쓴다.

다.7) (3ㄴ, ㄷ)의 '이란²'과 '이란³'은 '이라 (하)는'이 줄어서 된 것이라고 할 수 있다. 부사격 조사 '이라'를 포함한 통사적 구성이 형태적 구성인 '이라는¹'과 '이라는²'으로 축약된 다음, '이란²'과 '이란³'으로 더욱 줄어든 것이라고 할 수 있다. 따라서 이때의 '이란²'과 '이란³'은 부사격 조사 '이라'와 관형사형 어미 '-ㄴ'의 결합형으로 분석된다.

3) 이라도, 이라서, 이라야

부사격 조사 '이라'와 접속어미의 결합형들이 보조사로 발달한 예들을 살펴보자.

> (4) ㄱ. 건강이 좀 양호해지면 우리 중학교에서 교편<u>이라도</u> 잡는 게 어떠냐?(연세)
> ㄴ. 저가 뉘기에 바람과 바다<u>라도</u> 순종하는고(막 4: 41)

(4ㄱ)의 밑줄 친 '이라도'는 마음에 들지는 않으나 그것이나마 선택함의 뜻을 나타낸다. (4ㄴ)의 밑줄 친 '이라도'는 극단적 선택을 뜻한다. '이라도'는 '이라 하여도'의 통사적 구성이 융합의 과정을 거쳐 형성된 것으로, '이라+-아도'로 분석할 수 있다.

> (5) ㄱ. 진실한 우정은 세월이 흘러<u>도</u> 변하지 않는다.
> ㄴ. 하늘이 무너<u>져도</u> 솟아날 구멍은 있다.

(5ㄱ)은 가정하여 양보함을 나타내며, (5ㄴ)은 극단적 사실을 가정함을 뜻한다. 전자는 (4ㄱ)의 양보적 선택과 의미적 관련성을 가지

---

7) '이란¹'은 '조사+어미'의 구성이 아니라 '조사+조사'의 구성에 속하는 복합조사다. 그렇지만 논의의 편의를 위하여 이곳에서 다룬 것이다.

며, 후자는 (4ㄴ)의 극단적 선택과 의미적 관련성을 가진다. (5)의 접
속어미 '-아도'는 (4)의 '이라도'에 포함된 '-아도'와 동류의 것이
라고 할 수 있다.

    (6) ㄱ. 뉘라서 그 숭고한 뜻을 잊으랴.
        ㄴ. 공휴일이라서 도로가 한산하다.

  (6)은 이유나 근거를 나타내는 보조사 '이라서'의 용법을 보여 준
다. (6ㄱ)에서처럼 '이라서'가 부정대명사 '뉘'와 결합할 때는 상당히
굳어진 표현으로서 주로 수사 의문문으로만 쓰인다. (6ㄴ)은 접속어
미 '-라서'의 용법과 구분하기 어려운 면이 있다.[8] 이 책에서는 통
합 환경의 변화를 중시하여 보조사로 처리하는 입장을 따른다.

    (7) ㄱ. 저는 기독교 신자라서 술을 안 마십니다.
        ㄴ. 눈이 와서 길이 미끄럽다.

  (7ㄱ)은 선행절이 주술 구조를 갖추고 있기 때문에 (6ㄴ)보다 훨씬
분명한 접속어미처럼 보인다. 그러나 이 문장은 '저는 술을 안 마십
니다'라는 타동사 문장에 이유를 나타내는 부사어 '기독교 신자라서'
가 포함된 구성으로 볼 수도 있다. 이렇게 보면 (6ㄴ)과 (7ㄱ)의 '이
라서'가 일관되게 보조사로 처리된다.
  보조사 '이라서'에 나타난 이유나 근거의 의미는 (7ㄴ)의 밑줄 친
접속어미 '-아서'의 의미와 관련성을 보인다. 이것은 보조사 '이라
서'가 통사적 구성 '이라 하여서'로부터 융합의 과정을 거쳐 이루어
진 것으로 추정할 수 있게 해 준다.

---

8) 『표준국어대사전』과 『한국어문법2』에서는 이때의 '-라서'를 계사 어간에 통
  합한 접속어미로 본다.

(8) ㄱ. 짐<u>이라야</u> 손가방이 전부이다.

  ㄴ. 건강한 자에게는 의원이 쓸데없고 병든 자<u>에게라야</u> 쓸 데 있느니라(막 2: 17)

(8ㄱ)의 밑줄 친 '이라야'는 말해 봤자 대수롭지 않은 것을 지정하는 뜻을 나타낸다. (8ㄴ)의 '이라야'는 꼭 그것임을 지정하는 뜻을 나타낸다. '이라야'는 통사적 구성 '이라 하여야'가 융합한 형식으로 볼 수 있으며, 부사격 조사와 접속어미로 이루어진 '이라+-아야'의 구성으로 분석할 수 있다.

(9) ㄱ. 아무리 좋<u>아야</u> 그림의 떡이다.

  ㄴ. 호랑이 굴에 가<u>야</u> 호랑이를 잡는다.

(9)는 접속어미 '-아야'의 용법을 보여 주는데, (9ㄱ)은 '-아 봤자'의 뜻을 나타내고, (9ㄴ)은 필수적 조건의 뜻을 나타낸다. (9ㄱ)의 '좋아 봤자'의 뜻은 (8ㄱ)의 '짐이라고 해봤자'의 뜻과 관련성을 가진다. (9ㄴ)에서는 '호랑이 굴에 가는 것'이 필수조건으로 제시되었는데, (8ㄴ)에서는 '병든 자라야 함'이 필수조건으로 제시되었다. 이와 같이 (9)의 접속어미 '-아야'도 (8)의 '이라야'에 포함된 '-아야'와 같은 것이라고 할 수 있다.

4) 이라면¹, 이라면², 이랍시고

'이라면'과 '이랍시고'도 부사격 조사와 접속어미가 결합한 것이다.

(10) ㄱ. 낚시<u>라면</u> 자다가도 일어난다.

  ㄴ. 이 집은 북향이라는 게 흠<u>이라면</u> 흠이다.

(10ㄱ)의 '이라면¹'은 '-에 대하여 말하면'의 뜻으로 선행 체언을 강조하는 보조사이다. (10ㄴ)의 '이라면²'은 동일 명사를 반복하는 강조의 나열 접속조사이다. 여기에 쓰인 '이라면'은 통사적 구성인 '이라 하면'이 융합되어 '이라면'을 형성한 것으로 보고, '이라+-면'의 구성으로 파악한다.

(11) ㄱ. 날씨가 맑<u>으면</u> 소풍을 가자.
　　 ㄴ. 꼬리가 길<u>면</u> 밟힌다.

(11ㄱ)은 가정적 조건의 접속어미 '-면'이 쓰인 예이며, (11ㄴ)은 후행절의 내용에 대한 근거의 뜻을 나타내는 '-면'의 쓰임을 보여 준다. (11ㄱ, ㄴ)의 '가정, 조건, 근거' 등의 의미가 (10)에서도 발견 된다. 여기서도 '이라면'에 포함된 '-면'을 접속어미 '-면'과 동류의 것임을 확인할 수 있다.

선행 체언에 '얕잡음'의 뜻을 더하는 보조사 '이랍시고'에 대하여 살펴보자.

(12) ㄱ. 형이 사업<u>이랍시고</u> 하다가 전 재산을 다 날렸다.(문법2)
　　 ㄴ. 형이 사업을 하였다.
　　 ㄷ. 형이 전 재산을 다 날렸다.

(12ㄱ)은 (12ㄴ)과 (12ㄷ)의 두 문장으로 이루어진 겹문장이다. (12ㄴ)이 부사절이 되어 (12ㄷ)에 안겨 있는 것이다. (12ㄴ)에서 '사업'은 목적어로서 목적격 조사를 취하고 있지만 (12ㄱ)에서는 보조사 '이랍시고'가 쓰여 '얕잡음' 혹은 '못마땅함'의 의미를 덧보태고 있다.

'이랍시고'는 접속어미 '-으랍시고'와 의미적인 관련성을 맺는다.

(13) 고작 이걸 먹<u>으랍시고</u> 이 많은 사람을 불렀니?

(13)의 밑줄 친 '-으랍시고'에도 차려진 음식을 얕잡거나 못마땅해하는 화자의 태도가 나타나 있다. (13)의 '-으랍시고'는 명령형 종결어미 '-으라'와 '-ㅂ시고'의 결합으로 이해된다. 반면에 (12)의 '이랍시고'는 부사격 조사 '이라'와 '-ㅂ시고'로 분석할 수 있을 것이다. 이때 (12)와 (13)에서 공통적으로 나타난 '얕잡음' 또는 '못마땅함'의 의미는 '-ㅂ시고'가 가진 의미일 것으로 추정된다.

'-ㅂ시고'는 어간에 직접 결합하는 일이 없고 주로 종결어미 뒤에서 '-ㄴ답시고, -는답시고, -답시고'로 쓰인다. 여러 개의 형태소로 이루어진 어미 연속체가 융합하여 종결보조사에 방불한 기능을 하고 있다. 여기서는 일단 어미 연속체로부터 발달한 어미로 보고, '이랍시고'를 부사격 조사 '이라'와 어미 '-ㅂ시고'가 통합한 것으로 해석한다.

5) 이라든가, 이라든지

'이라든가'나 '이라든지'는 어떤 범주에 속하는 항목들을 생각나는 대로 예시하는 나열 접속조사이다.

(14) ㄱ. 애완동물 하면 으레 개라든가 고양이를 떠올린다.
    ㄴ. 바닷가라든지 강가를 거닐다 보면 기분이 좋아진다.(표준)

(14)의 '이라든가'는 애완동물을 생각나는 대로 열거하는 것이며, (14ㄴ)의 '이라든지'는 산책 장소를 열거한 것이라고 볼 수 있다. (14)의 '이라든가'와 '이라든지'에 쓰인 '-든가'와 '-든지'는 예시의 뜻을 가진 접속어미의 용법과 다르지 않다.

(15) ㄱ. 전화를 하<u>든가</u> 메일을 주세요.

ㄴ. 낮에 도적을 맞았<u>든지</u> 밤에 도적을 맞았<u>든지</u>(창 31: 39)

(15ㄱ)의 '-든가'는 연락 가능한 방법들을 예시한 것이고, (15ㄴ)의 '-든지 -든지'는 도둑맞은 일을 예시한 것이라고 할 수 있다.

'이라든가'는 부사격 조사 '이라'를 포함한 통사적 구성 '이라#하든가'가 융합의 과정을 거쳐 형태적 구성 '이라든가'가 된 것으로 보고, 부사격 조사와 접속어미로 이루어진 '이라+-든가'로 분석한다.

3. 계사의 활용형

계사 어간 '이-'에 어미가 통합한 구성이 복합조사로 발달한 예들이 상당수 있다. 이때 어미는 대부분 접속어미이며, 드물게는 종결어미나 전성어미인 경우도 있다. 계사 활용형 복합조사는 이규호(2001: 94)에서 18개 항목이 제시되었으나 이중 부사격 조사 '이라'를 포함한 것을 제외하면 11개 항목에 지나지 않았다. 그러나 후속 연구를 통하여 계속 추가되어 현재는 이 책에서만도 43개 항목을 확보하고 있다. 계사 활용형 복합조사는 아직 발견되지 않은 것과 계속 조사화가 진행 중인 것을 감안할 때 앞으로도 계속하여 그 수가 증가할 것으로 예상된다.

계사 활용형 복합조사의 구성성분은 계사 어간인 선행 성분과 어미인 후행 성분으로 분석되므로, 어미의 종류에 따라 고찰하기로 한다.

1) ''이-'＋접속어미'의 구성

계사 활용형 복합조사의 대부분이 이 유형에 속한다. 이들은 접속조사이거나 보조사이다. 접속어미를 후행 성분으로 가지는 복합조사는 모두 37개 항목인데 이들을 접속조사와 보조사로 나누어 제시하면 다음과 같다.

    (1) 접속조사
        이거나, 이건, 이고^1, 이고^2, 이나^2, 이니, 이든, 이든가, 이든지, 이랴,
        이며^1, 이며^2, 이면^1, 이면서, 이요^1, 이요^2, 이자(17개)
    (2) 보조사
        이거든, 이기로, 이기로서, 이기로서니, 이나마, 이니만치, 이니만큼,
        이러니, 이로서니, 이면^2, 인들, 이런들, 인즉, 인즉슨, 일러니, 일망
        정, 일수록, 일지라도, 일지언정, 일진대(20개)

계사 활용형의 복합조사는 접속조사와 보조사가 양적으로 균형을 이루고 있는 것을 볼 수 있다. 이들을 차례로 논의하기로 한다.

(1) 접속조사류

대등 접속조사는 나열, 선택, 대조의 세 종류로 나뉜다. 계사 활용형의 접속조사들은 모두 나열 접속조사에 해당한다. 나열 접속조사들은 하위 의미 범주에 따라 나눌 수 있는데, 동일 범주에 속하는 것들끼리 묶으면 다음과 같다.

    (3) ㄱ. 이니, 이랴, 이며^1, 이요^1
        ㄴ. 이고^1, 이면^1
        ㄷ. 이고^2, 이며^2, 이면서, 이요^2, 이자

ㄹ. 이거나, 이건, 이나², 이든, 이든가, 이든지

(3ㄱ)은 예시의 뜻을 가진 나열 접속조사들이다. (3ㄴ)의 '이고¹'는 마찬가지의 뜻을 가지고, '이면¹'은 강조의 뜻을 가진다. (3ㄷ)은 동시의 뜻으로 두 접속항을 묶는 나열 접속조사들이다. (3ㄹ)은 상관없음의 뜻으로 접속항들을 나열하는 것들이다.

① 이니, 이랴, 이며¹, 이요¹

대등한 접속항들을 생각나는 대로 예시하는 기능을 가진 나열 접속조사들을 살펴보자.

(4) ㄱ. 떡{이니 / 이랴 / 이며 / 이요} 과일{이니 / ……} 잔뜩 먹었다.
ㄴ. 콩{이니 / ?이랴 / ?이며 / 이요} 팥{이니 / ……} 말이 많았다.

(4)는 예시의 뜻으로 같은 자격의 접속항을 나열한 경우이다. 접속조사에 의하여 묶인 접속 명사구 다음에는 (4ㄴ)의 '말'과 같은 상위어가 뒤따른다. (4ㄱ)에서는 접속 명사구 다음에 목적어 '음식'이 생략되어 있다.

(4ㄱ)과 (4ㄴ)은 같은 기능을 가진 접속조사라 할지라도 교체 가능성에서 차이가 있음을 보여 준다. 이것은 '콩이니 팥이니'가 관용성을 획득한 데서 비롯한 현상이 아닌가 한다. '콩이야 팥이야 한다'라는 속담에 쓰인 접속조사 '이야 이야'도 예시의 나열 접속조사다. 이 접속조사에 의하여 형성된 접속 명사구 '콩이야 팥이야'는 관용 표현으로서 '이러쿵저러쿵'의 의미를 가진다. 이러한 부사적 용법으로 해석 가능한 경우에만 다른 접속조사로 교체될 수 있는 것이 아닌가 한다.9)

---

9) 이규호(2006ㄱ: 189)는 예시의 기능을 가진 나열 접속조사로 13개 항목을 제시하고 있다. 이들이 용법상 어떤 차이를 가지는지에 대한 고찰이 필요해 보인다.

(4)에 제시한 접속조사들의 후행 성분은 접속어미 '-으니, -으랴, -으며, -요'와 관련성을 가진다.

(5) ㄱ. {미우니 고우니 / *미우며 고우며} 해도 남편이 최고다.
    ㄴ. {*오니 가니 / 오며 가며} 만난 사람
(6) ㄱ. 학교 가랴 일하랴 눈코 뜰 새 없이 바쁘다.
    ㄴ. 이것은 소요 저것은 말이다.

(5)와 (6)은 나열 기능을 가진 접속어미의 용법을 보인 것이다. (5)의 예들은 상반된 뜻을 가진 용언을 접속한 반면, (6)은 단순한 나열이라는 점에서 차이난다.

(5ㄱ)과 (5ㄴ)은 반복형 접속어미가 교체 가능성에서 차이가 남을 보여 준다. (5ㄱ)의 '미우니 고우니'는 말하는 모습을 흉내 낸 '이러쿵저러쿵'에 가깝다면, (5ㄴ)의 '오며 가며'는 행동하는 모습을 뜻하는 '이래저래'의 뜻에 가깝다. 이러한 용법의 차이로 인하여 서로 교체되기 어려운 것이 아닌가 한다.

(6ㄱ)은 눈코 뜰 새 없이 바쁜 이유를 하나씩 예시한 것이라고 볼 수 있다. 이때의 '-으랴'는 '떡이랴 과일이랴' 할 때의 '-으랴'와 다르지 않다. 그러나 '이랴'는 계사 어간과 결합하여 복합조사로 바뀌었다. 따라서 복합조사 '이랴 이랴'는 계사 어간과 반복형 접속어미 '-랴 -랴'로 이루어진 것이라고 할 수 있다.

(6ㄴ)의 '-요'는 '이다, 아니다' 어간과만 통합한다는 점에서 여느 반복형 접속어미와는 다른 분포를 보인다. (6ㄴ)의 '-요'는 가까운 곳에 있는 동물부터 하나씩 열거하는 기능을 갖는다. '떡이요 과일이요' 할 때의 '-요'와 크게 다르지 않다고 할 수 있다. 그러나 접속 명사구를 형성하는 '이요 이요'는 접속조사로 처리되며, 계사 어간과 반복형 접속어미 '-요 -요'의 결합형이라고 할 수 있다.

② 이고¹, 이면¹

반복형 '이고 이고'는 두 접속항을 마찬가지의 뜻으로 묶는 나열 접속조사이며, 단독형 '이면'은 동일 명사를 묶어서 강조의 뜻을 드러내는 나열 접속조사이다.

    (7) ㄱ. 기쁨<u>이고</u> 슬픔<u>이고</u> 느낄 마음의 여유가 없다.
        ㄴ. 바울의 목회서신은 한 개인에게 쓰는 편지가 아니라 고린도<u>면</u> 고린도, 에베소<u>면</u> 에베소, 이렇게 한 지역 구성원 전체에게 쓰는 경우가 대분이다.

(7ㄱ)의 'A이고 B이고'는 'A도 B도 마찬가지'라는 뜻으로 명사를 나열한 것이다. 반면에 (7ㄴ)의 'A이면 A, B이면 B'는 접속조사에 의하여 만들어진 접속 명사구들 '고린도면 고린도', '에베소면 에베소'가 나열된다는 특징을 보인다.

(7ㄱ)의 '이고 이고'는 반복형 접속어미 '-고 -고'와 관련 있고, (7ㄴ)의 '이면'은 접속어미 '-으면'과 관련 있다.

    (8) ㄱ. 너무 기뻐서 울고 웃고 한다.
        ㄴ. 예를 들면 / 말하자면……

(8ㄱ)의 '-고 -고'는 동질적인 행동을 나열하는 것이다. 이것은 같은 자격을 가진 명사를 나열하는 '기쁨이고 슬픔이고'의 '이고 이고'와 다르지 않다는 것을 보여 준다.

(8ㄴ)의 '-으면'은 뒤따르는 내용을 설명하는 뜻을 나타내는 접속어미다. '예를 들면'은 '만약 예를 들어 설명하면'의 뜻을 가지며, (7ㄴ)의 '고린도면'은 '만약 예를 들어 고린도라고 하면'의 뜻을 가진다. '-으면'과 '이면'의 '면'이 의미적인 상관성을 가지는 것을 알 수 있다.

'이고 이고'는 계사 어간과 반복형 접속어미 '-고 -고'의 결합형으로, '이면'은 계사 어간과 접속어미 '-으면'의 결합형으로 해석한다.

③ 이고², 이며², 이면서, 이요², 이자

나열 접속조사들 중에는 'A이고 B'와 같이 두 접속항을 동시의 뜻으로 묶는 것들이 있다. 여기에 해당하는 접속조사들은 단독형으로 쓰이며 두 개의 접속항만을 나열한다. 그리고 'A이면서 동시에 B'라는 뜻을 나타내게 된다.

(9) ㄱ. 아이들은 노는 것이 일<u>이고</u> 권리다.
ㄴ. 나의 기쁨<u>이며</u> 축복은 바로 당신입니다.
ㄷ. 박수근, 박성남, 박진흥. 이 세 사람의 공통점은 화가<u>이면서</u> 장남이라는 것이다.
ㄹ. 그때는 그저 참는 것이 미덕<u>이요</u> 숙명이었다.
ㅁ. 유신의 친구<u>이자</u> 매제인 김춘추.

동시의 나열 접속조사에 의하여 만들어진 접속 명사구는 서술어로 쓰이는 일이 많다. (9ㄱ)의 '일이고 권리', (9ㄷ)의 '화가이면서 장남', (9ㄹ)의 '미덕이요 숙명'이 그런 것들이다. 한편 (9ㄴ)의 '기쁨이며 축복'은 주어로 쓰였고, (9ㅁ)의 '친구이자 매제'는 뒤따르는 명사 '김춘추'와 종속적인 관계로 묶여 더 큰 명사구를 만들고 있다. 여기에 사용된 접속조사들은 동시성을 나타내는 접속어미 '-고, -으며, -으면서, -요, -자'와 관련을 맺는다.

(10) ㄱ. 비를 맞{-고 / -으며 / -으면서} 걸었다.
ㄴ. 뒤에는 적군<u>이요</u> 앞은 바다였다.
ㄷ. 까마귀가 날<u>자</u> 배가 떨어졌다.

(10)은 동시적인 관계로 앞뒤 절을 잇는 접속어미들을 보인 것이다. (10ㄱ)의 '-고, -으며, -으면서'는 서로 교체되어 쓰일 수 있는 반면, (10ㄴ, ㄷ)의 '-요, -자'는 약간 성격이 다르다. '-요'는 '이다, 아니다'의 어간과만 통합하며, 여기서는 '앞의 상황에 더하여' 또는 '설상가상으로'의 뜻을 담고 있다. (10ㄷ)의 '-자'는 앞의 행위가 끝나자마자 곧바로 뒤의 행위가 이어지는 것을 나타낸다. 여기서는 까마귀의 비상(飛上)과 배의 추락이 거의 동시에 일어났음을 표현한 것이다.

이와 같이 동시적 관계로 앞뒤 절을 잇는 접속어미 '-고, -으며, -으면서, -요, -자'는 동시의 뜻으로 명사를 나열하는 접속조사 '이고, 이며, 이면서, 이요, 이자'와 의미적인 관련성을 맺는다. 이들 접속조사의 구성성분은 계사의 어간과 접속어미로 분석된다.

④ 이거나, 이건, 이나², 이든, 이든가, 이든지

어느 것이 선택되더라도 상관없음의 뜻으로 두 접속항을 묶는 선택 접속조사들에 대해서 살펴보자.

> (11) ㄱ. 기쁜 일이거나 슬픈 일이거나 함께합시다.
> ㄴ. 전철이나 버스를 타세요.
> ㄷ. 노벨상 수상자들의 삶은 긍정적이든 부정적이든 극적으로 변한다고 한다.
> ㄹ. 사과든가 배든가 아무거나 골라라.
> ㅁ. 봄이든지 가을이든지 시골에 한번 다녀오자.

(11)의 예들은 두 접속항 중 어느 것이 선택되더라도 상관없다는 뜻으로 쓰이는 접속조사들이다. (11ㄱ)의 '이거나 이거나'는 준말인 '이건 이건'으로도 쓰인다. (11ㄴ)의 '이나'는 단독형이라는 점에서

다른 것들과는 구별된다.10)

선택 접속조사들은 대립적인 의미의 용언을 잇는 반복형 접속어미 '-거나 -거나, -나 -나, -든 -든, -든가 -든가, -든지 -든지'와 의미적인 관련성을 맺는다.

    (12) ㄱ. 믿<u>거나</u> 말<u>거나</u> 사실대로 말해라.
        ㄴ. 자<u>나</u> 깨<u>나</u> 불조심.
        ㄷ. 가진 것이 많<u>든</u> 적<u>든</u> 만족하며 살자.
        ㄹ. 하<u>든가</u> 말<u>든가</u> 내버려 둬라.
        ㅁ. 살<u>든지</u> 죽<u>든지</u> 주 뜻대로 하소서.

(12)는 반복형 접속어미가 반의어를 묶어서 동사구를 이룬 예들이다. (12ㄱ, ㄹ)에서는 두 번째 동사 자리에 '말다'를 썼는데, 각각 '믿지 않다', '하지 않다'의 뜻으로 쓴 것이다. 이들은 '-거나 말거나' 또는 '-든가 말든가'로 굳어져 가고 있다.

(12)의 밑줄 친 용례들은 한결같이 어느 것이 선택되더라도 상관없음을 뜻한다. 이들은 (11)에서 상관없음의 뜻으로 접속 명사구를 만드는 선택 접속조사들과 의미적으로 관련됨을 알 수 있다. 선택 접속조사들은 계사 어간과 반복형 접속어미 '-거나 -거나, -나 -나, -든 -든, -든가 -든가, -든지 -든지'로 이루어진 것이라고 할 수 있다.

(2) 보조사류

계사 활용형 복합조사 중 보조사류에 속하는 20개 항목을 다루기로 한다. 논의의 편의를 위하여 몇 개씩 묶어서 제시한다.

---

10) 반복형으로 쓰이는 '이나 이나'는 마찬가지의 뜻인 나열 접속조사다. 예) 밤<u>이나</u> 낮<u>이나</u>……

(13) ㄱ. 이거든, 이나마, 이면², 이러니, 일러니
　　ㄴ. 이기로, 이기로서, 이기로서니, 이로서니, 이니만치, 이니만큼
　　ㄷ. 인들, 인즉, 인즉슨
　　ㄹ. 일망정, 일수록, 일지라도, 일지언정, 일진대

(13)에서 제시한 보조사류도 계사 어간과 접속어미의 결합형일 것으로 예상된다. 이들을 차례차례 검토해 보기로 하자.

① 이거든, 이나마, 이면², 이러니, 일러니

그럴 것으로 인정함을 뜻하는 보조사 '이거든', 아쉬운 대로 인정함을 뜻하는 보조사 '이나마', 시간적 배경을 뜻하는 '이면²'에 대하여 살펴보자.

(14) ㄱ. 의심스러운 사람<u>이거든</u> 부리지를 말고 부리는 사람<u>이거든</u> 의심하지를 말라.
　　ㄴ. 반찬 없는 밥<u>이나마</u> 많이 드세요.
　　ㄷ. 겨울<u>이면</u> 어김없이 찾아오는 유행성 독감.

(14ㄱ)의 밑줄 친 '이거든'은 그것과 연결된 선행 명사구의 지시 내용과 청자의 생각이 일치하는지를 따진다. '이거든'은 '만약 선행 명사구의 조건과 일치한다면'의 뜻으로 앞의 말에 붙는 것이다.

(14ㄴ)의 밑줄 친 '이나마'도 일종의 조건이다. 그것은 선택할 수 있는 조건이 아니라 마음에는 차지 않으나 아쉬운 대로 받아들여야 할 조건이다.

(14ㄷ)의 밑줄 친 '이면²'에서도 일반적인 조건의 의미가 느껴진다. 그러나 시간 명사와 결합하는 이와 같은 환경에서는 시간적 배경을 제시하는 뜻으로 쓰이는 것을 볼 수 있다.

(14)에서 제시한 보조사들은 접속어미 '-거든, -으나마, -으면'과 의미적인 상관성을 갖는다.

(15) ㄱ. 목숨이 아깝<u>거든</u> 썩 물러 섰거라!
　　 ㄴ. 늦었<u>으나마</u> 축하드립니다.
　　 ㄷ. 겨울이 오<u>면</u> 나무들도 성장을 멈춘다.

(15ㄱ)의 밑줄 친 '-거든'은 '그럴 것으로 인정된다면'의 뜻으로 쓰이고 있다. (15ㄴ)의 '-으나마'는 마음에는 차지 않으나 받아들일 수밖에 없는 조건을 나타낸다. (15ㄷ)의 '-으면'은 일반적인 조건의 뜻을 나타내고 있다.

(15)에서 보인 접속어미의 뜻이 (14)의 보조사에서도 발견된다. 그것은 접속어미들이 복합조사의 구성성분으로 참여하고 있음을 보여 주는 것이다. '이거든, 이나마, 이면[2]'은 계사 어간과 접속어미 '-거든, -으나마, -으면'으로 이루어진 복합조사라고 할 수 있다.

'이러니'와 '일러니'는 예스러운 표현으로서 대립적인 사실을 표현하는 데 쓰이는 보조사들이다.

(16) ㄱ. 엊그제 홍안 젊은<u>이러니</u> 하마 백발이 날리는구료!
　　 ㄴ. 장군감<u>일러니</u> 아깝게도 요절하고 말았구나.(이상 이희자·이종희 1999: 283, 214)

(16)의 '이러니'와 '일러니'는 과거 사실과 현재 사실의 대비를 통하여 화자 자신의 아쉬움 내지는 안타까움을 표현하고 있다. 이때 과거 사실은 긍정적 가치를 가지는 반면 현재 사실은 그것과 상반된 부정적 가치를 띠게 된다.

'이러니'와 '일러니'는 예스러운 표현에 쓰이는 접속어미 '-러니, -ㄹ러니'와 관련된다.

(17) ㄱ. 본성은 악인이 아니<u>러니</u> 험한 세월이 그를 망쳤구려.

ㄴ. 줄곧 까닭을 모를<u>러니</u> 이제야 알겠다.(이상 이희자 · 이종희 1999: 283, 214)

(17)의 접속어미 '-러니, -ㄹ러니'는 예스러운 표현일 뿐만 아니라 '이다, 아니다' 어간과만 결합하는 제약을 갖는다. 이렇게 제약적인 접속어미는 선행하는 계사 어간과 결합하여 조사로 발달할 가능성이 커진다.

(17)에서 사용된 접속어미 '-러니, -ㄹ러니'도 과거의 긍정적 가치를 가지는 사건과 현재의 부정적 가치를 가지는 사건을 대조하는 데 쓰인 것을 알 수 있다. 복합조사 '이러니, 일러니'는 계사 어간과 접속어미 '-러니, -ㄹ러니'의 결합으로 이루어진 것임을 알 수 있다.

② 이기로, 이기로서, 이기로서니, 이로서니, 이니만치, 이니만큼

양보의 뜻을 나타내는 보조사 '이기로'는 '이기로서'의 준말, '이기로서'는 '이기로서니'의 준말로 볼 수 있다. '이기로서니'와 '이로서니'는 동의관계를 이루며, '이니만치'와 '이니만큼'도 같은 관계이다.

(18) ㄱ. 아무리 인정머리 없는 사람<u>이기로</u> 이렇게 야박할 수가 있나?

ㄴ. 아무리 좋은 곳<u>이기로서</u> 내 집만 할까?

ㄷ. 아무리 양반<u>이기로서니</u> 체면만 차리고 있을 순 없지 않은가?

ㄹ. 아무리 천재<u>로서니</u> 이 문제야 풀 수 없지.

(18)의 용례들은 '아무리 X이기로(서)(니)' 또는 '아무리 X이로서니'의 용법을 보여 준다. (18)의 밑줄 친 보조사들은 호응 부사 '아무리'와 어울려 쓰이는 것이 가장 일반적인 용법임을 알 수 있다. 이들 보조사들은 접속어미 '-기로(서)(니)' 및 '-로서니'와 관련을 맺는다.

(19) ㄱ. 아무리 바쁘<u>기로</u> 밥 먹을 시간조차 없을까?

ㄴ. 아무리 허리가 굵<u>기로서</u> 하마만 할까?

ㄷ. 아무리 가난하<u>기로서니</u> 남의 물건에 손댈 수야 없지요.

ㄹ. 아무리 내 일이 아니<u>로서니</u> 어찌 보고만 있겠는가?

(19)는 '아무리 그렇다고 하더라도'의 뜻을 가진 접속어미들의 용법을 보인 것이다. '-기로(서)(니)' 또는 '-로서니'가 호응 부사 '아무리'와 함께 쓰여 양보의 뜻을 강조하는 표현이다.

여기에 사용된 접속어미들은 (18)의 보조사들과 의미적인 관련성을 갖는 것을 알 수 있다. (18)의 보조사들은 계사 어간과 양보의 접속어미 '-기로(서)(니)' 또는 '-로서니'가 통합한 것이다.

'이니만치'와 '이니만큼'은 이유나 근거를 나타내는 보조사들이다.

(20) ㄱ. 당사자들의 말<u>이니만큼</u> 사실일 가능성이 크다.

ㄴ. 그 사람은 정직하<u>니만큼</u> 믿을 수 있다.

(20ㄱ)은 근거를 나타내는 보조사적 용법을 보여 주며, (20ㄴ)은 같은 의미로서 접속어미의 용법을 보여 준다. (20ㄱ)의 '이니만큼'은 '이니만치'로, (20ㄴ)의 '-니만큼'은 '-니만치'로 바꿔 쓸 수 있다.

(20)의 밑줄 친 용례들은 뒤따라 나올 내용의 근거를 나타낸다는 점에서 의미 기능상의 공통점이 발견된다. 보조사 '이니만큼'이나 '이니만치'는 계사 어간에 접속어미 '-으니만큼'이나 '-으니만치'가 통합한 구성으로 볼 수 있을 것이다.

③ 인들, 이런들, 인즉, 인즉슨

'인들'과 '이런들'은 '-라고 할지라도'의 뜻을 가진 보조사이다. '인즉슨'은 '으로 말하자면'의 뜻을 가진 보조사이며, '인즉'은 그것의

준말이라고 할 수 있다.11)

> (21) ㄱ. 네 얼굴을 꿈엔들 잊을쏘냐.
>   ㄴ. 꿈에런들 너를 잊었겠니?(이상 표준)

(21)은 『표준국어대사전』에서 가져온 것인데, (21ㄱ)은 '라고 할지라도'의 뜻을 가진 보조사요, (21ㄴ)은 같은 뜻을 가진 접속어미로 기술된다. 그러나 (21ㄱ)의 '인들'과 (21ㄴ)의 '이런들'은 그것과 통합한 부사어의 위치가 목적어의 뒤냐 앞이냐의 차이뿐 범주가 다른 형태소라고 보기는 어렵다. '인들'과 '이런들'은 유의관계를 가지는 형태소로 볼 수 있을 것이다.

'인들' 및 '이런들'은 양보의 접속어미 '-은들', '-런들'과 관련된다.

> (22) ㄱ. 겉이 검은들 속조차 검을쏘냐.(표준)
>   ㄴ. 그놈이 제아무리 장사이런들 산을 들어 옮겼겠느냐?

(22)는 양보의 뜻을 나타내는 접속어미 '-은들, -런들'의 용법을 보인 것이다. '-런들'은 '이다, 아니다'의 어간과만 결합하는 통합상의 제약을 갖는다. (22)의 밑줄 친 용례들은 수사 의문문의 양보절을 이룬다는 점에서 보조사 '인들, 이런들'과 유사성을 보인다. 보조사 '인들, 이런들'은 계사 어간에 접속어미 '-은들, -런들'이 통합한 것으로 볼 수 있을 것이다.

'인즉슨'은 '으로 말하자면'의 뜻으로 어떤 얘기를 꺼내거나 다 듣고 났을 때 쓰는 보조사이다. '인즉'은 '인즉슨'의 준말이다.

---

11) 『표준국어대사전』에서는 '인즉'을 강조한 말이 '인즉슨'이라고 본다. 그러나 '이기로, 이기로서, 이기로서니'의 관계처럼 제일 긴 형을 기본형으로 정하고 나머지는 준말로 처리하는 것이 낫다고 본다.

(23) ㄱ. 사건의 내막<u>인즉슨</u> 이렇다.

　　ㄴ. 말씀<u>인즉</u> 지당하십니다.

(23ㄱ)의 '인즉슨'은 앞으로 할 이야기를 뜻하며, (23ㄴ)의 '인즉'은 지금까지 들은 상대방의 이야기를 가리킨다. 여기에 쓰인 보조사는 근거나 이유를 나타내는 접속어미 '-은즉슨, -은즉'과 관련된다.

(24) ㄱ. 사유를 물<u>은즉슨</u> 자초지종을 말하였다.

　　ㄴ. 알고 <u>본즉</u> 그는 잘못이 없었다.

(24ㄱ)의 '-은즉슨'은 화자가 듣게 될 상대방의 이야기와 관련되며, (24ㄴ)의 '-은즉'은 상대방으로부터 들은 이야기 혹은 화자 자신이 조사하여 알게 된 일과 관련된다.

접속어미 '-은즉(슨)'의 용법과 의미 기능은 보조사 '-인즉(슨)'의 그것과 밀접한 관련성을 맺고 있음을 확인할 수 있다. 보조사 '-인즉(슨)'은 계사 어간과 접속어미 '-은즉(슨)'이 통합한 것으로 볼 수 있을 것이다.

④ 일망정, 일수록, 일지라도, 일지언정, 일진대

'일망정, 일지라도, 일지언정'은 양보의 뜻을 나타내는 보조사들이며, '일수록, 일진대'는 조건의 뜻을 나타내는 보조사들이다. 양보의 뜻을 가진 것들부터 살펴본다.

(25) ㄱ. 그는 남의 일<u>일망정</u> 그저 지나치는 일이 없다.

　　ㄴ. 처음 만난 사람<u>일지라도</u> 몇 마디를 들어 보면 그 사람의 인격을 알 수 있다.

　　ㄷ. 아무리 하찮은 사람<u>일지언정</u> 자존심은 있게 마련이다.

(25)의 밑줄 친 용례들은 '앞의 체언이 가리키는 내용을 인정하더라도'의 뜻을 나타내는 보조사들로 볼 수 있다. '일망정, 일지라도, 일지언정'은 접속어미 '-을망정, -을지라도, -을지언정'으로부터 발달한 복합조사일 것으로 추정된다.

(26) ㄱ. 비록 실패할망정 포기하지는 않는다.
ㄴ. 겉은 약할지라도 속은 강하다.
ㄷ. 굶을지언정 구걸은 않겠다.

(26)의 밑줄 친 접속어미들은 '앞의 사실을 인정하더라도 그러나'의 뜻으로 대립적인 앞뒤의 절을 잇고 있다. 이들은 (25)에 쓰인 보조사들과 의미적 관련성을 맺고 있음을 알 수 있다. 보조사 '일망정, 일지라도, 일지언정'은 계사 어간과 접속어미 '-을망정, -을지라도, -을지언정'이 통합한 구성으로 볼 수 있을 것이다.
조건의 뜻을 가진 보조사 '일수록'과 '일진대'를 살펴보자.

(27) ㄱ. 명검일수록 칼집이 좋다.
ㄴ. 이 나라를 위한 일일진대 내 무엇을 못할쏜가?

(27)의 밑줄 친 '일수록'과 '일진대'는 그것이 결합한 선행 체언이 지시하는 내용을 조건으로 한다는 점에서 공통적이다. (27ㄱ)은 '그러한 조건이 갖추어질수록'의 뜻을 가지며, (27ㄴ)은 '그러한 조건이 갖추어지기만 하면'의 뜻을 가진다고 볼 수 있다.
(27)의 보조사들은 접속어미 '-을수록, -을진대'와 관련된다.

(28) ㄱ. 읽을수록 재미가 더하는 책이 있다.
ㄴ. 건강할진대 무슨 일을 못하랴.

(28ㄱ)의 '-을수록'은 '선행 동작이 더해 감에 따라'의 뜻을 나타
내며, (28ㄴ)의 '-을진대'는 '선행 상태가 조건으로 갖추어지기만 하
면' 또는 '갖추어졌으니'의 뜻을 나타낸다.

　(28)에 제시한 접속어미들의 용법과 의미 기능은 (27)의 보조사에
서도 발견된다. 복합조사 '일수록, 일진대'는 계사 어간과 접속어미
'-을수록, -을진대'가 통합한 것으로 볼 수 있다.

2) ''이-'+종결어미'의 구성

　계사의 어간과 종결어미가 통합한 구성이 복합조사로 발달한 예들
을 다루기로 한다. 여기에 속하는 복합조사들은 '이라^1, 이라^2'를 제
외하면 모두 대등 접속조사들인데, 접속관계에 따라서 나열, 선택,
대조의 관계로 나누어 제시한다.

　(29) ㄱ. 이라^1, 이라^2, 이라^3, 이라^4,
　　　　ㄴ. 이네^1, 이다, 입네
　　　　ㄷ. 인가, 인지
　　　　ㄹ. 이네^2, 이냐

　(29ㄱ)은 부사격 조사, (29ㄴ)은 예시의 나열 접속조사, (29ㄷ)은 불
확실함의 선택 접속조사, (29ㄹ)은 상반됨의 대조 접속조사이다. 접속
조사들은 모두 반복형으로 쓰이며, 주로 두 개의 접속항을 묶는 데
쓰인다는 공통점을 보인다. (29)의 예들을 차례대로 살펴보기로 하자.

(1) 이라^1, 이라^2, 이라^3, 이라^4,

　'이라'는 공시적으로 '이라고' 또는 '이라서'의 준말로 해석된다.

(30) ㄱ. 흑산도 바다에서 잡히는 홍어를 '흑산 홍어'라 부르며 최
　　　고로 친다.
　　ㄴ. 출입문에 '관계자 외 출입 금지'라 써 있었다.
　　ㄷ. 밥상이라 차려 왔는데 도무지 먹을 만한 게 없었다.
　　ㄹ. 외진 곳이라 하루에 한 번 뭍으로 나가는 배가 다닌다.

　(30ㄱ)은 '(체언$_1$-이) 체언$_2$-를 체언$_3$-이라고 부르다'의 구성을 보여
주는 것이다. 여기에 쓰인 '이라^1'는 '이라고^1'의 준말이다. (30ㄱ)에
서 목적어 '홍어'는 서술어 '부르다'의 대상이 되며, 필수적 부사어
'흑산 홍어'는 서술어가 지시하는 대상의 구체적 이름이 된다.
　(30ㄴ)의 '이라^2'는 글 인용에 쓰이는 직접 인용격 조사이다. (30
ㄷ)의 '이라^3'는 '기대에 못 미침'을 뜻하는 보조사이다. (30ㄹ)의 '이
라^4'는 이유나 근거를 나타내는 보조사이다.[12]
　'이라'의 한 구성 성분인 '라'는 종결어미로 볼 수 있을 것이다.

　(31) 성은 홍이요, 이름은 길동이라.

　(31)의 밑줄 친 '-라'는 예스러운 표현으로서 '이다, 아니다' 어간
에 결합하는 서술형 종결어미로 볼 수 있을 것이다. 따라서 (30)의
'이라'는 그 기능에 상관없이 계사 어간 '이-'와 종결어미 '-라'가 결
합한 것으로 해석할 수 있다.

---

12) 본말 '이라고'와 준말 '이라'의 관계를 정리해 보면 아래와 같다.

본　말	문법범주	준　말	용　　　례
이라고^1	부사격 조사	이라^1	누가 그를 팔순 노인이라(고) 하겠는가.
이라고^2	인용격 조사	이라^2	그가 나를 보며 "촌놈!"이라(고) 했다.
이라고^3	보조사	이라^3	농사라(고) 지어봤자 빚만 늘었다.
이라서	보조사	이라^4	뉘라(서) 그 깊은 뜻을 헤아릴 수 있으리오.

(2) 이네¹, 이다, 입네

나열 접속조사 '이네¹, 이다, 입네'는 예시의 뜻을 가지고 접속항들을 이어 준다. 이들 접속조사에 의하여 만들어진 접속 명사구는 외형상 인용절처럼 보이기도 한다.

(32) ㄱ. 그를 두고 장관이네 차관이네 하고 하마평이 무성했다.
    ㄴ. 연습이다 레슨이다 해서 통 시간이 없다.
    ㄷ. 그는 무슨 장입네 어디 대표입네 하면서 자기 자랑을 늘어놓았다.

접속 명사구에 뒤따르는 (32ㄱ)의 '하고'와 (32ㄴ)의 '해서' 및 (32ㄷ)의 '하면서'는 인용절을 이끄는 안은문장[상위문]의 인용 동사처럼 보인다. 그런데 직접 인용절이라야 할 접속 명사구는 큰따옴표를 사용하지도 않았고, 종결어미에는 높임법이 실현되지도 않았다.

예시의 나열 접속조사가 사용된 문장은 인용문처럼 보인다는 특징 외에도, 무엇에 대한 예시인지를 보여 주는 그 무엇에 대한 정보가 문장 속에 나타나기도 한다. (32ㄱ)의 '하마평이'가 여기에 해당하며, '장관이네 차관이네'는 하마평의 내용을 예시한 것임을 알 수 있다. (32ㄴ)의 '연습이다 레슨이다'는 문장 속에는 나타나 있지 않으나 '꽉 찬 스케줄'에 대한 예시라고 할 수 있을 것이다. (32ㄷ)의 '무슨 장입네 어디 대표입네'는 자기 자랑을 예시하는 것이다.

(32)의 접속 명사구들이 마치 인용절처럼 보인다는 사실은 여기에 쓰인 복합형 접속조사의 한 구성성분인 '-네 -네'나 '-다 -다' 및 '-ㅂ네 -ㅂ네'가 종결어미일 것이라는 추정을 가능하게 해 준다.

(33) ㄱ. 좋네 싫네 의견이 나뉘었다.
    ㄴ. 쓰다 달다 말이 없다.
    ㄷ. 취직 준비합네 고시 공부합네 하고 책만 사 모았다.

(33ㄱ, ㄴ)은 상반된 뜻을 가진 형용사 어간에 반복형 종결어미 '-네 -네'와 '-다 -다'가 결합한 모습을 보여 준다. (33ㄱ)의 '좋네 싫네'는 '의견'에 대한 예시, (33ㄴ)의 '쓰다 달다'는 '맛'에 대한 예시, (33ㄷ)의 '취직 준비합네 고시 공부합네'는 책을 사 모은 이유나 핑계에 대한 예시를 나타낸다.

예시의 나열 접속조사 '이네 이네, 이다 이다, 입네 입네'는 계사 어간에 반복형 종결어미 '-네 -네, -다 -다, -ㅂ네 -ㅂ네'가 결합한 구성으로 볼 수 있다.

(3) 인가, 인지

선택 접속조사 '인가 인가'와 '인지 인지'는 불확실함의 뜻으로 두 접속항을 잇는다.

> (34) ㄱ. 그 김 사장<u>인가</u> <u>뭔가</u> 하는 작자 말이야.
>   ㄴ. 참<u>인지</u> 거짓<u>인지</u>를 판가름하다.

(34ㄱ)은 화자의 입장에서 김 사장(?)이란 인물이 어떤 사람인지 확실하지 않음을 표현하고 있다. (34ㄴ)에서도 판가름해 봐야 할 대상이 참인지 거짓인지가 현재로서는 불확실함을 나타내고 있다.

(34ㄱ)의 두 번째 접속항에는 첫 번째 접속항과 대등한 '김 부장' 또는 '박 사장' 따위의 명사구가 와야 하지만 여기서는 부정대명사 '뭐'를 사용하여 역시 불확실함을 표현하고 있다. 여기에 쓰인 '인가 뭔가'는 불확실함을 뜻하는 보조사적 용법으로 굳어져 가는 것을 볼 수 있다.

반복형 종결어미 '-ㄴ가 -ㄴ가'와 '-ㄴ지 -ㄴ지'는 불확실한 일을 잇는 데 쓰인다.

(35) ㄱ. 신(神)은 있<u>는가</u> 없<u>는가</u>?

ㄴ. 살았<u>는지</u> 죽었<u>는지</u> 소식도 없다.

이희자·이종희(1999: 83)는 (35ㄱ)에 대하여 둘 중 어느 한 가지를 고르라고 묻는 뜻이라고 하였다. 그러나 신(神)의 존재 여부는 객관적인 답을 요구할 수 있는 성질의 것이 아니므로 불확실한 것임을 표현한다고 보는 것이 옳을 것이다. (35ㄴ)에서도 생사(生死) 여부가 불확실함을 표현하고 있다.

반복형 종결어미 '-ㄴ가 -ㄴ가' 및 '-ㄴ지 -ㄴ지'는 불확실함을 표현한다는 점에서 반복형 접속조사 '인가 인가' 및 '인지 인지'와 일치한다. 따라서 이들 복합조사는 계사 어간과 반복형 종결어미가 통합한 것으로 볼 수 있을 것이다.

(4) 이네², 이냐

대조 접속조사 '이네 이네'와 '이냐 이냐'는 상반된 뜻을 갖는 두 접속항을 잇는다.

(36) ㄱ. 찬성<u>이네</u> 반대<u>네</u> 토론이 한창이다.

ㄴ. 진실<u>이냐</u> 거짓<u>이냐</u>를 둘러싼 의혹

(36ㄱ)은 찬반양론에 대하여, (36ㄴ)은 진위(眞僞) 여부에 대하여 표현하고 있다. 이와 같이 '이네 이네'와 '이냐 이냐'는 대조적 관계를 이루는 두 명사를 접속함으로써 상반된 뜻을 표현하는 데 쓰이는 것을 볼 수 있다.

이들 접속조사의 한 구성성분인 '-네 -네'와 '-냐 -냐'는 반복형 종결어미로 쓰이는 것이다.

(37) ㄱ. 그 부부는 죽네 사네 해도 행복해 보였다.
　　 ㄴ. 그 일을 하느냐 마느냐 하는 결정

(37ㄱ)은 반의 관계를 이루는 두 동사의 어간에 반복형 종결어미 '-네 -네'가 결합하여 상반된 사실을 대조적으로 보여 준다.

(37ㄴ)에서도 상반된 뜻의 두 동사 어간에 반복형 종결어미 '-느냐 -느냐'가 쓰여 대조적 관계를 표현해 준다. 여기서는 '하다' 동사의 짝으로 구체적인 동사 대신 부정동사 '말다'를 썼는데, '-느냐 마느냐'가 상당히 굳어져 접속어미에 가까운 기능을 하는 것을 볼 수 있다.

상반됨을 표현하는 대조 접속조사 '이네 이네'와 '이냐 이냐'는 같은 의미 기능으로 대립적인 용언을 접속하는 반복형 종결어미 '-네 -네'와 '-냐 -냐'가 계사 어간에 통합한 것임을 알 수 있다.

3) ''이-'+전성어미'의 구성

계사 어간에 전성어미가 통합한 구성으로는 '인'이 유일하다. '인'은 주어 명사구를 갖춘 계사문에 통합될 때에는 계사 어간과 관형사형 전성어미로 이루어진 활용형으로 해석되지만 두 개의 명사구를 접속할 때는 접속조사로 해석할 수 있다.

(38) ㄱ. 힘이 장사인 아버지
　　 ㄴ. 목사인 아버지

(38ㄱ)은 관형사절을 안고 있는 명사구이다. 주술 구조를 완전하게 갖춘 계사문 '힘이 장사이-'에 관형사형 전성어미 '-ㄴ'이 통합한 것이다.

(38ㄴ)은 주어 명사구가 생략된 관형사절을 안은 명사구로 해석할

수 있을는지도 모른다. 그러나 이런 환경에서 주어 명사구가 실현되는 일은 절대 없으므로, 이때의 '인'은 두 명사를 접속하고 있는 것으로 해석될 수 있다.

'인'은 종속 접속조사로서 첫 번째 접속항 '목사'가 두 번째 접속항 '아버지'를 설명하는 관계를 이룬다.(이규호 2006ㄷ: 184) 접속조사 '인'은 계사 어간과 관형사형 전성어미 '-ㄴ'이 결합한 구성으로 볼 수 있다.

4. 용언의 활용형

용언의 활용형이 형태가 고정되면서 조사로 발달한 예들이 있다. '부터, 조차' 따위의 '-어'형과 '보고, 치고' 따위의 '-고'형이 대표적인 유형들이다. 전자는 중세국어 시기에 이미 조사로 쓰이던 것들로서 지금은 기원 동사의 의미에서 멀어진 것들인 반면, 후자는 비교적 최근에 조사로 쓰이기 시작한 것들로서 기원 동사의 의미를 어느 정도 가진 것들이라고 할 수 있다. 이와 같은 형성 배경이나 의미적 유연성 등을 고려하여 '부터' 유는 단일조사로 분류하고, '보고' 유는 복합조사로 분류한다.

1) '-고' 통합형

용언의 활용형이 조사화한 것들 가운데 용언 어간과 접속어미 '-고'로 분석되는 것들이 있다. 부사격 조사 '보고', 보조사 '치고', 접속조사 '하고, 하고도'가 그것이다.[13]

---

13) 이것들 이외에 '-고'형 복합조사로서 '가지고, 갖고, 말고'를 더 인정하는

   (1) ㄱ. 누가 누구<u>보고</u> 할 소린데?
      ㄴ. 젊은 사람<u>치고</u> 예의가 바르다.

  (1ㄱ)의 밑줄 친 '보고'는 '한테'나 '더러'의 뜻으로 사용된 것이다. (1ㄴ)의 밑줄 친 '치고'는 '그중에서는 예외적으로'의 뜻을 나타내는 보조사이다. 이들 조사는 각각 그 기원 동사인 '보다'나 '치다'와의 사이에 의미적 유연성을 어느 정도 유지하고 있는 것으로 볼 수 있다.

   (2) ㄱ. 붓<u>하고</u> 먹을 가져오너라.
      ㄴ. 소나무는 잣나무<u>하고</u> 닮은 데가 많다.
      ㄷ. 나<u>하고</u> 같이 일합시다.

  (2ㄱ)은 둘 이상의 사물을 같은 자격으로 이어 주는 접속조사 '하고'의 용법을 보인 것이다. '하고'는 (2ㄴ)에서와 같이 비교격 조사로도 쓰이고, (2ㄷ)에서와 같이 공동격 조사로도 쓰인다. (2ㄱ)의 접속조사 '하고'와 (2ㄴ~ㄷ)의 부사격 조사 '하고'를 다른 것이라고 말하기는 어렵다. (2ㄴ)을 '잣나무하고 소나무하고는 닮은 데가 많다'로 해석해 보거나 (2ㄷ)을 '나하고 당신하고 같이 일합시다'로 해석해 보면, 접속조사 '하고'와의 관련성을 쉽게 찾을 수 있기 때문이다. '하고'는 '하다' 동사와 유연성을 가지므로 '하-+-고'로 분석하는 데 무리가 없다.
  '하고도'는 두 접속항을 첨가의 뜻으로 잇는 나열 접속조사다.(이규호 2006ㄷ: 187~188) 주로 수량어와 함께 쓰여 나이, 날짜, 햇수 따위를 계산하거나 길이, 높이, 깊이 따위의 수치를 계산하는 데 사용된다.

  견해로는 남윤진(1997: 111~116)이 있다. '하고도'는 일차적으로 '하고'와 '도'로 분석되겠으나 '하고' 쪽에서 접속어미 '-고'를 포함하고 있으므로 편의상 여기서 다루기로 한다.

(3) ㄱ. 내 나이 스물<u>하고도</u> 한 살 때

ㄴ. 오늘은 2월<u>하고도</u> 22일 목요일이다.

ㄷ. 길이가 다섯 길<u>하고도</u> 다섯 자다.

(3)은 나이, 날짜, 높이를 표현하는 데 접속조사 '하고도'가 사용된 예들이다. '하고도'는 첫 번째 접속항에 두 번째 접속항을 첨가하는 뜻으로 두 수량사(구)를 접속한다.

'하고도'는 동사의 활용형 '하고'에 더해짐을 뜻하는 보조사 '도'가 통합한 것이다.

2) '-며' 통합형

용언의 활용형 가운데 용언 어간과 접속어미 '-며'로 분석되는 복합조사로는 '하며'가 있다. 기능이나 의미 면에서는 접속조사 '하고'와 밀접하며, '하며'의 '-며'가 반복형 접속어미라는 점에서는 접속조사 '이며'와 관련된다.

(4) 시골에서 쌀<u>하며</u> 무<u>하며</u> 배추<u>하며</u> 보내왔다.(표준)

'하며'는 '하다' 동사와의 유연성을 유지하고 있는 것으로 보이며, '하고'나 '이며'의 분석과 평행하게 '하-+-며'의 구성으로 분석할 수 있다.14)

---

14) '하며'(<ᄒᆞ며)는 16세기 국어에서부터 쓰이기 시작한 것으로서, 매우 긴 역사를 가진 것이지만 아직 단일조사화하지 않은 것으로 본다.

5. '명사+조사'의 구성

명사 '밖'과 부사격 조사 '에'가 통합한 구성이 조사화한 '밖에'가
유일의 예이다.[15]

> (1) ㄱ. 공부<u>밖에</u> 모르는 학생.
> ㄴ. 나를 알아주는 사람은 너<u>밖에</u> 없다.(이상 표준)

(1)의 밑줄 친 '밖에'는 '그것 이외에는'의 뜻을 가진 보조사이다.
'밖에'는 '예상 밖의 일'이라고 할 때의 '밖'(어떤 범위나 한도를 넘
어선 곳)과 의미적 유연성을 유지하고 있다. 그러므로 '밖+에'의 구
성으로 분석하는 데 무리가 없다.

> (2) ㄱ. 집도 없고 절도 없으니 그 추위가 맹혹할 <u>수밖에</u>.(허웅 1995: 1433)
> ㄴ. 힘센 놈이 때리면 맞을<u>밖에</u> 딴 도리가 없지.(연세)
> ㄷ. 얼굴 하나야 / 손바닥 둘로 / 폭 가리지만, // 보고 싶은 마음 / 호수
> 만 하니 / 눈 감을<u>밖에</u>.(정지용, '호수1' 전문)

(2ㄱ)은 후행문의 서술어 '없다'가 생략된 문장이다. (2ㄴ)은 접속
어미 '-ㄹ밖에'의 용례를 보여 주며, (2ㄷ)은 '-ㄹ밖에' 뒤에 따라
와야 할 서술어가 생략됨으로써 '-ㄹ밖에'가 종결어미화하는 모습
을 보여 준다.[16]

(2)에 제시된 용례들은 통사적 구성인 '밖+에'가 조사화한 다음,
계속해서 '조사화 〉 접속어미화 〉 종결어미화'의 방향으로 문법화하고

---

15) 역사적으로는 '대로'나 '처럼'도 '명사+조사'의 구성에서 발달한 것이다.
16) 허웅(1995: 1434)은 '-ㄹ#수밖에#없다 〉 -ㄹ밖에#없다 〉 -ㄹ밖에'와 같
  은 융합 과정을 제시하고 있다.

있음을 보여 주는 것이다.

이상과 같이 현대국어의 복합조사 총 88개 항목의 구성 방식을 유형화하면 다음과 같다.

〈표-5〉 복합조사의 구성 유형과 목록

구성의 유형			복합조사 항목	개수
조사＋조사	부사격 조사＋부사격 조사		게로, 께로, 에로, 에게로, 한테로	5
	부사격 조사＋보조사		로부터, 만치도, 만큼도, 만큼은, 서부터, 에서부터	6
	접속조사＋보조사		에다¹, 에다², 에다가¹, 에다가²	4
	보조사＋보조사		일랑은, 이라고는	2
조사＋어미	'이라'＋접속어미		이라고¹, 이라고², 이라고³, 이라는¹, 이라는², 이라도, 이라면¹, 이라면², 이라서, 이라야, 이라든가, 이라든지, 이란¹, 이란², 이란³, 이랍시고	16
계사 활용형	'이-'＋접속어미	접속조사류	이거나, 이고¹, 이고², 이건, 이나², 이니, 이든, 이든가, 이든지, 이랴, 이며¹, 이며², 이면¹, 이면서, 이요¹, 이요², 이자	17
		보조사류	이거든, 이기로, 이기로서, 이기로서니, 이나마, 이니만치, 이니만큼, 이러니, 이로서니, 이면², 인들, 이런들, 인즉, 인즉슨, 일러니, 일망정, 일수록, 일지라도, 일지언정, 일진대	20
	'이-'＋종결어미		이냐, 이네¹, 이네², 이다, 이라¹, 이라², 이라³, 이라⁴, 인가, 인지, 입네	11
	'이-'＋전성어미		인	1
용언 활용형			보고, 치고, 하고, 하고도, 하며	5
명사＋조사			밖에	1
합　계				88

VI

복합조사화

　복합조사가 복합명사, 복합형용사, 복합동사 따위와 구별되는 특징 가운데 하나는 공시적인 생산력을 갖추지 못한 것이라고 할 수 있다. 가령 두 개의 명사가 결합하여 새로운 명사를 만들어 내는 '논+밭→논밭'과 같은 단어 형성법이 복합조사에서는 허용되지 않는다. 복합조사는 공시적인 단어 형성의 절차를 밟는 것이 아니라 통시적인 어휘화, 구체적으로는 조사화의 과정을 통하여 형성되는 것이다.

　조사화는 문법화 현상의 한 유형이다. 두 개의 직접구성성분으로 이루어진 어떤 구성이 문법화하여 조사가 되는 현상을 복합조사화라고 명명할 수 있을 것이다. 따라서 복합조사는 두 개의 형태소로 분석할 수 있다. 그러나 문법화 과정이 더 진행되면 복합조사를 이룬 두 형태소는 분석할 수 없을 정도로 그 결합관계가 굳어지는데, 이러한 현상을 단일조사화라고 부를 수 있을 것이다. 곧 단일조사란 구성성분들 간의 결합관계가 굳어져서 더 이상 분석할 수 없게 된 복합조사를 이른다.

이 장에서는 복합조사화를 일으키는 요인들로는 어떠한 것이 있는지를 알아본다. 또 어떠한 구성들이 복합조사화하는지를 살펴보고 이것들을 유형화한다. 복합조사가 단일조사화하는 과정도 이 장의 관심사이다. 복합조사의 단일조사화에는 어떠한 기제들이 작용하는지를 살펴보고, 그것들을 유형화한다.

1. 복합조사화의 기제

복합조사화란 문장에 참여한 어떤 구성이 문법화하여 조사로 바뀌는 현상을 일컫는다. 이때 어떤 구성이 문법화한다는 것은 그 구성을 이루는 성분들 간의 결합관계가 굳어진다는 것을 의미한다. 이와 같은 문법화 과정, 곧 성분들 간의 결합관계가 굳어지고 있음을 나타내 주는 징표로서 재분석, 융합, 의미 변화 등을 들 수 있다.

1) 재분석

중세국어 의존명사 'ㄱ장'은 속격조사 'ㅅ'이 이끄는 명사구의 수식을 받거나 관형사형 어미 '-ㅭ, -ㄹ'이 이끄는 관형사절의 수식을 받는 구성을 이루었다.

   (1) ㄱ. 如意珠寶눈 둘 업슨 바미 虛空애 돌면 그 나랏 <u>ㄱ자은</u> 낫ㄱ티 붉ᄂ니라(월석 1: 26)

      ㄴ. 처섬 이에셔 사던 적으로 오ᄂ놄낤 <u>ㄱ장</u> 혜면 아흔훈 劫이로소니

(석상 6: 37)

(2) ㄱ. 一百 힣예 흔 히옴 조려 열 히 드욀 ᄀ장 조료믈 減이라 ᄒ고

(월석 1: 47)

ㄴ. 시혹 기브로 브툐딕 됴홀 ᄀ장 ᄒ라(或以絹帛傅之 以差爲度)

(구방 상: 59)

(1)은 'NP＋ㅅ#ᄀ장'의 구성을 보이는 용례들이고, (2)는 '{－ᄚ/ －ㄹ}#ᄀ장'의 구성을 보이는 용례들이다. 'ᄀ장'은 (1ㄱ)에서처럼 장소 명사와 통합하거나 (1ㄴ)에서처럼 시간 명사와 통합하여 일정한 공간이나 시간의 끝점을 보여 준다.

(1ㄱ)에는 시작점이 나타나지 않았으나 보충하여 해석해 보면 "(그 나라의 가운데서부터) 그 나라의 끝까지" 정도의 의미를 나타낸다. (1ㄴ)은 "처음 여기에서 살던 적부터 오늘날까지" 정도의 의미를 나타낸다. (2)에서는 관형사절의 내용이 시간의 범위를 한정해 주고 있다. (2ㄱ)은 "백 년에 일 년씩 줄여 십 년이 될 때까지"의 의미를 나타내고, (2ㄴ)은 "(치료를 시작해서부터) 좋아질 때까지" 정도의 의미를 나타낸다.

이익섭(1992: 179~196)은 사이시옷은 앞 단어의 받침으로 표기하는 것을 원칙으로 하되, 'ㅅ'이 뒤에 오는 명사와 결합하여 '씌', 'ᄭ장' 따위의 복합조사를 이룰 때에는 병서형(竝書型)으로도 표기할 수 있었다고 하였다. 이러한 표기법은 15세기 후기 문헌으로 오면서 더욱 활발해져서 일반적인 사이시옷의 표기법과는 다른 양상을 나타낸다고 한다. 복합조사의 경우에 특히 'ㅅ'이 병서형으로 표기되는 원인에 대하여는 "'씌' 및 'ᄭ장' 전체를 단일한 형태소로 인식함으로써 'ㅅ'을 분리해 표기하지 않게 되었다."(195쪽)고 밝히고 있다.

위의 설명은 표기법의 관점에서 'ㅅ'을 바라본 것이지만 초점을 'ᄀ장'으로 옮겨 놓고 보면, 의존명사 'ᄀ장'의 문법화 과정을 보여

주는 설명으로도 읽을 수 있다.

(3) 'ㅅ#ㄱ장' 구성의 재분석
[[NP]ㅅ]#[ㄱ장]>[NP]#[[ㅅ][ㄱ장]]>[NP]#[신장]
    (재분석)   (융합)

(3)은 'NP＋ㅅ#ㄱ장'의 구성에서 'ㄱ장' 앞에 있던 어절의 경계가 'ㅅ' 앞으로 옮겨 가는 재분석 현상이 일어난 것을 보여 준다. 재분석의 결과 인접한 'ㅅ'과 'ㄱ장'의 통합관계가 굳어지면서 융합하여 새로운 형태의 의존명사 '신장'이 출현한다.

(4) ㄱ. 춤 슴쬬딕 됴홀 신장 ᄒ라(구방 상: 46)
    ㄴ. 굼벙의 부리 ᄆᆞᄅᆞᆯ 신장 ᄯᅮ미 됴ᄒ니라(구간 6: 80)

(4)의 용례들은 관형사형 어미 뒤에 나타난 의존명사 '신장'을 보인 것이다. '신장'은 명사구 다음에도 출현하였지만 곧 어절의 경계가 인식되지 않음으로써 조사화한다.

(5) 사ᄅᆞᄆᆞᆫ 일셰만 사라 잇고 프른 흔 ᄀᆞᄉᆞᆯ신장 사라 잇ᄂᆞ니(人生一世 草生一秋)(번박 상: 1)

(5)의 밑줄 친 '신장' 앞에 어절의 경계가 있는지 없는지를 판단할 수 있는 근거가 현재로서는 없다. 그렇지만 'ㄱᄉᆞᆯ신장'의 구성을 '명사＋의존명사'의 구성으로 이해하기보다는 '명사＋조사'의 구성으로 보는 것이 자연스러운 해석일 것이다. 의존명사 '신장'의 조사화 과정은 다음과 같이 정리할 수 있다.

    (6) 의존명사 '신장'의 조사화 과정
       [NP] #[신장]>[[NP]신장]
         (의존명사) (조사)

  (6)은 명사구에 의존명사가 연속한 구성인 'NP#신장'에서 어절의 경계가 사라짐에 따라 '신장'이 조사로 바뀌는 과정을 보여 준다.

2) 융 합

  복합조사의 구성 유형 중에는 '조사＋어미'의 결합형이 있었다. 어미는 어간이나 선어말어미와는 결합할 수 있어도 조사 뒤에는 붙지 못한다. 통사적 층위에서는 가능하지 않은 결합관계가 형태적 층위에서는 가능하게 되는데, 이것은 융합에 의한 층위의 변화가 일어나기 때문이라고 할 수 있다.
  종결어미 뒤에 다시 어미가 결합하는 일은 불가능하다. 그러나 복합 종결어미들은 형태적 층위에서 그것이 가능한 결합관계임을 보여 준다. 예를 들어서 '-는단다, -는다네'는 종결어미 뒤에 또다시 종결어미가 결합한 것이고, '-는다며, -는다면서'는 종결어미 뒤에 접속어미가 결합한 것이다.(허경행 2005: 51) 이러한 결합관계가 가능한 이유는 통사적 층위에서 후행하는 어미와 결합했던 용언의 어간이 생략되는 축약 현상이 일어나기 때문이라고 알려져 있다. 줄어든 형식은 그 결합관계가 고착화함에 따라 의미의 변화가 일어나고 이러한 융합의 결과로 인하여 새로운 형태소가 만들어지게 된다.
  통사적 층위에서는 '조사＋어미'의 결합형이 존재할 수 없지만 형태적 층위에서는 그러한 결합형이 가능한 이유도 축약 현상에 따른 융합의 결과라고 할 수 있다. '조사＋어미'의 구성에서 조사는 대상과 이름

의 관계를 보여 주는 부사격 조사 '이라'로 고정되어 있다. '체언+이
라'의 구성을 이룬 필수적 부사어 뒤에는 서술어가 뒤따르는데, '용언
어간+어미'의 구성을 이룬 서술어에서 어간이 생략됨에 따라 어미가
부사격 조사 '이라'에 직접 통합하는 현상이 일어나게 되는 것이다.

'이라'와 접속어미 '-고'가 결합한 '이라고'의 경우를 살펴보자.

> (7) ㄱ. 흔 뎜이 이쇼ᄃᆡ <u>일호믈 瓦店</u>이라 ᄒᆞ야 브르ᄂᆞ니(번노 상: 9ㄴ)
> ㄴ. 체언₁-이 체언₂-를 체언₃-이라 ᄒᆞ다

(7)의 밑줄 친 부분이 대상과 이름의 관계를 보여 주는 부사격 조
사 '이라'가 사용된 예이다. (7ㄴ)과 같이 세 자리 서술어 'ᄒᆞ다'가
요구하는 필수적 부사어가 '체언₃-이라'이다. (7ㄱ)에서는 외형상 주
어 명사구만 생략되어 있는 것으로 보이지만 엄밀하게 말해서 목적
어도 생략된 문장이라고 할 수 있다. (7ㄱ)의 문장을 문장성분을 모
두 갖춘 현대국어로 번역해 보면, '(사람들이) 그 가개를 瓦店이라
부른다' 정도가 될 것이다. 여기서 부사격 조사 '이라'는 서술어의
대상이 되는 '가개'와 그것의 이름 사이의 관계를 보여 주는 것임을
알 수 있다.

(7ㄱ)에서 'ᄒᆞ야 브르ᄂᆞ니'는 동사연쇄를 이루어 마치 하나의 서술
어처럼 쓰인다. 이때 실질적인 의미 기능은 후행 동사가 담당하므로
선행 동사는 잉여적이며 형식적인 요소로 변화한다.(정희창 2002:
68) 근대국어 시기에 오면 'ᄒᆞ야〉ᄒᆞ고'와 같이 접속어미가 교체되는
현상이 일어난다. 이렇게 변화한 'ᄒᆞ고'에서 실질적인 의미를 가지고
있지 않은 어간 'ᄒᆞ-'가 약화되어 'ᄒᆞ고〉코〉고'와 같이 축약되기 시
작한다. 일음절로 축약된 '고'는 선행 요소에 들러붙어 융합함으로써
복합 형태소의 한 구성성분이 된다. '이라고'가 생성되는 과정은 다
음과 같이 정리된다.(이규호 2006ㄴ: 159)

(8) '이라고'의 생성 과정

  [[체언＋이라]#ᄒ고]>[[체언＋이라]고]>[체언＋이라고]

   ('ᄒ－' 생략, 축약)   (융합)

(8)은 축약 현상에 의하여 약화된 어간 'ᄒ－'가 없어지고, 홀로 남은 접속어미 '－고'가 필수적 부사어 '체언＋이라'에 들러붙어 융합한 후 재분석됨으로써 복합조사 '이라고'가 생성된다는 것을 보여 준다.

종속 접속조사 '이라는'도 융합에 의하여 생성된 것이다.

(9) ㄱ. 누가 사업을 권하였는데 괜찮을 것<u>이라는</u> 생각에 손을 댔다.

  ㄴ. 티끌 모아 태산<u>이라는</u> 말

이희자·이종희(1999: 239~240)는 (9ㄱ)의 '－라는'은 관형사형 전성어미, (9ㄴ)의 '－라는'은 '－라고 하는'이 줄어든 말로 처리한다. 이렇게 구분하는 근거는 인용의 뜻이 있느냐 없느냐 하는 것인데, 전자는 인용의 뜻이 없고 후자는 그렇지 않다는 것이다.

하지만 이러한 설명을 받아들이기는 어렵다. (9ㄱ)은 발화 내용은 아니지만 화자의 생각을 인용하고 있고, 반면에 (9ㄴ)은 속담을 인용한 것이지 발화 내용을 인용한 것이라고 보기 어렵기 때문이다. 또한 (9ㄴ)의 밑줄 친 '이라는'이 '태산이라고 하는 말'에서 '－고 하－'가 생략되어 줄어든 것이라면, (9ㄱ)의 '이라는'도 '것이라고 하는 생각'이 줄어든 것이라고 보지 못할 이유가 없다. 다시 말해 (9)의 '이라는'을 서로 다른 성질의 것으로 볼 근거가 없다는 것이다.

(9)의 예들은 동일하게 'NP₁이라는 NP₂'의 구조로 해석할 수 있다. 이때 '이라는'은 접속조사로서 두 명사구를 묶어서 접속 명사구로 만든다. 그리고 첫 번째 명사구는 두 번째 명사구를 설명하는 내용

이 된다. (9ㄱ)에서 '괜찮을 것'이 생각의 내용이며, (9ㄴ)에서 '티끌 모아 태산'이 말 곧 속담의 내용이 된다.

(9ㄴ)의 '이라는'을 줄어들기 전의 모습으로 되돌려 보자.

> (10) ㄱ. 티끌 모아 태산이라 하는 말
>   ㄴ. (사람들이) 말을 티끌 모아 태산이라 한다.

(10ㄱ)에서 머리명사 '말'은 '티끌 모아 태산이라 하-'로 이루어 진 관형사절을 안고 있다. 이 관형사절을 모든 성분들을 갖추어 본 래의 모습으로 회복시켜 본다면 (10ㄴ)과 같이 될 것이다. 이때 부사 격 조사 '이라'와 결합한 성분은 목적어가 가리키는 대상의 구체적 인 내용인 것을 알 수 있다. (10ㄱ)의 '이라'도 머리명사 '말'의 구체 적인 내용을 보여 주는 체언 상당어에 결합한 부사격 조사라는 것을 알 수 있다.

(10ㄱ)의 '이라 하는'이 줄어들어 '이라는'이 되었다면 그것은 부 사격 조사와 관형사형 어미가 결합한 것임을 알 수 있다. 종속 접속 조사 '이라는'의 생성 과정은 다음과 같이 정리될 수 있을 것이다.

> (11) '이라는'의 생성 과정
>   [[[NP₁이라 하는] NP₂]>[[[NP₁이라는] NP₂]>[NP₁이라는 NP₂]
>   ('하-' 생략, 축약)   (융합)

(11)은 구 구성인 '이라 하는'이 축약되어 형태적 구성으로 변화한 뒤 융합함으로써 새로운 의미 기능을 획득하고 마침내 종속 접속조 사로 탈바꿈하는 과정을 보여 주고 있다.

보조사 '이란¹'과 접속조사 '이란²'의 생성 과정에서도 융합 현상 이 일어난다.

(12) ㄱ. 비전<u>이란</u> 남들이 볼 수 없는 것을 보는 것이다.

　　　ㄴ. 말썽<u>이란</u> 말썽은 혼자서 다 부린다.

(12ㄱ)의 밑줄 친 '이란'은 무엇을 정의하는 데 사용하는 보조사이고, (12ㄴ)의 밑줄 친 '이란'은 같은 명사를 반복함으로써 그것을 강조하여 표현하는 접속조사다. (12ㄱ)은 '비전이라 하는 것은'으로 풀어써도 뜻이 통하고, (12ㄴ)은 '말썽이라 하는 말썽은'으로 풀어써도 뜻이 통한다. 이것은 '이란'이 구 구성으로부터 형태적 구성으로 발달한 것임을 시사해 준다. '이란'에 대해서는 다음과 같은 생성 과정을 상정해 볼 수 있을 것이다.

(13) '이란¹'의 생성 과정

　　[[[NP＋이라 하]는 것]은]>[[NP＋이라]은]>[NP＋이란]

　　　　　('하는 것' 생략, 축약)　　　(융합)

보조사 '이란¹'의 발달은 명사절 'NP＋이라 하-'와 그것의 표지 '-는 것'에 보조사 '은'이 통합한 구성으로부터 출발한다. '하-'와 명사형 어미 표현 '-는 것'이 생략되면 통사적 구성이 형태적 구성으로 축약된다. 부사격 조사 '이라'와 보조사 '은'은 융합하여 새로운 의미를 획득하고 복합 형태소로 이루어진 보조사로 거듭난다.

(14) '이란²'의 생성 과정

　　[[[NP₁＋이라 하는] NP₁]>[[[NP₁＋이라]는] NP₁]>[NP₁＋이란 NP₁]

　　　　　('하-' 생략, 축약)　　　　　(융합)

접속조사 '이란²'은 관형사절 'NP₁＋이라 하-'와 관형사형 어미 '-는'이 통합한 구성이 관형사절 속의 명사구와 동일한 머리명사를 수식하는 구성으로부터 발달하였다. '이라 하는'에서 '하-'가 생략됨으로써 형태적 구성으로 바뀐 '이라는'이 융합하여 새로운 의미 기능을 획득함으로써 접속조사 '이란²'이 생겨난 것이다.

3) 의미 변화

동사 어간에 접속어미 '-고'가 통합한 구성이 조사화한 예들로, '보고, 치고, 하고' 따위가 있다. 이들은 용언의 활용형이지만 그 형태가 고정됨으로써 본래부터 가지고 있던 의미를 잃어버리고 문법 형태소로 바뀌게 된다. 이와 같이 용언의 활용형이 조사로 바뀌는 과정을 살펴보자.

(15) ㄱ. 나보고 대관절 어쩌란 말이냐.
ㄴ. 당신보고 한 말이 아니오.

(15)는 '더러'나 '에게'의 뜻으로 쓰인 여격조사 '보고'의 예이다. '보고'는 '를 보고'처럼 목적격 조사와 통합한 활용형이 조사로 굳어진 것이다.

(16) ㄱ. 누굴 보고 당신이야?
ㄴ. 낯선 사람이 나를 보고 물었다.

(16)에 쓰인 '보고'는 '말하다, 묻다' 따위의 화법 동사에 선행하며, 본래 동사의 의미에서 다소 멀어져 '(어떤 사람을) 상대하여' 정도의 부사어로 기능한다. '를 보고' 구성은 목적격 조사 '를'을 생략할 수도 있는데, 생략이 일어나면 'NP#보고'에서 선행 명사구와 '보고' 사이에 존재하는 어절 경계에 대한 인식이 사라지면서 '보고'가 명사구에 들러붙어 조사로 변신한다.

(17) '보고'의 생성 과정

　　[NP를#보고]>[NP#보고]>[[NP]보고]

　　　('를' 생략)　(어절 경계 소멸, 의미 변화)

　'를#보고' 구성에서 '보고'는 본래의 동사가 가진 의미를 상당량 잃어버리고 '(어떤 사람을) 상대하여'의 뜻으로 쓰인다. 여기에서 목적격 조사 '를'이 생략되고, 어절 경계가 소멸되면 '보고'가 선행하는 명사구에 들러붙는다. 이 과정에서 '보고'의 의미는 더욱 동사의 의미로부터 멀어져 '더러'나 '에게'의 뜻을 가진 조사로 바뀐다. 용언의 활용형 '보고'의 조사화 과정은 동사의 의미 변화가 복합조사화의 기제가 됨을 보여 준다.

　첨가의 뜻을 가진 나열 접속조사 '하고도'의 형성 과정에도 의미 변화가 일어나는 것을 확인할 수 있다.

　(18) ㄱ. 쟤는 전교 1등을 하고도 남을 아이다.

　　　 ㄴ. 만 원 하고도 삼 천 원이나 남았네.

　　　 ㄷ. 이 세상을 떠돌아다닌 햇수가 백 년 하고도 삼십 년입니다.

　(18ㄱ)의 '하고도'는 '일정한 위치에 오르다'란 뜻으로 쓰인 동사의 활용형이라고 할 수 있다. (18ㄴ, ㄷ)에서는 '하고도'의 양쪽에 명사구가 위치하는데, '일정한 기준을 채우고 나머지'란 뜻으로 사용된다. (18ㄱ)은 '일등이란 위치에 오르다', (18ㄴ)은 '만 원이란 금액에 이르다', (18ㄷ)은 '백 년이란 햇수에 이르다'란 뜻에서 의미적인 유사성이 확인된다. 다만 (18ㄴ, ㄷ)에서는 일정한 위치에 이르고[일정 기준을 만족하고] '거기에 더하여 나머지 얼마'란 뜻이 더해지고 있다.

　(18ㄱ)의 '하고도'와는 달리 (18ㄴ, ㄷ)의 '하고도'에는 '앞의 것에 더하여 나머지 얼마'란 의미가 더해지는데 이것은 통합 환경의 변화

로 인하여 추가된 의미라고 할 수 있다. (18ㄱ)의 '일등을 하다'가
어근분리현상을 보여 주는 서술어인 데 반하여, (18ㄴ, ㄷ)에서는
'하고도'가 두 명사구 사이에 위치함으로써 접속 기능을 획득하게
된 것이다. '하고도'가 첨가의 뜻으로 두 명사구를 접속하게 되는 이
유는 이와 같이 통합 환경의 변화에 따른 의미 변화가 그 원인이라
고 할 수 있을 것이다.

2. 복합조사화의 유형

복합조사는 분석할 수 있는 두 개의 형태소가 결합한 조사라고 하
였다. 이때 두 형태소란 서로 인접한 것일 수밖에 없다. 그러나 조사
화는 형태적 구성에서만 일어나는 것이 아니라 통사적 구성으로부터
출발하는 경우도 있다. 이럴 때에는 복합조사의 두 구성성분인 형태
소들이 통사적 구성일 때 서로 멀리 떨어져 있었던 것일 수도 있다.
인접한 두 개의 형태소들이란 문법 형태로만 한정되는 것은 아니
다. 한쪽이 어휘 형태인 명사나 용언의 어간일 수도 있기 때문이다.
그리하여 조사화를 통사 단위의 결합체나 어휘 형태소가 조사로 변
화하는 것이라고 정의하게 되면,(한용운 2003: 65) 어떤 언어 단위들
이 조사로 발달하는가에 따라서 조사화의 유형을 결정할 수 있을 것
이다. 곧 명사의 조사화, 동사의 조사화, 계사의 조사화 따위로 분류
할 수 있는 것이다.
명사, 동사, 계사가 조사화한다는 것은 곧 복합조사화에 다름 아니
다. 왜냐하면 명사는 뒤에 조사를 붙인 채로, 동사나 계사는 그것들
의 어간에 어미를 붙인 채로 조사화하기 때문이다. 이들은 어휘 형태
소가 문법 형태소로 변화한다는 관점에서는 함께 다루어질 수 있을

느지는 몰라도 명사나 동사가 자립적인 문장성분이 될 수 있는 데 반하여 계사는 선행 형식에 의존적이라는 측면에서는 다소 이질적이다.

'명사＋조사'나 '동사 어간＋어미' 또는 '계사 어간＋어미'의 구성이 모두 형태적 구성이라는 점에서는 일치하지만 명사나 동사 구성은 선행하는 어절 경계가 소멸됨으로써 조사화하는 이른바 통사적 구성의 조사화라고 할 수 있는 반면, 계사 구성은 형태소의 경계가 재분석됨으로써 조사화하는 형태적 구성의 조사화라고 할 수 있다.

형태적 구성이 조사화하는 경우로는 '조사＋조사'의 구성이 더 있다. 두 조사 사이의 형태소 경계가 소멸되면서 복합조사로 발달하는 것이다. 통사적 구성이 조사화하는 경우로는 '조사＋어미' 구성을 더 들 수 있다. 이 유형에 속하는 예들은 '이라 하-'와 같은 통사적 구성으로부터 '하-' 생략에 의한 축약 및 융합 과정을 거쳐 복합조사로 발달한다.

앞 장에서 복합조사의 구성성분을 분석하여 이들을 '조사＋조사', '조사＋어미', 계사 활용형, 용언 활용형, '명사＋조사'의 다섯 가지로 나누었다. 이제 관점을 좀 바꾸어 이들이 형태적 구성으로부터 조사화하는가 아니면 통사적 구성으로부터 조사화하는가를 살펴보려고 한다. '조사＋조사' 구성과 계사 활용형은 전자에 속하고, '조사＋어미' 구성, 용언 활용형, '명사＋조사'의 구성은 후자에 속한다.

1) 형태적 구성의 조사화

조사 연속 구성이나 계사 어간에 어미가 통합한 구성은 형태적 구성을 이룬다. 이들은 인접한 두 형태소들의 연속체라고 할 수 있는데, 재분석에 의하여 형태소 사이의 경계가 옮겨짐으로써 복합조사로 변화하게 된다.

(1) 조사 연속 구성

'조사＋조사' 구성은 조사의 유형에 따라 세분화할 수 있다. '에로, 에게로' 따위는 부사격 조사들끼리 결합한 구성이며, '일랑은, 이라 고는'은 보조사들끼리 결합한 구성이다. '로부터, 에서부터, 만큼은' 은 '부사격 조사＋보조사'의 구성이며, '에다, 에다가'는 '접속조사＋ 보조사'의 구성이다. 이들을 유형별로 살펴본다.

처격이나 여격조사에 도구격 조사 '로'가 통합한 구성이 복합조사 화한 예로는 '에로, 에게로, 한테로, 께로' 따위가 있다.

　(1) ㄱ. 사람들의 시선이 사건 현장에로 집중되었다.(허웅 1995: 1284)
　　　 ㄴ. 갑자기 모두의 관심이 나에게로 쏟아졌다.
　　　 ㄷ. 그 책임이 누구한테로 돌아갈까?(이상 표준)
　　　 ㄹ. 이것은 그분께로 가는 편지이다.(연세)

(1ㄱ～ㄹ)의 밑줄 친 복합조사들은 행동이 미치는 대상을 나타내 는데, 특히 방향이 강조된 표현들이다. '로'가 빠지더라도 큰 의미 차이가 생기지 않는 것으로 볼 때, 조사 연속 구성일 가능성이 있다. 그러나 내적 확장이 불가능하고, '로'의 자리에 다른 부사격 조사가 대체되는 일이 없다는 점에서는 복합조사라고 할 수 있을 것이다. (139쪽 참조)

허웅(1995: 1296)에서의 지적처럼 이들 복합조사는 낙착점을 나타 내는 '에, 에게, 한테, 께'와 출발점을 나타내는 '에서, 에게서, 한테 서, 께서'와 함께 정연한 질서를 보여 주므로, 종합적으로 파악할 필 요가 있다.[1]

---

1) 『표준국어대사전』은 '께로'를 싣지 않았고, 『연세한국어사전』은 '에로'를 싣 지 않았는데, 일관된 처리가 요구된다.

처격이나 여격조사에 도구격 조사가 통합한 구성은 애초에는 조사 연속 구성으로서 도구격 조사 '로'가 지닌 방향의 의미를 선행 명사구에 덧보태는 역할을 하였다. 그러나 이들의 결합관계가 굳어지면서 낙착점, 출발점을 뜻하는 조사들과 대립하여, 지향점의 뜻을 나타내는 조사들로 계열화하며, 재분석되기에 이른다.

(2) '부사격 조사＋부사격 조사' 구성의 복합조사화
　　[[[NP]에]로]＞[[NP]에로]
　　　　　(재분석)

'NP에'에 '로'가 통합할 때 '에로'는 조사 연속 구성으로서 둘 사이에는 형태소 경계가 존재한다. 그러나 '에로'가 지향점을 나타내는 조사로 인식되면서 둘 사이에 있던 형태소의 경계가 소멸하고 'NP+에로'의 구성으로 재분석됨으로써 복합조사로 변화한다.

부사격 조사와 보조사가 통합한 복합조사로는 '로부터'와 '에서부터' 따위가 있다. 일반적으로 '조사＋조사' 구성의 복합조사들은 처음에는 조사 연속 구성이었는데, '명사구＋조사'로 재분석됨에 따라 복합조사로 바뀐다. 이와 같은 일반적인 경향에 비추어볼 때, '로부터'나 '에서부터'는 '[[[NP]K]D]'의 조사 연속 구성이 '[[NP]KD]'로 재분석된 것으로 생각할 수 있다. 그렇지만 역사적으로는 격조사구와 부사어가 연속한 구성이 융합함으로써 형성된 복합조사였다.

(3) ㄱ. 九萬里 가물 <u>일로브터</u> 닐리로다(두언 20: 49)
　　ㄴ. 朝廷 안해셔브터 브라오믈 잇비ᄒᆞ놋다(두언 22: 16)

(3ㄱ)의 'ㄹ로브터'와 (3ㄴ)의 '애셔브터'가 복합조사로 굳어졌는지 '브터' 앞에 어절의 경계가 있는지를 판단하기란 쉽지 않다. (3ㄱ,

ㄴ)은 어떤 행위가 시작되는 출발점을 나타낸다는 점에서는 공통적
이라고 할 수 있는데, 어떠한 행동의 출발점을 나타내는 현대국어의
'로부터'나 '에서부터'의 의미와 동일하다고 할 수 있다. '로부터'의
조사화 과정은 다음과 같이 정리할 수 있다.

(4) '로부터'의 복합조사화
[[NP로]#브터]>[[NP]로]브터]>[[NP]로부터]
(어절 경계 삭제) (재분석, 형태 변화)

(4)는 격조사구와 부사어가 연속한 구성으로부터 어절 경계가 삭
제됨으로써 조사 연속 구성 '로브터'가 생겨나고, 두 조사 사이의 형
태소 경계가 사라짐으로써 '로브터'가 복합조사로 발달하는 과정을
보여 준다. '로브터'는 형태가 변화하여 현대국어의 '로부터'로 이어
진다. '로부터'는 역사적으로 볼 때 통사적 구성으로부터 발달한 것
이지만 여기서는 공시적인 관점에 따라 형태적 구성으로부터 복합조
사가 된 것으로 본다.

나열 접속조사 '에다가'는 예시의 뜻으로도 쓰이고 첨가의 뜻으로
도 쓰인다.

(5) ㄱ. 옷에다가 구두에다가 입학 선물을 잔뜩 받았다.
    ㄴ. 그는 잘생긴 얼굴에다가 말솜씨까지 뛰어나다.

(5ㄱ)은 예시의 뜻으로 쓰이는 반복형 접속조사 '에다가[1]'의 용법을
보여 주며, (5ㄴ)은 첨가의 뜻으로 쓰이는 단독형 접속조사 '에다가[2]'
의 용법을 보여 준다. '에다가'는 예시나 첨가의 뜻을 갖는 접속조사
'에'와 보조사 '다가'가 연결된 조사 연속 구성으로부터 복합조사로
발달하였을 것이다. 역사적으로 접속조사 '에다가'의 용법을 찾기 어

려운 것으로 미루어볼 때 현대국어에 와서야 성립된 것으로 보인다. '에다가'의 조사화 과정은 다음과 같이 정리할 수 있을 것이다.

(6) '에다가'의 복합조사화
[[NP에]다가]>[[NP]에다가]
(재분석)

(6)은 복합조사 '에다가'가 접속조사와 보조사로 이루어진 조사 연속 구성으로부터 재분석에 의해 조사들 사이에 있었던 형태소의 경계가 사라짐으로써 복합조사로 발달하였다.2)
'보조사＋보조사' 구성이 복합조사화한 예로는 '일랑은, 이라고는' 이 있다.

(7) ㄱ. 일<u>일랑은</u> 걱정을 말고 푹 쉬다 오세요.
ㄴ. 널<u>랑은</u> 아무 걱정 말고 공부만 열심히 하여라.
ㄷ. 그 사람<u>을랑은</u> 부르지 마라.(이상 표준)

(7ㄱ)의 '일랑은'은 (7ㄴ)의 'ㄹ랑은' 및 (7ㄷ)의 '을랑은'과 같은 이형태를 가진다. (7)의 밑줄 친 복합조사에서 '은'이 빠진 보조사 '일랑', 'ㄹ랑', '을랑'만으로도 문장은 성립한다. (7)의 밑줄 친 예들은 보조사 '일랑', 'ㄹ랑', '을랑'에 또다시 보조사 '는'이 더해져서 강조의 효과를 나타낸다.

---

2) '다가'는 동사 '다ᄀ-'(>다그-)의 활용형이 조사로 발달한 것으로 알려져 있다. 한용운(2003: 132~134)은 '다가'가 15세기 이전에 이미 조사화한 것으로 보고 있다. 더군다나 접속조사로서의 용법은 현대국어에 와서야 발견되므로 '에다가'는 조사가 연속한 형태적 구성 복합조사로 발달한 것이라고 할 수 있다.

(8) '일랑은'의 복합조사화

[[[NP]일랑]은]>[[NP]일랑은]

(재분석)

(8)은 조사 연속 구성인 'NP일랑＋은' 구성이 재분석됨에 따라 '일랑은'이 복합조사로 변화하는 과정을 보인 것이다.

(2) 계사의 활용형

계사의 활용형은 계사의 어간에 활용어미가 결합한 구성을 말한다. 이때 활용어미란 접속어미가 대부분이지만 종결어미나 드물게는 전성어미일 수도 있다. 이들은 '[[[NP]이-]어미]'와 같은 인접한 형태소들의 연속체인데 재분석에 의하여 계사 어간과 어미 사이에 존재하던 형태소의 경계가 소멸됨으로써 복합조사로 발달한다.

접속어미는 반복형과 단독형으로 구분될 수 있는데, 계사 어간에 반복형 접속어미가 결합한 구성은 반복형 접속조사로 발달한 경우가 많다. 계사 어간에 단독형 접속어미가 결합한 구성은 대개 보조사로 발달하거나 드물게는 접속조사가 되는 경우도 있다. 이들이 복합조사로 발달하는 과정은 모두 동일하게 설명된다.

(9) ㄱ. 책이고 책상이고 다 타 버렸다.

　　ㄴ. 앉은뱅이가 일어서서 뛰고 걷고 하였다.

(9ㄱ)은 예시의 나열 접속조사 '이고 이고'를 보인 것이고, (9ㄴ)은 동질적인 행동을 나열하는 반복형 접속어미 '-고 -고'를 보인 것이다. 반복형 접속조사는 계사 어간에 반복형 접속어미가 결합한 구성이 복합조사로 발달한 것임을 알 수 있다.

(10) '이고 이고'의 복합조사화
　　[[[NP]이 -] - 고] [[[NP]이 -] - 고]>[[NP]이고] [[NP]이고]
　　　　　　　　　　　　(재분석)

　(10)은 계사 어간에 반복형 접속어미 ' - 고 - 고'가 통합한 활용형 '이고 이고'가 재분석에 의하여 형태소 사이의 경계가 소멸됨으로써 복합조사로 변화하는 과정을 보여 준다.
　접속어미에 반복형이 있는 것처럼 종결어미에도 반복형이 존재한다. 계사 어간에 반복형 종결어미가 결합한 구성도 접속조사로 발달하기 쉽다.

　(11) ㄱ. 출장이다 야근이다 해서 얼굴 보기가 힘들다.
　　　　ㄴ. 좋다 싫다 말이 없다.

　(11ㄱ)은 예시의 나열 접속조사 '이다 이다'의 용법이며, (11ㄴ)은 반복형 종결어미 ' - 다 - 다'가 상반된 뜻을 가진 형용사 어간에 결합한 것이다. 반복형 복합조사 '이다 이다'는 계사의 어간에 반복형 종결어미가 결합한 구성으로부터 발달한 것임을 알 수 있다.

　(11) '이다 이다'의 복합조사화
　　[[[NP]이 -] - 다] [[[NP]이 -] - 다]>[[NP]이다] [[NP]이다]
　　　　　　　　　　　　(재분석)

　(11)은 계사 어간에 반복형 종결어미가 결합한 형태적 구성 '이다 이다'가 재분석되어 반복형 접속조사로 발달하는 과정을 보여 준다.
　계사 어간에 전성어미가 결합한 것으로는 종속 접속조사 '인'이 유일하다. 이것도 다른 계사 활용형의 발달 과정과 마찬가지로 '[[NP]이 -] - ㄴ]'과 같이 인접한 형태소들의 연속체였는데 재분석됨으로써

'[[NP]인]'과 같이 후행 명사구를 종속적으로 잇는 조사로 발달하게
되었다.

2) 통사적 구성의 조사화

통사적 구성이 복합조사로 발달하는 경우는 생략에 의한 것과 어
절 경계의 삭제에 의한 것으로 나누어진다. 부사격 조사 '이라'와
'하다' 동사의 활용형으로 이루어진 통사적 구성 '이라 하-+어미'
의 구성은 '하-'가 생략됨으로써 '이라+어미' 구성의 복합조사로
발달한다. 동사의 활용형 '하고, 하며' 따위는 독립된 문장성분으로
쓰이던 것인데 어간 앞쪽에 존재하던 어절의 경계가 소멸함으로써
복합조사로 발달하게 된다. '명사+조사'의 구성인 '밖에'도 선행 체
언과의 사이에 존재하던 어절의 경계가 소멸됨에 따라 복합조사로
발달한 것이다.

(1) '이라 하-' 구성

'이라+어미'로 이루어진 복합조사의 대부분은 '이라 하-+어미'
의 구성으로부터 '하-'가 생략됨으로써 발달한 것이다. 그렇지만 부
사격 조사 '이라'에 보조사가 직접 통합한 구성도 있었다. '이라도,
이라서, 이라야'가 그것인데, 이들은 통시적으로는 '부사격 조사+보
조사' 구성의 복합조사로 분류되어야 하나 공시적으로는 '이라+어
미'의 구성으로 해석한다.

'이라 하-' 구성의 활용어미는 접속어미가 대부분을 차지하나 전
성어미인 것도 있다. 먼저 '이라+접속어미' 구성의 복합조사가 발달
하는 과정은 다음과 같이 정리된다.

(12) '이라+접속어미' 구성의 복합조사화

　ㄱ. 이라 하고>이라고

　ㄴ. 이라 하든가>이라든가

　ㄷ. 이라 하든지 >이라든지

　ㄹ. 이라 하면>이라면

　ㅁ. 이라 합시고>이랍시고

　(12)는 '이라+접속어미' 구성의 복합조사가 발달하는 과정을 보여 준다. 이들은 모두 동일하게 '이라 하-+접속어미'의 통사적 구성으로부터 '하-'가 생략되고 남은 접속어미가 선행하는 부사격 조사 '이라'에 들러붙음으로써 생성된 것이다.

　'이라+전성어미' 구성의 복합조사로는 '이라는'과 그것의 준말 '이란'이 있다.

(13) '이라+전성어미' 구성의 복합조사화

　　이라 하는>이라는>이란^1 / 이란^2

　　('하-' 생략, 융합) (축약 / 의미 변화)

　통사적 구성 '이라 하는'으로부터 '하-'가 생략되고 남은 전성어미 '-는'이 선행하는 조사에 들러붙어 융합함으로써 종속 접속조사 '이라는'으로 발달한다. '이라는'은 축약되어 준말 '이란^1'이 만들어진다. 한편 '이라는'은 동일 명사구 사이라는 통합 환경의 변화가 일어나면 강조적 용법으로 의미 기능이 변화하고 형식도 축약되어 강조의 나열 접속조사 '이란^2'으로 발달한다.

　'이라도, 이라서, 이라야'는 기원적으로 부사격 조사 '이라'에 보조사 '도, 셔, 사'가 직접 통합한 구성이었다.

(14) ㄱ. 비록 ᄀ장 더온 제라도 모로매 져므도록 관뒤ᄒ야(번소 9: 9)

　　ㄴ. 跋提라셔 阿那律이ᄃ려 닐오뒤(월석 7: 1)

　　ㄷ. 下根은 모로매 세히라ᅀᅡ ᄒ리오(월석 14: 31)

이현희(1995: 556~557)는 (14)의 밑줄 친 용례들에 대하여, 계사 어간 '-이-' 뒤에 나타나는 접속어미 '-아'의 이형태 '-라'가 먼저 통합한 구성 '-이라'에 보조사 '도', '셔', 'ᅀᅡ'가 각각 통합하여 이루어진 것이라고 하였다. 저자는 이때의 '이라'를 부사격 조사로 보아 조사끼리 결합한 복합조사로 해석하기로 한다.

한편 이필영(1993: 159)은 '이라도'에 대하여, 이것은 본래 계사 활용형 '이라'와 보조사 '도'가 통합한 구성인데, 현대국어에서는 간접 인용문의 표지로 재분석됨에 따라 인용구문으로 해석한다고 하였다. 곧 '이라 하여도'와 같은 통사적 구성으로부터 '하-'가 생략되고 남은 접속어미 '-아도'가 선행하는 계사의 활용형 '이라'와 융합하여 '이라도'가 생겼다는 것이다. 저자는 '이라 하여도'의 구성을 인용구문으로 보지는 않으나 이와 같은 해석 방법을 수용하기로 한다. '이라도, 이라서, 이라야'의 발달 과정은 다음과 같은 것으로 해석한다.

(15) '이라도, 이라서, 이라야'의 복합조사화

　　ㄱ. 이라 하여도>이라+-아도>이라도

　　ㄴ. 이라 하여서>이라+-아서>이라서

　　ㄷ. 이라 하여야>이라+-아야>이라야

　　　　('하-' 생략)　　　(융합)

(15)는 '이라 하-' 구성에 통합한 접속어미 '-아도, -아서, -아야'가 '하-'가 생략됨에 따라 선행하는 부사격 조사 '이라'에 들러붙어 복합조사로 발달하는 과정을 보여 준다. 이와 같은 해석 방법은 역사적인 사실을 간과한 것이기는 하지만 부사격 조사 '이라'를

포함한 구성들을 일관되게 해석할 수 있다는 장점을 제공해 준다.[3]

무엇을 정의하는 데 쓰이는 '이란¹'은 '무엇이라 하는 것은'과 같은 구성에서 '하는 것'이 생략됨으로써 이루어진 것으로 본다. 부사격 조사 '이라'와 보조사 '는'이 결합한 형식이 융합함으로써 생겨난 것이라고 할 수 있다. 이렇게 놓고 볼 때 '이란¹'은 '조사＋조사'의 구성에 속해야 할 것이다. 그러나 이 유형에 속한 복합조사들은 조사 연속 구성으로부터 발달한 것인 반면, '이란¹'을 구성하는 두 조사는 처음부터 연속한 것이 아니라 생략에 의하여 인접하게 된 것이라는 점에서 차이가 난다. '이란¹'이 복합조사로 발달하는 과정을 다음과 같이 정리할 수 있을 것이다.

(16) '이란¹'의 복합조사화
　　　이라 하는 것은＞이라＋은＞이란
　　　　('하는 것' 생략) (융합)

'이란¹'은 통사적 구성 '이라 하는 것은'으로부터 '하는 것'이 생략되고 남은 보조사 '은'이 선행하는 조사와 융합함으로써 생겨난 복합조사라는 것을 알 수 있다.

(2) 용언 활용형

'보고, 치고, 하고, 하고도, 하며'는 동사의 활용형이 조사로 변화한 것이다. 독립적인 문장성분으로 쓰이던 것이 앞쪽의 어절 경계가 삭제됨에 따라 조사로 바뀐 것이다. '보고'는 부사격 조사, '치고'는 보조사, '하고, 하고도, 하며'는 접속조사다.

---

3) 한용운(2003: 201～210)은 '이라고 하여도 / 하여서 / 하여야'의 융합형은 '이래도 / 이래서 / 이래야'가 되어야 함을 지적하고, 역동(亦同)의 뜻을 가지는 '이라도' 및 '이라서', '이라야'를 계사 어간과 결합한 접속어미 '－라도, －라서, －라야'로 보았다.

'보고'는 18세기 문헌에서부터 조사적 용법을 보이는 것으로 보고되어 있다.(한용운 2003: 175) 주로 '을 보고 니ᄅ되'의 구성으로 인용 구문에 나타나는 것을 알 수 있다.

(17) 孫權이……魯肅을 보고 니로되(三譯 3: 16ㄱ)

(17)의 밑줄 친 '을 보고'는 여격조사 '에게'의 뜻에 가까운 조사 표현이라고 할 수 있다. 이미 동사로서의 뜻을 잃어버리고 '을 보고'가 조사 상당어로서 기능하는 것을 알 수 있다. 이러한 통사 환경에서 목적격 조사 및 어절 경계가 삭제됨으로써 '보고'가 여격조사로 발달한 것으로 볼 수 있을 것이다.

(18) '보고'의 복합조사화
[[[NP]를] #[보고]]>[[NP]#[보고]]>[[NP]보고]
('를' 생략)   (어절 경계 삭제)

(18)은 동사의 활용형 '보고'가 목적격 조사와 함께 쓰인 '를 보고'와 같은 구성이 문법적인 기능을 담당하다가 목적격 조사가 생략된 후 어절 경계가 사라짐으로써 조사로 발달하게 되는 것을 보여 준다. 반복형 접속조사 '하며'는 둘 이상의 사물을 같은 자격으로 이어 준다.

(19) 시골에서 쌀하며 무하며 배추하며 보내왔다.(표준)

허웅(1995: 1366)에서는 반복형 접속조사 '하며 하며'의 경우 마지막 명사구에 붙는 '하며'가 생략될 수 없는 것처럼 기술하고 있다. 그러나 다른 반복형 접속조사와 마찬가지로 마지막 명사구에 붙는 '하며'는 생략할 수 있으며, 오히려 생략하는 것이 더 자연스럽다.

(19)의 밑줄 친 예들을 '쌀하며 무하며 배추를'이라고 바꾸어 보면 쉽게 이해할 수 있다.

접속조사 '하며'는 16세기 국어에서 처음 등장하였다. 이 최초의 용례에서도 마지막 명사구에는 'ᄒ며'가 나타나지 않았다.

(20) 제 아ᅀᆞ<u>ᄒ며</u> 누의를 에엿비 너규믈(번소 9: 36)

동사의 활용형 '하며'는 명사구 사이라는 통합 환경의 변화에 따라 접속 기능을 획득하게 되고 선행 명사구와의 사이에 있던 어절의 경계가 사라짐으로써 조사로 발달한 것으로 볼 수 있다. 접속조사 '하며'의 발달 과정은 다음과 같이 정리된다.

(21) '하며'의 복합조사화
    [[NP] # [하며]]>[[NP]하며]
        (어절 경계 삭제)

(21)은 명사구에 '하며'가 연속한 구성에서, 명사구와 '하며' 사이에 있던 어절의 경계가 사라짐에 따라 '하며'가 조사로 바뀌는 것을 보여 준다.

(3) '명사＋조사' 구성

명사와 조사가 통합한 구성이 복합조사로 발달한 예로는 '밖에'가 있다. 명사 '밖'은 '안'이나 '속'과 대립하는 공간적 개념을 나타내는데, 그 의미가 추상화하여 일정한 범위나 한도에 들지 않는 것을 의미한다.4)

---

4) '밖에'의 문법화에 대하여는 박승윤(1997), 시정곤(1997: 173~174) 참조.

(22) ㄱ. <u>밖에</u> 나가서 놀아라.
　　ㄴ. 예상 <u>밖의</u> 결과 / 능력 <u>밖의</u> 일.

(22ㄱ)의 '밖'은 공간적 개념을 나타내며, (22ㄴ)의 '밖'은 일정한 범위를 나타낸다. 이들은 통사적인 특성을 달리하는데, (22ㄱ)의 '밖' 은 독자적으로 문장의 형성에 참여하지만, (22ㄴ)의 '밖'은 반드시 명사구 수식어를 요구하기 때문에 의존명사적인 성격을 띤다. 의존 명사적인 '밖'은 특정한 환경에서 통사적 제약이 가해짐에 따라 더욱 문법화한다.

(23) ㄱ. 후보자가 너 <u>밖에</u> 여러 명이 있다.
　　ㄴ. 후보자가 너<u>밖에</u> 아무도 없다.

(23ㄱ)의 밑줄 친 '밖에'는 의존적인 명사와 조사가 통합한 구성인 데 반하여, (23ㄴ)의 밑줄 친 '밖에'는 조사이다. (23ㄱ)의 '밖'은 일 정한 범위를 뜻하며, 여기서 일정한 범위란 후보자의 자격을 갖춘 사람들이다. (23ㄴ)의 '밖에'는 '그것 이외에는'의 뜻으로 후보자의 자격을 갖춘 사람이 오직 그것뿐임을 말해 준다. (23)의 '밖'은 둘 다 일정한 범위를 뜻한다는 점에서 공통적이다.

(23)′ ㄱ. 후보자가 너 <u>이외에</u> 여러 명이 있다.
　　ㄴ. 후보자가 너 <u>이외에</u> 아무도 없다.

(23ㄱ, ㄴ)′은 (23ㄱ, ㄴ)의 '밖에'를 '이외에'로 교체해 본 것인 데, 모두 자연스러운 문장을 이룬다. 이것은 (23ㄱ, ㄴ)의 '밖에'가 의미상 별다른 차이점이 없다는 것을 반증하는 것이다.
(23ㄱ, ㄴ)의 '밖에'는 의미상으로는 차이가 없어도 통사적 제약에 서는 차이점이 있다. 곧 (23ㄴ)의 '밖에'는 '없다'와 같은 부정어와만

공기한다는 점이다.

    (23)″ ㄱ. 후보자가 너 <u>말고도</u> 여러 명이 있다.
          ㄴ. 후보자가 너 <u>말고는</u> 아무도 없다.

    (23)″은 '이외에' 대신에 '말고도' 또는 '말고는'으로 바꾸어 본 것이다. (23ㄱ)″에서는 포함을 뜻을 가진 보조사 '도'가 긍정문에 쓰였고, (23ㄴ)″에서는 대조의 뜻을 가진 보조사 '는'이 부정문에 쓰였다. '말고는'은 부정문이 후행하기 때문에 '말고는'에 선행하는 명사구는 후행절의 내용과는 대조되고, 오직 그것만 제외됨의 뜻을 가지게 된다.

    (23ㄴ)의 '밖에'도 이와 마찬가지인데, 부정문이라는 제한적인 통사 환경에서 조사로 발달한다고 볼 수 있다. 의존명사 '밖'과 부사격조사 '에'가 통합한 구성 '밖에'가 복합조사로 발달하는 과정은 다음과 같이 나타낼 수 있다.

    (24) '밖에'의 복합조사화
      [[NP # 밖]에]>[[NP]밖에](부정문)
      (어절 경계 삭제, 재분석)

    (24)는 명사구의 수식을 받는 의존명사 '밖'과 조사 '에'가 통합한 구성이 부정문이라는 제한된 통사 환경에서 어절의 경계가 사라지고 재분석됨으로써 조사화하는 과정을 보여 준다.

3. 복합조사의 단일조사화

복합조사는 인접한 두 형태소가 통시적인 어휘화의 과정을 거침으로써 조사가 되는 것이라고 하였거니와 이와 같이 형성된 복합조사는 문법화가 더 진행됨에 따라서 구성성분들 간의 결합관계가 굳어져 단일조사로 발달하기도 한다. 복합조사가 단일조사로 변화하는 현상, 곧 단일조사화를 일으키는 기제가 무엇인지를 살펴보자. 또 어떠한 유형의 복합조사들이 단일조사로 변화하는지도 고찰해 보자.

1) 단일조사화의 기제

어떤 조사가 복합조사인지 단일조사인지를 판별하는 기준은 문제의 조사를 두 개의 직접구성성분으로 분석할 수 있느냐 없느냐에 따른다. 복합조사는 역사적인 변화의 과정을 통하여 단일조사로 바뀌는데, 형태가 변화하거나 의미가 변화함으로써 분석할 수 없는 상태에 이르게 된다.

(1) 형태 변화

현대국어의 여격조사 '더러'는 중세국어 'ᄃᆞ려'에서 기원하였다. 'ᄃᆞ려'는 타동사 'ᄃᆞ리다'의 활용형인데, 목적격 조사와 통합한 '를 ᄃᆞ려' 구성으로 빈번하게 사용되었다.

(1) ㄱ. 慈母ㅣ 나를 ᄃᆞ려 耆婆天을 뵈ᅀᆞᇦ 제(능엄 2: 8)
ㄴ. 婆羅門을 ᄃᆞ려 닐오ᄃᆡ(석상 6: 13)

‘드리다'는 ‘자기의 몸 가까이에 있게 하다'의 뜻인데, 그것의 활용형인 ‘드려'는 동사의 본래 뜻도 가지지만 ‘더불어'와 같은 부사로서의 의미도 나타낸다. (1ㄱ)이 그러한 경우에 해당한다. 특히 ‘드려'가 ‘니르다'와 같은 화법 동사와 공기할 때에는 동사 ‘드리다'의 뜻은 찾기 어렵고, ‘더불어'의 뜻만 나타내게 된다. (1ㄴ)이 그러한 경우이다.

‘를 드려' 구성에서 목적격 조사가 생략되면 목적어 명사구와 ‘드려' 사이에 있는 어절의 경계를 인식하기 어렵게 된다. 이에 따라 ‘드려'가 목적어 명사구에 직접 통합함으로써 조사로 발달하게 된다. 아래의 (2)는 ‘드려'가 조사로 쓰인 예를 보인 것이다.

(2) ㄱ. 부톄 目連이드려 니르샤티(석상 6: 1)
    ㄴ. 내 너드려 ᄀᆞ르쵸마(번소 8: 20)

동사 ‘드리다'와 조사 ‘드려'는 근대국어 시기에도 활발하게 사용되었다. 그런데 현대국어로 넘어오면서 동사는 ‘데리다'로 변천하고, 조사는 ‘더러'로 변천하였다. 이들의 변천 과정은 다음과 같이 정리할 수 있다.

(3) ‘드리다'와 ‘드려'의 변천 과정
    중세국어 > 근대국어 > 현대국어
    드리다동   드리다동   데리다동
    드려조   드려조   더러조

근대국어의 시기까지만 해도 조사 ‘드려'는 동사 ‘드리다'의 활용형이라는 인식이 남아 있었다. 그러나 근대국어 말기에 ‘드리다>데리다'의 변천이 일어남으로써 ‘드려'는 동사 ‘드리다'의 활용형으로 분석할 수 없게 되었다. ‘드려'는 현대국어에서 ‘더러'로 바뀜에 따라 그 기원 동사에서 더욱 멀어지고 만다.

동사 '드리다'가 존재하였던 근대국어 시기에는 조사 '드려'가 동
사 활용형의 복합조사였지만 '드려>더러'의 형태 변화가 일어난 현
대국어에서는 더 이상 분석할 수 없는 단일조사로 바뀌고 말았다.
이와 같이 형태의 변화는 복합조사의 구성성분이 무엇인지를 추정할
수 없게 함으로써 분석할 수 없는 단일조사로 변화하게 만든다.

(2) 의미 변화

동사에서 비롯한 조사들은 동사의 부사화 과정을 겪은 것들로서,
의미의 추상화가 이루어져 동사의 원래 뜻에서 멀어져 버리고 만다.
동사와 부사는 의미상 어느 정도의 유연성을 가지나 동사와 조사의
관계는 그렇지 못하다. 이것은 부사가 조사로 변화할 때에 의미도
변화하기 때문이다.

현대국어의 보조사 '조차'는 중세국어의 동사 '좇다'에서 기원한
것이다. '좇다'는 두 가지의 의미를 가지고 있는데, 『우리말 큰사전』
의 뜻풀이 내용을 요약하여 정리하면 다음과 같다.

> (4) 좇다 🈺 ① 좇다. 쫓다. ¶뉘 아니 <u>좇즙고져</u> ᄒ리/빅셩들히 놈을 다
> <u>조ᄎ니</u>.
> ② 겸하다. ¶ᄒᆞ물며 므렛 盜賊 ᄒᆞ미 <u>조ᄎ니</u>/톱 <u>조ᄎᆫ</u> 갈 ᄒᆞ나.

'조차'는 '① 좇다, ② 겸하다'의 두 가지 뜻을 가진 타동사였다. 그
런데 '룰 조차' 구성에 주로 출현하면서 형태가 고정되기 시작한다.
곧 부사화 단계에 이른 것으로 볼 수 있는데, 그 의미가 '겸하여', '아
울러' 정도로서 '좇다'의 ②번 뜻과만 의미적인 관련성을 가진다.

(5) ㄱ. 工夫룰 조차 ᄒ야(몽산 40)

  ㄴ. 내 소늘 조차 보라(불정 11)

'룰 조차' 구성이 일반화하면 격조사의 생략이 이루어지고, '조차'는 조사로 발달한다.

(6) ㄱ. 쁜 바ᄀ 불휘조차 쓰니라(苦胡ᄂ 連根苦ᄒ니라)(금삼 2: 50)

  ㄴ. 그 근본을 傷ᄒ면 가지조차 업ᄂ니라(傷其本이면 枝從而亡이라)

    (소언 3: 1)

보조사 '조차'는 '그 위에 더함'의 뜻을 나타내는데, 이것은 부사화한 '조차'와 어느 정도의 유연성을 유지한 것으로 볼 수 있다. 그런데 보조사 '조차'의 의미는 여기에서 그치는 것이 아니라 '극단의 경우'의 뜻을 더 가지기 때문에, 부사 '조차'의 의미와는 멀어져 버릴뿐더러 동사 '좇다'와는 의미적 관련성조차 맺기가 어려워진다. 따라서 '조차'를 동사 어간 '좇-'과 접속어미 '-어'로 분석하는 것은 그 근거가 약화되어 버린다.

현대국어의 보조사 '마저'도 부사에서 발달한 것이다. 그러나 '마저'는 본래부터 부사였기 때문에 동사의 활용형이 부사화한 '조차'와는 그 형성 배경에서 차이가 난다.

『표준국어대사전』은 '마저'를 부사와 조사의 통용어로 보는데, 이것은 '남김없이 모두'의 뜻을 가진 부사와 '그 위에 더함, 마지막 남은 하나'의 뜻을 가진 조사 사이에 유연성이 인정되기 때문이다. '마저'는 근대국어 시기에는 'ᄆ자'로 나타났는데, 이때에도 부사와 조사로 통용되었다.

(7) ㄱ. 견퇴 조차가 글 ᄆ자 빗호더니(招隨卒業)(이륜-중 46)

  ㄴ. 내 몸을 내ᄆ자 니즈니 남이 아니 니즈랴(청언-원 19)

(7ㄱ)의 밑줄 친 '무자'는 부사로 쓰인 것이고, (7ㄴ)의 것은 조사로 쓰인 것이다. 이 시기에 벌써 현대국어 '마저'와 동일한 의미 기능을 가지고 있었다.

근대국어의 부사 '무자'는 조사로도 쓰였으므로, 그 이전 시기의 언제인가에 부사로만 쓰이던 때와 더 나아가 동사로만 쓰이던 때를 상정해 볼 만하다. 안주호(1994: 143∼144)는 부사 '무자'가 그것과 의미상 유연성을 가진 것으로 추정되는 중세국어의 동사 '뭊다'에서 기원한 것으로 보았다. 그러나 '뭊다'의 활용형이 부사로 문법화하였다면 '무차'가 되어야 할 텐데 '무자'가 된 것을 설명하기 어렵다. 그리하여 고영진(1997: 211)은 제주도 방언까지 동원하여 '*뭊다'를 재구해 내기에 이른다. 이러한 해석 방법은 동사에서 문법화하여 조사가 된 '부터, 조차, 더러, 나마' 따위에 이끌린 결과라고 할 수 있다. '마저'는 이들과는 달리 동사의 활용형이 부사화한 것이 아니라 본래부터 부사였다.

'무자'의 중세국어 시기의 어형은 '무ᄌᆞ'였는데, 이때에는 조사로는 쓰이지 않고 부사로만 쓰였다.

(8) 모로매 일 무ᄌᆞ 일우ᅀᆞ봃들 몬져 흜디니(必先述事ㅣ니)(월석 서: 17)

중세국어의 부사 '무ᄌᆞ'는 처음부터 단일 형태소였다. 이것이 근대국어 시기에는 의미가 확장되어 조사로도 쓰이게 되었고, 이렇게 형성된 부사와 조사 통용어 '무자'가 현대국어의 '마저'로 이어진 것이다. 이들의 변천 과정은 다음과 같이 정리된다.

(9) '마저'의 형성 과정
    중세국어>근대국어>현대국어
    무ᄌᆞ[부]   무자[부]   마저[부]
              무자[조]   마저[조]

(9)는 현대국어의 부사와 조사 통용어 '마저'의 변천 과정을 보인 것이다. '마저'의 기원형은 중세국어의 부사 'ᄆᆞᄌᆞ'인데, 중세국어에서 근대국어로 넘어오면서 기능이 확대되었고,[5] 근대국어에서 현대국어로 넘어오면서 형태가 변화하였다.

2) 단일조사화의 유형

중세국어 시기에 복합조사였던 형태소가 현대국어에까지 이어진 경우에는 대부분 형태의 변화를 겪거나 기원 형태소가 변화함으로써 분석 가능성을 잃고 단일조사로 바뀐다. 단일조사화한 대다수의 경우가 여기에 해당한다.

(1) '셔' 통합형

중세국어의 보조사 '셔'는 부사격 조사와 통합하여 복합조사를 형성하였다. '에셔, 의그에셔(>의게셔), 씌셔, 로셔, 이라셔' 따위가 그것이다. 이들 복합조사는 그 구성성분인 '셔'가 현대국어에 와서 '서'로 형태가 변화하고 보조사로서의 용법도 상실함에 따라 단일조사로 바뀐다.

> (10) ㄱ. 의그에셔>의게셔>에게서
> ㄴ. 로셔>로서

(10)은 현대국어 '에게서'와 '로서'의 변천 과정을 보인 것이다. (10ㄱ)의 '의그에셔'와 (10ㄴ)의 '로셔'는 중세국어에서 '부사격 조사

---

5) 부사가 조사로도 쓰이게 된 것을 말하는데, 조사로서의 뜻이 추가되었다고 보면 의미 확대의 경우로 다룰 수도 있을 것이다.

+보조사'의 구성을 이룬 복합조사였다. 그러나 현대국어에서는 형태
의 변화(셔>서) 및 기능의 변화6)로 화석화하여 '에게서' 및 '로서'와
같이 단일조사로 변화하였다.

(2) '뻐' 통합형

'쓰다' 동사의 활용형이 도구격 조사와 통합하여 이루어진 복합조
사 '로뻐'는 '로+쓰-+-어'로 흔히 분석된다. 그러나 엄밀히 말해
서는 동사 '쓰다'의 활용형 '뻐'가 부사화한 다음 도구격 조사와 통
합한 것이라고 할 수 있다.

'로뻐'는 현대국어에서 '로써'로 표기법이 변하였다. 그런데 근대
국어의 부사 '뻐'가 '써'의 형태로 현대국어에까지 이어지지 못하고
소멸됨에 따라 '로써'의 분석 가능성도 사라지고 말았다.

    (11) '로써'의 단일조사화
        [[NP로]＃뻐]>[NP로뻐]>[NP로써]
        (어절 경계 삭제, 재분석) (형태 변화)

(11)은 현대국어 '로써'의 변천 과정을 보인 것이다. 도구격 조사
뒤에 부사어 '뻐'가 연속한 통사적 구성 'NP로＃뻐'에서 어절의 경
계가 사라지고 재분석됨으로써 '로뻐'가 복합조사로 변화한다. 복합
조사 '로뻐'의 '뻐'는 형태의 변화(뻐>써) 및 기능의 변화로 화석화
하여 단일조사의 일부로 굳어졌다.

---

6) 보조사 '셔'가 조사로서의 기능을 상실한 것을 말하는데, 의미를 상실하고 화
  석화하였으므로 의미 변화의 일종으로 다룰 수도 있다.

(3) '-어' 통합형

타동사의 활용형이 조사로 굳어진 '나마, 더러(<ᄃ려), 부터(<브터), 조차' 따위는 기원 동사와의 유연성을 상실하고 단일조사로 변화하였다.

'ᄃ려'는 기원 동사 'ᄃ리다'가 '데리다'로 바뀜에 따라 연결고리를 잃어버리고, 자신도 '더러'로 바뀌어서 기원 동사와의 관련성을 모두 잃고 말았다. '부터'는 범위의 시작점을 나타내는 기능 외에도 '먼저'의 뜻을 가지는데, 이것은 기원 동사인 '붙다'(<븥다)와는 전혀 관계가 없는 의미 기능이라고 할 수 있다. '조차'의 경우에도 '그 위에 더함'의 뜻을 가짐으로써 '좇다'와의 관련성이 더욱 멀어지게 되었다.

이와 같이 기원 동사의 변화나 조사의 의미 변화 등으로 말미암아 동사와 조사 사이에 존재하던 유연성이 사라져 버린다. 이러한 경우에는 복합조사로부터 그 기원 동사를 분석해 낼 수 없게 되며, 그 조사는 단일조사로 굳어진 것으로 보아야 한다.

(12) ㄱ. ᄃ리-+-어>ᄃ려>더러
     ㄴ. 븥-+-어>브터>부터

(12)는 현대국어 '더러'와 '부터'의 형성 및 변천 과정을 보인 것이다. 복합조사 'ᄃ려'와 '브터'는 기원 동사가 존재하였던 근대국어 시기에는 동사의 어간과 접속어미로 형태소 분석이 가능하였다. 그러나 현대국어에 와서는 형태와 의미가 모두 변화함으로써 기원 동사로부터 멀어져 더 이상 형태소 분석이 불가능한 단일조사로 바뀌었다.

(4) '로' 통합형

'명사+로'의 구성이 조사로 굳어진 예로 '대로'와 '톄로'가 있다. '대로'는 의존명사로 쓰이다가 16세기부터 조사로도 쓰이면서 그 기능을 확대하게 되는데, 이 시기에 이미 의존명사 '대'는 쓰이지 않는 상태였다. 곧 복합조사에 화석화하여 남게 됨에 따라 분석할 수 없는 상태로 전락하고 말았다.

'톄로'는 한자어 명사 '톄'[體]에 조사 '로'가 통합한 것인데, 17세기부터는 '텨로'로 형태가 변화한다. 명사 '톄'는 '텨'로 변천하지 않았기 때문에 '텨로'의 '텨'는 분석할 수 없는 화석형으로 남고 말았다.

(13) ㄱ. 대+로>대로
ㄴ. 톄+로>톄로>텨로>쳐로>처럼

(13)은 현대국어 '대로'와 '처럼'의 형성 및 변천 과정을 보여 준다. 이들은 원래 '대로'와 '톄로'처럼 '명사+조사'의 구성에서 출발하였다. '대로'는 의존명사 '대'가 소멸함으로써 분석할 수 없게 되었고, '톄로'는 '텨로'로 형태의 변화가 일어나 명사 '톄'를 분석해 낼 수 없게 됨으로써 단일조사로 변화하였다.

(5) 기 타

관형격 조사와 의존명사가 통합하여 복합조사를 이루었던 '의그에'나 '끠' 등은 현대국어의 '에게'(<의게<의그에)와 '께'(<끠)로 이어졌다. 그런데 '에게'나 '께'에서는 관형격 조사의 흔적을 발견할 수가 없다. 주격조사 '께서'(<계셔<겨셔)나 '께옵서'(<겨옵셔) 등에서도 동사 '겨시다'나 '겨옵시다'의 흔적은 찾을 수 없게 되었다.

(14) ㄱ. 의그에>의게>에게

ㄴ. 겨셔>계셔>께서

(14)는 현대국어 '에게'와 '께서'의 변천 과정을 보여 준다. 이들은 각각 관형격 조사와 의존명사의 결합형인 '의그에'와 '겨시다' 동사의 활용형인 '겨셔'에서 기원하였다. 근대국어에서 '의그에'와 '겨셔'는 형태의 변화가 일어나 '의게'와 '계셔'로 변화한다. '의게'에서는 관형격 조사 '의'의 흔적이 남아 있고, '계셔'에서는 동사 '계시다'가 존재하였으므로 '계시-+-어'로 분석될 가능성이 남아 있었다. 그러나 현대국어에서는 형태의 변화가 더욱 진전되어, '에서'와 '께서'로부터 관형격 조사 '의'나 동사 '겨시-'의 흔적은 찾을 수 없게 되었다.

일정한 범위의 끝을 나타내 주는 'ᄭᆞ장'은 16세기부터는 'ᄭᆞ지'로 나타나기 시작하는데, 두 번째 음절의 급격한 변화의 원인은 아직 알려져 있지 않다. 'ᄀᆞ지'는 의존명사로 쓰이는 일이 없기 때문에 'ᄭᆞ지'는 관형격 조사와 의존명사로 분석할 수 없게 되었다.

(15) '까지'의 변천 과정

'ᄭᆞ장'>ᄭᆞ지>까지

(15)는 현대국어 '까지'의 변천 과정을 보여 준다. '까지'의 기원형은 관형격 조사와 의존명사의 통합형인 'ᄭᆞ장'이었는데, 형태의 변화가 일어나 'ᄭᆞ지'로 바뀌게 되었다. 'ᄭᆞ지'는 분석 가능성을 잃어버렸기 때문에 단일조사화한 것으로 볼 수 있는데, 이후 계속하여 형태의 변화를 겪고 현대국어의 '까지'에 이르게 된다.

VII

결 론

지금까지 복합조사와 관련한 여러 가지 문제들을 살펴보았다. 복합조사는 복합명사나 복합동사처럼 복합어의 일종일 것으로 예상되지만 사실상은 그렇지 않았다. 이때 복합이란 두 개의 조사일 수는 있어도 그 두 조사가 일대일로 결합하여 새로운 조사를 만들어 내는 것은 아니었다. 체언에 순차적으로 연속한 조사들이 역사적으로 변천의 과정을 겪으면서 새로운 조사로 발달하는 것이었다.

복합조사는 비록 단어 형성법 차원에서 붙여진 이름을 갖고 있기는 하지만 그러한 차원에서 이해될 수 있는 개념이 아니었다. 그럼에도 불구하고 『우리말본』(초판 1937)으로부터 비롯한 복합조사에 대한 선입견은 근래에 이르기까지 뿌리를 내리고 있다. 그리하여 현행 사전에서도 복합조사란 두 개의 조사로 이루어진 '보다는, 까지를, 에서도' 따위를 가리키는 것으로 정의되고 있는 실정이다.

복합조사라는 용어 자체의 문제점과 그 개념이 부당함을 지적한 김상대(1992, 1993)의 논문은 복합조사 연구를 위한 새로운 방향을 제시해 주었다. 이후 지금까지 복합조사라고 잘못 알고 있었던 '보다는, 까지를, 에서도' 따위는 조사 연속 구성일 뿐 복합조사는 아니라는 반성이 일어났다. 이러한 성찰은 자연스럽게 진정한 복합조사란 무엇인가 하는 질문으로 이어졌다.

이 책의 근간을 이루고 있는 저자의 박사학위논문은 이와 같은 시대적인 흐름을 타고 태어난 것이었다. 복합조사에 대한 정의, 판별 기준, 목록 작성, 구성성분의 분석, 통사·의미론적 특성, 복합조사화 등이 연구 주제가 되었다. 이 논문에서는 112개의 표준어 조사 목록 가운데 39개 항목을 복합조사로 판별하였다.

저자는 후속 연구를 통하여 복합조사의 목록을 계속해서 추가해 왔다. 그것은 의도한 것이 아니라 발견된 것이었다. 이규호(2003)는 계사 활용형 복합조사만을 따로 다룬 것이었다. 여기에 관한 선행 연구들을 종합하여 여러 가지 판별기준들을 비교하여 검토하고 발전적으로 계승하였다. 이 과정에서 19개 항목의 복합조사를 추가하였다.

이규호(2006ㄴ)는 인용격 조사의 생성 과정에 대한 연구였다. 직접 인용격 조사 '이라고'는 '이라 하고'가 융합하여 이루어진 것으로 알려져 있고 이때의 '이라'는 계사의 활용형이다. 그런데 이 연구에서는 다소 엉뚱하게도 '이라'가 중세국어의 '체언$_1$-이 체언$_2$-를 체언$_3$-이라 ᄒ-' 구성에 나타나는 필수적 부사어 '체언$_3$'에 결합한 부사격 조사라는 결론에 이른 것이다.

'이라'를 부사격 조사로 규정함에 따라 복합조사의 구성 유형에도 변화가 일어났다. 그동안 '이라'는 계사의 활용형에서 다루었지만 이 책에서는 '이라고, 이라도, 이라면' 따위가 '조사＋어미'로 이루어진 독자적인 구성 유형으로 자리 잡게 된 것이다. 이것은 언어 단위가 통사·형태 차원에서 결합하는 방식과 조사화에 의한 단어 형성 차원에서 결합하는 방식이 다르다는 것을 보여 주는 것이기도 하다.

어미는 어떠한 경우에도 조사 뒤에 붙지 못한다. 그러나 그것과 통합한 어간이 생략됨으로써 융합 현상이 일어날 때 어미는 형태소들의 결합 규칙을 어기고 조사에 직접 결합하는 것이다.

이규호(2006ㄷ)는 접속조사에 대한 연구였다. 주로 접속조사의 분류 체계를 세우는 데 주력한 연구였지만 모두 47개 항목의 접속조사를 제시함으로써 목록이 크게 확대되었다. 이 과정에서도 그동안 알려지지 않았던 13개 항목의 복합조사가 추가되었다.

이렇게 복합조사와 관련이 없는 연구에서 이삭줍기로 거두어들인 것들이 모여 어느덧 꽤 큰 숫자가 되었다. 이 책에서는 기존의 조사 목록 중에서 41개 항목을 복합조사로 판별하였는데, 추가된 복합조사의 수는 무려 47개에 이른다. 이와 같이 이 책의 가장 큰 특징 중의 하나는 복합조사 목록의 대폭적인 확대라고 할 수 있을 것이다.

확대된 복합조사에 대해서는 적절한 검증 절차를 거쳤는지의 논란도 있을 것이다. 그리고 복합조사를 정의하는 데 완전한 합의점을 도출할 수 있을 것인가의 문제점도 남는다. 복합조사의 정의와 관련해서는 연구자들마다 개념상의 차이점이 나타나기도 한다. 가장 큰 차이점의 하나는 복합조사를 좁은 의미로 정의하느냐 넓은 의미로 정의하느냐의 관점에서 비롯된다.

좁은 의미란 복합조사를 '조사+조사'의 구성으로만 엄격하게 제한하는 것이다. 이런 관점하에서라면 복합조사는 그 항목 수가 몇 개에 지나지 않을 것이다. 그러나 역사적으로 볼 때 새로운 조사의 탄생은 '조사+조사'의 구성으로만 한정되지 않는다. 이것은 조사뿐만 아니라 어미의 경우에도 마찬가지다.

조사들끼리만 결합하여 새로운 조사를 만들지도 않고 어미들끼리만 결합하여 새로운 어미를 만들지도 않는다. 조사화든 어미화든 거기에 참여하는 형태소들은 다양하다는 것이다. 조사는 형태적 구성으로부터 발달할 수도 있고, 통사적 구성으로부터 생략과 융합에 의

하여 발달할 수도 있다. 복합조사의 생성과 발달 과정을 조사화라는
큰 틀 안에 놓고 해석하기 위해서도 복합조사의 개념을 좁은 뜻으로
만 한정할 필요가 없다는 것을 알게 된다.

이 책이 복합조사의 개념을 넓게 해석함으로써 개념 정립에 다소
느슨한 듯한 인상을 주는 것처럼 판별기준의 정립에서도 그러하다는
비난을 받을 수도 있다. 특히 계사 활용형의 복합조사를 판별할 때
는 많은 연구자들이 서술성 확인을 주요한 기준으로 삼았지만 저자
는 통합 환경의 변화에 중점을 두었다. 전자가 판별기준을 엄격하게
함으로써 복합조사가 아닌 것을 가려내는 데 주안점을 둔 것이라면
후자는 판별기준을 느슨하게 하여 복합조사로 수용하려는 데 주안점
을 둔 것처럼 보일 수 있기 때문이다.

이러한 관점의 차이로 인하여 이 책에는 논란을 불러일으키기에
충분한 복합조사들이 상당수 있으리라고 생각한다. 그런 예들은 경
계 지점에 놓인 것이라고도 볼 수 있을 것이다. 예를 들어서 '이라
고, 이나, 이나마' 따위는 조사라는 인식이 제법 분명하지만 '일수록,
일지라도, 일지언정' 따위는 조사라는 결론을 내리기가 쉽지 않을
것이다. 이들은 아직도 어미 쪽에 가깝기 때문이다.

저자는 이러한 예들로부터 발견할 수 있는 조사적 용법을 간과하
지 않고 가급적 수용하려고 하였다. 계사 활용형 조사들만 따로 다
룬 논문을 쓴 이유도 그런 데 있었지만 이 책을 집필하는 동안 그쪽
이 아직도 많이 미흡하다는 생각을 떨쳐 버릴 수가 없었다. 접속어
미나 종결어미 중에는 활용상 제약을 보이는 것들이 많다. 특히 '이
다, 아니다' 어간과만 결합할 수 있는 것들이 그런 것이다. 이들이
'이다' 어간과 결합했을 때 그것이 활용형인지 아니면 복합조사로
발달한 것인지를 판단해야 하는데 아직도 검증 절차를 밟지 못한 것
들이 상당수 있으리라는 추정을 하고 있다.

'이라'를 부사격 조사로 규정함으로써 '조사+어미'로 해석되는 새

로운 구성 유형이 등장하게 되었다. 조사 '이라'의 출현이 끼친 영향은 이것으로써 끝난 것은 아니었다. '조사＋어미'의 구성은 통사 차원에서는 결코 성립할 수 없는 배열 순서라는 데서 조사화 과정에 대한 이해의 폭을 넓힐 수 있었다.

저자의 박사학위논문에서는 복합조사화의 과정을 구성 유형별로 단편적으로 바라볼 수밖에 없었다. '조사＋조사'의 구성은 어떻게 복합조사로 발달하는가, 계사 활용형, 용언 활용은 어떻게 복합조사로 발달하는가 하는 식이었다. 거기서 어떤 일정한 경향성 따위를 찾기란 어려웠다. 그러나 이 책에서는 복합조사가 형태적 구성으로부터 혹은 통사적 구성으로부터 발달한다는 것을 밝힐 수 있었다. 조사 '이라'의 출현이 이러한 인식을 가능하게 해 주었던 것이다.

'이라 하-'의 구성으로부터 생략과 융합의 과정을 거쳐 복합조사가 생성되었으리라는 가정은 통사적 구성의 복합조사화라는 일정한 패턴을 상정할 수 있게 해 주었다. 용언 활용형이나 '명사＋조사'의 구성도 여기에 합류되었다. 이들 구성은 선행어와의 사이에 존재하던 어절의 경계가 삭제됨으로써 복합조사로 발달하였다.

이와는 달리 일정한 형태소들이 연속한 형태적 구성으로부터 복합조사가 발달하기도 하였다. '조사＋조사'의 구성인 복합조사들이나 '계사 어간＋어미'의 구성인 계사 활용형 복합조사들이 여기에 해당한다. 이들은 처음에는 조사 연속 구성이거나 형태소들의 연속 구성이었던 것인데 재분석에 의한 결과 복합조사로 발달한 것이었다.

복합조사화의 출발점을 통사적 구성 혹은 형태적 구성으로 잡음으로써 여기에 작용하는 조사화의 기제도 좀더 체계적으로 이해할 수 있게 되었다. 곧 통사적 구성으로부터는 '하-' 생략에 의한 융합이나 어절 경계의 삭제로 인한 융합 등이 주요한 기제로 작용하였고, 용언 활용형에서는 의미 변화도 기제로 작용하였다. 반면에 형태적 구성에서는 주로 재분석이 주요한 기제가 되었다.

복합조사는 시간의 흐름에 따라 역사적인 변화를 겪게 된다. 곧 형태가 변화하든지 의미가 변화할 수도 있었다. 이러한 변화의 결과 복합조사의 구성성분들은 그 기원 형식과의 연결 고리를 잃어버리고 만다. 심지어는 구성성분이 무엇인지조차 불분명해지기도 한다. 어떤 복합조사가 두 개의 형태소로 분석할 수 없는 단계로 변화하는 것을 단순조사화라고 부른다. 형태의 변화와 의미의 변화가 단순조사화의 주요한 기제로 작용하였다.

이 책에서는 이규호(2006ㄱ)의 연구 결과는 수용하지 못하였다. 노걸대류 문헌에 등장하는 출발점 표시의 조사에 관한 연구였다. 16개 형태를 확인하였는데 이중 '에, 의, 로' 정도가 단순조사였고 나머지는 복합조사였다. 이들은 '조사＋조사'의 구성을 이루며, '에 → 에셔 / 에브터 → (에)셔브터 / 에셔조차' 혹은 '로 → 로셔 / 로브터 / 로조차 → 로셔브터 / 로셔조차'의 발달 과정을 이룬다. 조사가 하나씩 더 해짐으로써 형식이 길어지는 것을 확인할 수 있었다. 이 연구에서는 이러한 복합조사의 발달 요인을 형태의 증가와 의미 기능의 전문화로 결론지었다. 곧 길어진 형식의 새 복합조사로 하여금 어떤 의미 기능을 전담하도록 요구하였다는 것이다.

이러한 연구 결과가 복합조사의 통시적 연구에서 발달 요인을 일반화하는 데 어느 정도 기여할 수 있을는지는 알 수 없다. 워낙 제한된 문헌 안에서 특정한 조사만을 연구 대상으로 삼았기 때문이다. 통시적 연구에서는 시대별 복합조사의 목록을 작성하는 일이 우선적인 과제가 될 것이다. 그 다음은 이 책의 체제를 따라서 구성성분을 분석하고, 시대적인 변화의 과정을 기술할 수 있을 것이다. 하지만 이러한 연구 주제는 저자의 박사학위논문 이후로 해묵은 과제가 되고 말았다. 저자에게 맡겨진 숙제로 여겨야 할 것이다.

복합 형식의 형태소에 대한 연구가 새로운 과제로 떠오르고 있다. 복합조사나 복합 종결어미 따위가 그런 연구일 것이다. 복합 접속어미에 대한 연구도 요청된다. 접속어미의 대부분은 복합형이며 단일 접속어미는 손에 꼽을 정도인 것으로 보인다. 복합 형식의 전성어미나 선어말어미도 존재할 것이다. 회상의 '-더-'와 관형사형 전성어미 '-ㄴ'이 결합한 '-던'이 전자의 예라면, '-았었-'이나 '-았더-' 따위는 후자의 예가 될 것이다. 사동사의 발달 과정을 살펴보면 접미사가 결합한 말에 다시 접미사가 더해지는 경우가 있다. '자다 → 재다 → 재우다' 따위에서 볼 수 있는데, '재우다'에서 발견되는 사동 접미사 '-ㅣ우-'는 복합형이라고 할 수 있을 것이다. 곧 복합 사동 접미사인 것이다. 복합조사에 대한 연구는 이와 같이 다른 복합 형식의 문법 형태소들에 대한 연구와도 관련성을 맺을 것이다.

복합조사에 대한 연구는 아직도 미진한 부분이 많고, 관련 연구 주제들도 많아 보인다. 이 책이 이러한 연구 주제를 다루는 후속 연구자들에게 조금이나마 도움이 될 수 있기를 바란다.

참고문헌

1. 논 저

강소영(2004). 『명사구 보문 구성의 문법화』, 한국문화사.

강현화(1999). 「복합구의 통사적 특성에 관한 고찰」, 『어문연구』 10. 8~23쪽.

고경태(2000). 「현대국어 격조사의 형성」, 홍종선 외. 『현대국어의 형성과 변천』 1. 박이정.

고영근(1993). 『우리말의 총체서술과 문법체계』, 일지사.

고영근(1997). 『표준 중세국어문법론』, 개정판, 집문당.

고영근(2001). 『역대한국어문법의 통합적 연구』, 서울대학교 출판부.

고영근(2004ㄱ). 『한국어의 시제 서법 동작상』, 태학사.

고영근(2004ㄴ). 「국어문법교육의 방향 모색」, 『우리말 연구』 15. 23~51쪽.

고영진(1997). 『한국어의 문법화 과정: 풀이씨의 경우』, 국학자료원.

고창수(1992). 「고대국어의 구조격 연구」, 고려대학교 박사학위논문.

구본관(1998). 『15세기 국어 파생법에 대한 연구』, 국어학 총서 30. 태학사.

구본관(1999). 「파생접미사의 범위」, 『형태론』 1. 1. 박이정.

국립국어원(2005ㄱ). 『외국인을 위한 한국어문법1』, 커뮤니케이션북스.

국립국어원(2005ㄴ). 『외국인을 위한 한국어문법2』, 커뮤니케이션북스.

권재일(1994). 『한국어 문법의 연구』, 우리말 밝히기 7. 서광학술자료사.

권재일(1998). 『한국어 문법사』, 박이정.

김기혁(1995). 『국어 문법 연구: 형태·통어론』, 박이정.

김기혁(2001). 『국어학』, 박이정.

김병일(2001). 『국어 명사구의 내적 구조』, 세종출판사.

김상대(1992). 「국어의 후치적 특성에 대하여」, 『인문논총』 3. 아주대학교.

김상대(1993). 「복합조사에 대하여」, 『인문논총』 4. 아주대학교.

김상대(2001). 「화법 보문자」, 『국어문법의 대안적 접근』. 국학자료원.

김상돈・이경희(1999). 「근대국어의 격연구」, 한국어학회 편. 『국어의 격과 조사』, 월인.

김성용(2002). 「명사의 접속사화 연구」, 경희대학교 석사학위논문.

김수정(2000). 「현대국어 보조사의 변천」, 홍종선 외. 『현대국어의 형성과 변천』 1. 박이정.

김수정(2003). 「한국어 문법 교육을 위한 연결 어미 연구」, 서울대학교 박사 학위논문.

김수태(1999). 『인용월 연구』, 부산대학교 출판부.

김승곤(1978). 『한국어 조사의 통시적 연구』, 대제각.

김승렬(1988). 『국어어순연구』, 한신문화사.

김영욱(1995). 『문법형태의 역사적 연구: 변화의 이론과 실제』, 박이정.

김영희(1974). 「한국어 조사류어의 연구: 분포와 기능을 중심으로」, 『문법연구』 1. 문법연구회.

김인균(2002). 「국어 명사 연결 구성 연구」, 서강대학교 박사학위논문.

김재욱(2000). 「격조사의 기능에 관한 인지의미론적 연구」, 한국외국어대학 교 박사학위논문.

김정남(2005). 「신문 기사 인용문의 특성에 대하여」, 『국어학』 46. 277~294쪽.

김정은・이소영(2001). 「제2언어로서의 한국어 표준 문법: 조사, 어미, 관용 표현을 중심으로」, 『이중언어학』 19. 187~207쪽.

김진수(1989). 『국어 접속조사와 어미 연구』, 재판, 탑출판사.

김진해(2000). 『연어 연구』, 한국문화사.

김진형(1995). 「중세국어 보조사에 대한 연구: 목록 설정을 중심으로」, 『국 어연구』 136.

김진형(2000). 「조사연속구성과 합성조사에 대하여」, 『형태론』 2. 1. 박이정.

김차균 외(2005). 『허웅 선생의 우리말 연구』, 태학사.

김창섭(2001). 「합성어」, 『새국어생활』 11. 1. 국립국어연구원.

김향숙(2003). 『한국어 감정표현 관용어 연구』, 한국문화사.

김희진(2001). 「간접인용구문의 녹아붙은꼴 연구」, 『국어문법의 탐구』 Ⅳ. 태학사.

남기심(1989). 『국어 완형보문법 연구』, 국어학총서 7. 재판, 탑출판사.

남기심(2001). 『현대국어 통사론』, 태학사.

남기심(2004). 「문법의 숙제 몇 가지」, 『국어국문학』 138. 35~49쪽.

남기심·고영근(1993). 『표준 국어문법론』, 개정판, 탑출판사.

남성우(1986). 『15세기 국어의 동의어 연구』, 탑출판사.

남윤진(1997). 「현대국어의 조사에 대한 계량언어학적 연구」, 서울대학교 박사학위논문.

남윤진(2000). 『현대국어의 조사에 대한 계량언어학적 연구』, 국어학총서 36. 태학사.

문금현(1999). 『국어의 관용 표현 연구』, 국어학총서 34. 태학사.

민현식(1982). 「현대국어의 격에 대한 연구」, 『국어연구』 47.

민현식(1999). 『국어문법연구』, 역락.

민현식(1999). 『국어 정서법 연구』, 태학사.

박근영(2001). 「한국어 지시 대용어의 문법화」, 한국외국어대학교 박사학위논문.

박기덕(1976). 「변형문법 적용시에 나타나는 토 '-은/-는'의 문제점」, 『연세어문학』 7·8. 연세어문학회.

박기덕(1993). 「한국어」, 변광수 편. 『세계 주요 언어』, 세계 언어·문학 총서 1. 한국외국어대학교 출판부.

박기덕(1995). 「한국어 부사어에 대한 연구」, 『언어와 언어학』 20. 59~77쪽.

박기덕(1999). 「한국어 연결접사에 관한 연구: '-고, -다가, -면서'의 통사적 제약」, 『언어와 언어학』 24. 한국외국어대학교 언어연구소.

박기덕(2001). 「한국어 보조사 사용의 전제」, 『언어와 언어학』 26. 한국외국어대학교 언어연구소.

박기선(2005). 「'뎐로력뎡' 異本의 국어학적 연구」, 한국외국어대학교 박사학위논문.

박승윤(1997). 「'밖에'의 문법화 현상」, 『언어』 22. 1. 한국언어학회.

방성원(2002). 「한국어 교육용 문법 용어의 표준화 방안」, 『한국어 교육』 13. 1. 107~125쪽.

백낙천(2003). 『국어의 통합형 접속어미』, 월인.

백봉자(1999). 『외국어로서의 한국어 문법 사전』, 연세대학교 출판부.

서경숙(2004). 「현대국어 조사 상당어에 대한 연구」, 서울대학교 석사학위논문.

서민정(2005). 「명사토의 제약 기능」, 『우리말 연구』 16. 51~70쪽.

서승현(1999). 「'명사-조사-용언' 긴밀 형식 구문에 관한 연구」, 연세대학교 박사학위논문.

서정목(1998). 『문법의 모형과 핵 계층 이론』, 태학사.

서정수(1996). 『국어문법』, 수정증보판, 한양대학교 출판원.

서정수(2005). 『한국어의 부사』, 한국의 탐구 32. 서울대학교 출판부.

서종학(1997). 「후치사의 변화」, 국어사연구회 엮음. 『국어사연구』, 태학사.

서태룡(2005ㄱ). 「국어 사전의 조사 '-도'」, 『한국어문학연구』 44. 125~150쪽.

서태룡(2005ㄴ). 「국어의 어미 '-도'」, 『국어학』 45. 91~117쪽.

성광수(1978). 「국어 격조사에 대한 자질 검토: 격문법론적 관점에서」, 『관동어문학』 1. 관동대학교. 성광수(2000). 『격 표현과 조사의 의미』, 월인. 151~177쪽에 재수록.

성광수(1979). 『국어 조사의 연구』, 형설출판사.

성광수(1998). 「국어 격체계의 변천과 격표지」, 『사대논집』 22. 고려대학교. 성광수(2000). 『격 표현과 조사의 의미』, 월인. 235~278쪽에 재수록.

성광수(1999). 『격표현과 조사의 의미』, 월인.

성광수·박희숙(1979). 「국어 특수조사에 대한 구문·의미론적 고찰」, 『논문집』 7. 관동대학교. 성광수(2000). 『격 표현과 조사의 의미』, 월인. 194~234쪽에 재수록.

시정곤(1994). 『국어의 단어형성 원리』, 언어학연구 12. 국학자료원.

시정곤(1997). 「'밖에'의 형태-통사론」, 『국어학』 30.

심재기(1986). 「한국어 관용표현의 화용론적 연구」, 『관악어문연구』 11. 27~54쪽.

안경화(1995). 「한국어 인용구문의 연구: 유형과 융합도를 중심으로」, 서울대학교 박사학위논문.

안병희(1978). 「한국어발달사 중: 문법사」, 고려대학교 민족문화연구소 편. 『한국문화사대계』 5: 언어·문학사. 상. 중판. 고려대학교 민족문화연구소 출판부.

안병희·이광호(1990). 『중세국어문법론』, 학연사.

안주호(1991). 「후기 근대국어의 인용문 연구」, 『자하어문논집』 8. 357~408쪽.

안주호(1994). 「동사에서 파생된 이른바 '후치사류'의 문법화 연구」, 『말』 19.

안주호(1997). 『한국어 명사의 문법화 현상 연구』, 한국문화사.

안주호(2000). 「'그러-' 계열 접속사의 형성과정」, 『국어학』 35. 113~141쪽.

안주호(2003). 「인용문과 인용표지의 문법화에 대한 연구」, 『담화와 인지』 10. 1. 145~165쪽.

안효경(2001). 『현대국어의 의존명사 연구』, 역락.

엄정호(1997). 「조사에 대하여(1): 조사 목록을 중심으로」, 『언어와 언어교육』 12. 73~103쪽.

엄정호(2000). 「조사의 범주 특성」, 『형태론』 2. 1. 43~58쪽.

우형식(1996). 「접속 기능의 명사구」, 남기심 엮음. 『국어문법의 탐구』 Ⅲ. 태학사. 475~506쪽.

우형식(2001). 『한국어 분류사의 기능 연구』, 박이정.

유동석(1984). 「양태조사의 통보기능에 대한 연구: 이, 을, 은을 중심으로」, 『국어연구』 60.

유동석(1995). 『국어의 매개 변인 문법』, 신구문화사.

유목상(1970). 「접속어에 대한 고찰」, 『한글』 146. 남기심·고영근·이익섭 편(1975). 『현대국어문법』, 계명대학교 출판부. 54~66쪽에 재수록.

유창돈(1980). 『이조 국어사 연구』, 이우출판사.

유현경(2001). 「간접인용절에 대한 연구」, 『국어문법의 탐구』 Ⅴ. 태학사. 77~92쪽.

유현경(2001). 「조사 '하고'의 의미와 기능: '와'와의 비교를 중심으로」, 『한글』 251. 205~231쪽.

음재희(1996). 「18세기 국어의 보조사에 대한 연구」, 단국대학교 석사학위논문.

이 용(2000). 『연결어미의 형성에 관한 연구』, 서울시립대학교 박사학위논문.

이경희(1998). 「근대국어의 격조사」, 홍종선 편. 『근대국어 문법의 이해』, 박이정.

이관규(1992). 『국어 대등구성 연구』, 서광학술자료사.

이관규(1999ㄱ). 『학교문법론』, 월인.

이관규(1999ㄴ). 「조사의 통사론적 연구」, 한국어학회 편. 『국어의 격과 조사』, 월인. 289~317쪽.

이관규(2003). 「국어의 문장 구성에 대한 연구와 전망」, 홍종선 외 7인. 『한국어 문법론의 연구 현황과 과제』, 박이정. 205~246쪽.

이관규(2005). 『국어 교육을 위한 국어 문법론』, 집문당.

이광정(2003). 『국어문법연구 Ⅰ: 품사』, 역락.

이광호(1988). 『국어 격조사 '을/를'의 연구』, 국어학총서 12. 탑출판사.

이광호(1991). 「중세국어 복합격조사의 연구」, 『진단학보』 71·72.

이규호(1993). 「특수조사 {는}에 관한 연구」, 한국외국어대학교 석사학위논문.

이규호(1996). 「특수조사 상호 통합의 제약 조건」, 『한국어문학연구』 7. 한국외국어대학교 한국어문학연구회.

이규호(1998). 「연결어미와 통합한 '-서야'의 의미기능」, 『한국어문학연구』 9. 419~432쪽

이규호(2000). 「복합조사 연구의 기초 작업」, 『한국어문학연구: 예창해 교수 정년 기념 논문집』 11. 277~294쪽

이규호(2001). 「한국어 복합조사의 판별기준과 구성 연구」, 한국외국어대학교 박사학위논문.

이규호(2003). 「계사 활용형 복합조사의 판별기준」, 박기덕 외. 『한국어 교육을 위한 한국어 문법론』, 한국문화사. 199~233쪽.

이규호(2006ㄱ). 「노걸대류 출발점 표시의 조사들」, 『중국학연구』 36. 75~94쪽.

이규호(2006ㄴ). 「복합조사 '이라고'의 생성과 분화」, 『국어학』 47. 145~177쪽.

이규호(2006ㄷ). 「접속조사의 분류와 목록」, 『우리말글』 37. 171~195쪽.

이규호(2007). 「문법 형태와 문법 표현」, 『한국언어문학』 60. 53~82쪽.

이기갑(1986). 씨끝 '-아'와 '-고'의 역사적 교체. 고영근・남기심 엮음.『국어의 통사・의미론』, 재판, 탑출판사. 317~329쪽.

이기문(1972). 『국어사개설』, 개정판, 탑출판사.

이기문(1999). 『국어사개설』, 신정 수정판, 태학사.

이기백(1975). 「국어 조사의 사적 연구」, 『어문론총』 9・10. 경북대학교 국어국문학과.

이남순(1988). 『국어의 부정격과 격표지 생략』, 국어학총서 14. 탑출판사.

이남순(1996). 「특수조사의 통사기능」, 『진단학보』 82. 이남순(1998). 『격과 격표지』, 월인. 269~295쪽에 재수록.

이남순(1998). 『격과 격표지』, 월인.

이미혜(2002). 「한국어 문법 교육에서 '표현 항목' 설정에 대한 연구」, 『한국어 교육』 13. 2. 205~225쪽.

이선웅(2005). 『국어 명사의 논항구조 연구』, 월인.

이성하(1998). 『문법화의 이해』, 한국문화사.

이숭녕(1981). 『중세국어문법: 15세기어를 주로 하여』, 개정증보판, 을유문화사.

이양혜(2000). 『국어의 파생접사화 연구』, 박이정.

이영경(1995). 「국어 문법화의 한 유형」, 『국어학논집』 2. 171∼189쪽.

이원근(1996). 「우리말 도움토씨 연구」, 연세대학교 박사학위논문.

이은경(2000). 『국어의 연결어미 연구』, 태학사.

이익섭(1992). 『국어표기법연구』, 한국문화연구총서 28. 서울대학교 출판부.

이익섭(1994). 『국어학개설』, 중판, 학연사.

이익섭(2003). 『국어 부사절의 성립』, 태학사.

이익섭(2005). 『한국어 문법』, 한국의 탐구 33. 서울대학교 출판부.

이익섭·이상억·채완(1997). 『한국의 언어』, 신구문화사.

이익섭·채완(1999). 『국어문법론강의』, 학연사.

이정화(1998). 「현대국어의 접속조사 연구」, 이화여자대학교 석사학위논문.

이정훈(2005). 「조사 활용형의 범주 통용: '이'계 형식을 대상으로」, 『국어학』
    45. 145∼175쪽.

이철수(1994). 『국어 형태학』, 인하대학교 출판부.

이춘숙(1993). 「우리말 도움토씨 연구」, 부산대학교 박사학위논문.

이태영(1988). 『국어 동사의 문법화 연구』, 한신문화사.

이태영(1997). 「국어 격조사의 변화」, 국어사연구회 엮음. 『국어사연구』, 태학사.

이필영(1993). 『국어 인용구문 연구』, 탑출판사.

이현희(1994ㄱ). 『중세국어 구문 연구』, 신구문화사.

이현희(1994ㄴ). 「19세기 국어의 문법사적 고찰」, 『한국문화』 15. 57~81쪽.

이현희(1995). 「'－사'와 '－사'」, 『한일어학논총』, 국학자료원.

이효정(2003). 「한국어 교육을 위한 양태 표현 연구」, 상명대학교 박사학위논문.

이희자(1995). 「현대국어 관용구의 결합관계 고찰」, 『대동문화연구』 30. 411∼444쪽.

이희자·이종희(1998). 『사전식 텍스트분석적 국어 조사의 연구』, 말뭉치 기
    반 국어 연구 총서 1. 한국문화사.

이희자·이종희(1999). 『사전식 텍스트분석적 국어 어미의 연구』, 말뭉치 기
    반 국어 연구 총서 5. 한국문화사.

이희자·이종희(2001). 『한국어 학습용 어미·조사 사전』, 한국문화사.

임동훈(1991). 「격조사는 핵인가」, 『주시경학보』 8. 탑출판사.

임동훈(1995). 「통사론과 통사 단위」, 『어학연구』 31. 1. 87∼138쪽.

임동훈(2003). 「한국어 조사 연구의 현황과 전망」, 홍종선 외 7인. 『한국어
    문법론의 연구 현황과 과제』, 171∼203.

임동훈(2004). 「한국어 조사의 하위분류와 결합 유형」, 『국어학』 43. 119~154쪽.

임동훈(2005). 「'이다' 구문의 제시문적 성격」, 『국어학』 45. 119~144쪽.

임홍빈(1989). 「명사구 확장에 대하여」, 『국어학』 16. 임홍빈(1998). 『국어 문법의 심층 2: 명사구와 조사구의 문법』. 463~513쪽에 재수록.

임홍빈(1989). 「통사적 파생에 대하여」, 『어학연구』 25. 1. 서울대학교 어학연구소. 임홍빈(1998). 『국어 문법의 심층 2: 명사구와 조사구의 문법』. 33~64쪽에 재수록.

임홍빈(1997). 「국어 굴절의 원리적 성격과 재구조화」, 『관악어문연구』 22. 93~163쪽.

임홍빈(1998). 『국어 문법의 심층 2: 명사구와 조사구의 문법』, 태학사.

임홍빈(2002). 「한국어 연어의 개념과 그 통사·의미적 성격」, 『국어학』 39. 279~314쪽.

장 미(2000). 「'이'계 보조조사 목록 설정의 기준」, 『동남어문논집』 10. 165~182쪽.

정동화(1993). 『국어 복합어의 의미연구』, 서광학술자료사.

정연희(2001). 「한국어 연결어미의 문법화」, 한국외국어대학교 박사학위논문.

정재영(1996). 『의존명사 '드'의 문법화』, 국어학총서 23. 태학사.

정재영(1997). 「명사의 문법화」, 『규장각』 20. 127~151쪽.

정재영(1998). 「고려시대의 {-이} 부사와 부사형」, 심재기 엮음. 『국어 어휘의 기반과 역사』, 태학사.

정희창(2002). 「중세 국어 인용문에 나타나는 'ᄒ야'의 문법 범주」, 『어문연구』 30. 3. 57~72쪽.

조향숙(2002). 「현대국어의 선택 표현에 대한 고찰」, 전남대학교 석사학위논문.

진정란(2005). 「한국어 이유 표현의 담화 문법 연구」, 한국외국어대학교 박사학위논문.

채 완(1993). 「특수조사 목록의 재검토」, 『국어학』 23. 69~92쪽.

채 완(1998). 「특수조사」, 서태룡 외 5인 공편. 『이익섭 선생 회갑 기념 논총 문법 연구와 자료』, 태학사. 115~138쪽.

채 완(2006). 「국어의 격과 조사: 최근의 연구 동향을 중심으로」, 『우리말글』 37. 1~25쪽.

채숙희(2002). 「연결어미 상당의 명사구 보문 구성 연구」, 서울대학교 석사학위논문.

채희락(2002). 「한국어 부사어의 분류와 분포 제약: 일반 부사어와 호응 부사어의 차이를 중심으로」, 『언어와 언어학』 29. 300~305쪽.

최경봉(1995). 「국어사전에서의 관용어 표현의 처리문제: 관용어·속담·연어에 대한 처리를 중심으로」, 『한남어문학』 20.

최동주(1997). 「현대국어 특수조사에 대한 통사적 고찰」, 『국어학』 30.

최동주(1999). 「'이'계 특수조사의 문법화」, 『형태론』 1. 1. 43~60쪽.

최운호(2005). 「'관형절＋일반명사' 구성의 접속 기능에 대한 계량적 연구: '가운데'와 '경우'를 중심으로」, 『한글』 269. 135~160쪽.

최웅환(2005). 「한국어 조사의 분류와 기능에 대하여」, 『언어과학연구』 33. 331~348쪽.

최현배(1987). 『우리말본』, 제14판, 정음문화사.

최형용(2005). 『국어 단어의 형태와 통사』, 태학사.

한용운(2003). 『언어 단위 변화와 문법화』, 한국문화사.

한용운(2004). 「조사연속구성과 복합조사」, 『어문연구』 32. 2. 145~169쪽.

한용운(2005). 「'이-' 후행 형태소의 문법 범주: '나'와 '거나'를 중심으로」, 『어문학』 89. 57~76쪽.

한재영(1996ㄱ). 「조사 중첩의 원리 모색」, 『이기문 교수 정년 퇴임 기념 논총』, 신구문화사. 774~801쪽.

한재영(1996ㄴ). 『십육세기 국어 구문의 연구』, 신구문화사.

허   웅(1975). 『우리 옛말본: 15세기 국어 형태론』, 샘 문화사.

허   웅(1991). 『15·16세기 우리 옛말본의 역사』, 연세대학교 국학연구원 다산기념강좌 3. 탑출판사.

허   웅(1995). 『20세기 우리말의 형태론』, 샘 문화사.

허경행(2005). 「한국어 복합종결어미 연구」, 한국외국어대학교 박사학위논문.

홍사만(1987). 『국어특수조사론』, 개정판, 학문사.

홍사만(1993). 『한·일어 대조어학 논고』, 탑출판사.

홍사만(1998). 「특수조사 의미론」, 이승명 엮음. 『의미론 연구의 새 방향』, 박이정. 223~251쪽.

홍윤기(1997). 「'명사＋조사' 결합의 연구: 어휘격조사의 이중성 규명을 위하여」, 경희대학교 석사학위논문.

홍윤표(1969). 「15세기 국어의 격연구」, 『국어연구』 21.

홍윤표(1979). 「국어의 조사」, 『언어』 4. 2. 한국언어학회.

홍윤표(1990). 「격조사」, 서울대학교 대학원 국어연구회 엮음. 『국어연구 어

디까지 왔나: 주제별 국어학 연구사』, 동아출판사.

홍윤표(1994). 『근대국어연구(Ⅰ)』. 국어학신서 1. 태학사.

Anttila. Raimo(1972). *An Introduction to Historical and Comparative Linguistics.* New York: Macmillan. 남성우·박기덕 역(1995). 『역사비교언어학개론』, 대우학술총서·번역 82. 민음사.

Blake. Barry J.(1994). *Case.* Cambridge: Cambridge University Press. 고석주 역(1998). 『격』, 한신문화사.

Bybee. Joan L.(1985). *Morphology: A Study of the Relation Between Meaning and Form.* Typological Studies in Language. 9. Amsterdam: John Benjamins Publishing Company.

Chang. Suk—Jin(1996). *Korean.* John Benjamins Publishing Co.

Hopper Paul J. and Elizabeth Closs Traugott(1993). *Grammaticalization.* Cambridge: Cambridge University Press. 김은일·박기성·채영희 역(1999). 『문법화』, 한신문화사.

Kuno. Susumu(1973). *The Sturucture of the Japanese Language.* Cambridge: MIT Press.

Martin. Samuel E.(1992). *A Reference Grammar of Korean.* Tokyo: Charles E. Tuttle Co.

Seongha—Rhee(2003). "Semantic Changes in Grammaticalization of Postpositionoids from Movement Verbs in Korean", *Language Research* Vol.39, pp.1—20.

Sohn. Sung—Ock(1998). "The Grammaticalization of Particles in Korean", *Selected Papers from the 11th International Conference on Korean Linguistics.* Ed. by Byung—soo Park and James Hye Suk Yoon. International Circle of Korean Linguistics.

Thornbury. S.(2000). *How to Teach Grammar,* Longman Press.

Yang. In—Seok(1972). *Korean Syntax: Case Markers, Delimiters, Complementation and Relativization,* 백합출판사.

2. 사전류

국립국어연구원 편(1999). 『표준국어대사전』, 두산동아.
연세대학교 언어정보개발연구원 편(1998). 『연세한국어사전』, 두산동아.
남광우 편저(1997). 『교학 고어사전』, 교학사.
유창돈(1994). 『이조어사전』 10판, 연세대학교 출판부.
한글학회(1994). 『우리말 큰사전』 3판, 어문각.
홍윤표 외 3인 편(1995). 『17세기 국어사전』, 태학사.

3. 용례 출전

약호	문헌명	간행연대
구간	救急簡易方	1489
구방	救急方諺解	1466
금삼	金剛經三家解	1482
남명	南明集諺解	1482
노언	老乞大諺解	1670
능엄	楞嚴經諺解	1461
동속	東國續三綱行實圖	?
몽산	蒙山和尙法語略錄諺解	1467
번노	飜譯老乞大	1517
번박	飜譯朴通事 上	1517
번소	飜譯小學	1518
불정	佛頂心陁羅尼經 / 觀音經諺解	1485
석상	釋譜詳節	1447
소언	小學諺解	1588
속삼-원	續三綱行實圖(原刊本)	1514
월곡	月印千江之曲	1447
월석	月印釋譜	1459
육조	六祖法寶壇經諺解	1496

이륜-중	二倫行實圖-重刊本	1727
찬	찬송가	1981
창, 출, 레……	개역 성경	1961
청언	靑丘永言	1728

· 저자 ·

이규호　　· 약 력 ·

부산 출생(1965년)
부산외국어대학교 영어과 졸업(1988)
한국외국어대학교 대학원 석사(1993), 박사(2001)
국립국어연구원 사전편찬실 편수원(1994-1999)
한국외국어대학교, 경희대학교, 국립국어원 찾아가는 문화학교 강사 역임
현재 한국외국어대학교 한국어교육과 강사

· 주요논저 ·

「『二倫行實圖』의 미등재어·1: 고유어 명사」
「복합조사 '이라고'의 생성과 분화」
「접속조사의 분류와 목록」
「문법 형태와 문법 표현」
외 다수

한국어 복합조사

· 초판 인쇄	2007년 11월 30일
· 초판 발행	2007년 11월 30일
· 지 은 이	이규호
· 펴 낸 이	채종준
· 펴 낸 곳	한국학술정보㈜
	경기도 파주시 교하읍 문발리 513-5
	파주출판문화정보산업단지
	전화 031) 908-3181(대표) · 팩스 031) 908-3189
	홈페이지 http://www.kstudy.com
	e-mail(출판사업부) publish@kstudy.com
· 등 록	제일산-115호(2000. 6. 19)
· 가 격	25,000원

ISBN　　978-89-534-7495-6 93710 (Paper Book)
　　　　978-89-534-7496-3 98710 (e-Book)